立人天地

大师馆

爱中痴儿：

菲茨杰拉德传

Fool For Love:
F.SCOTT
FITZGERALD

【美】斯科特·唐纳森 著
Scott Donaldson / 许若青 译

黑龙江出版集团
黑龙江教育出版社

版权登记号：08-2017-101

图书在版编目（CIP）数据

爱中痴儿：菲茨杰拉德传 /（美）斯科特・唐纳森著；
许若青译. — 哈尔滨：黑龙江教育出版社，2017. 7
ISBN 978-7-5316-9492-2

Ⅰ. ①爱… Ⅱ. ①斯… ②许… Ⅲ. ①菲茨杰拉德（Fitzgerald, Francis Scott Key 1896–1940）—传记. Ⅳ. ①K837.125.6

中国版本图书馆CIP数据核字（2017）第182347号

爱中痴儿：菲茨杰拉德传
AI ZHONG CHIER：FEICIJIELADE ZHUAN

丛书策划　宋舒白
作　　者　［美］斯科特・唐纳森 著
译　　者　许若青 译
选题策划　吴　迪
责任编辑　宋舒白 郝雅丽
装帧设计　冯军辉
责任校对　张爱华

出版发行　黑龙江教育出版社（哈尔滨市南岗区花园街158号）
印　　刷　北京鹏润伟业印刷有限公司
新浪微博　http://weibo.com/longjiaoshe
公众微信　heilongjiangjiaoyu
天 猫 店　https://hljjycbsts.tmall.com
E-mail　heilongjiangjiaoyu@126.com
电　　话　010—64187564

开　　本　700×1000　1/16
印　　张　19.75
字　　数　240千
版　　次　2017年9月第1版　2017年9月第1次印刷
书　　号　ISBN 978-7-5316-9492-2
定　　价　59.00元

第一章
无亲无故之人

孩童时代，斯科特·菲茨杰拉德（本书中将称他为菲茨杰拉德）曾试图让自己相信他并非父母的亲生儿子，而是“一位统治全世界之王的儿子”。[①]因为父母拒绝召唤，不愿现身世上，他也就拒绝履行他们为他规划的未来。父亲认为这个独子应该进入商界，母亲则认为他要去部队，没人想过写作这项职业。菲茨杰拉德痛恨他们是没有信仰的人，就如同痛恨他们的财务控制。很多孩子都体会过这种怨恨之情。他对他们怀有不同寻常的愤怒。对于公众，他在虚构作品中宣称自己的独立性；在采访中化身为年青一代的代言人，攻击老一代人的无能和无知。他私下里毫不客气地指出爱德华和莫莉的不足。

“我怎么能不疯呢？”他写信给编辑马克斯韦尔·珀金斯：“我父亲是个白痴，我母亲精神错乱，病态地紧张焦虑，常常处于半疯癫状态。他们没有——从没有过卡尔文·库里奇的脑子。”[②]

菲茨杰拉德谴责父母缺少才智以及这对他造成的有害影响。“如果我稍微有点知识，就能成为美国最棒的作家。”他曾经这样说。然

---

① 斯科特·菲茨杰拉德：《作者之家》（*Author's House*），未标明页码，《一位作家的午后》（*Afternoon of an Author*），纽约，斯克里布纳出版社，1958年，第185页（此后简称为《午后》）。

② 斯科特·菲茨杰拉德写给马克斯韦尔·珀金斯（Maxwell Perkins）的信，1926年2月20日，《F.斯科特·菲茨杰拉德书信集》（*The Letters of F.Scott Fitzgerald*），安德鲁·特恩布尔（Andrew Turnbll）编辑，纽约，斯克里布纳出版社，1963年，第199页（此后简称《书信集》）。

而，他更频繁强调的是他俩之间社会地位的差距。

如果不是因为父亲境况不佳，也许会对父亲留给他的遗产感到骄傲。爱德华·菲茨杰拉德母亲的家族于17世纪便在殖民地扎根，是马里兰的名门望族。爱德华·菲茨杰拉德一家经历两次搬迁后，于1896年9月24日在圣保罗生下一个男孩，这名男婴受洗名为弗兰西斯·斯科特·基·菲茨杰拉德，弗兰西斯·斯科特·基[1]是这男孩的远房表亲。菲茨杰拉德的妈妈对于这点亲戚关系尤其骄傲，特别喜欢谈及。她儿子也这样。可他们俩都搞错了，他们和那位著名的基先生，实际的亲缘关系其实并没有所声称的那么近。“我祖母常常拜访多莉·麦迪逊，”[2]菲茨杰拉德在笔记本中记录道。这对他来说很重要。他发给埃德蒙德·威尔逊的家谱[3]存在很多失实之处，这暴露出他对引以为豪的事物的评判标准，在这份家谱中，除了“弗兰西斯·斯科特·基（赞美诗作家）”[4]以外，还将“F.斯科特·菲茨杰拉德（醉汉）”的家族起源追溯到“邓斯·斯科特斯（哲学家）”“玛丽，苏格兰女王（女王）”“爱德华·菲茨杰拉德（译有《鲁拜集》）”“沃尔特·斯科特爵士（艾文霍）”，还有“菲茨杰拉德公爵（伦斯特伯爵）”。

母亲的家族很富裕，但社会地位不高。菲利普·弗兰西斯·麦奎伦，菲茨杰拉德母亲的祖父白手起家，在食品批发行业赚了很多钱。麦奎伦一家成为天主教堂的骨干成员。菲茨杰拉德和泽尔达1921年去

---

①弗兰西斯·斯科特·基（Francis Scott Key）：美国词作家，美国国歌的词作者。——译者注

②多莉·麦迪逊（Dolly Madison）：《F.斯科特·菲茨杰拉德笔记本》（*The Notebooks of F.Scott Fitzgerald*），马修·J.布鲁科利编辑，纽约，哈考特·布雷斯·约万诺维奇，1978年，第267页（此后简称《笔记本》）。

③斯科特·菲茨杰拉德写给埃德蒙德·威尔逊（Edmund Wilson）的信，1920年下半年，《F.斯科特·菲茨杰拉德通信集》（*Correspondence of F.Scott Fitzgerald*），马修·J.布鲁科利和玛格丽特·M.达根，纽约，兰登书屋，1980年，第76页（此后简称《通信集》）。

④斯科特·菲茨杰拉德把“赞美诗作者”这个单词写作hymnalist，正确的拼写是hymnist。——译者注

欧洲旅行时，圣保罗大教堂的道林大主教曾试图安排他和教皇会面。[①]大主教承认说，他并没有见过年轻的菲茨杰拉德先生本人，但他指出，“这家族的很多代人——忠诚、虔诚、慷慨”，“没有哪个家族对于这个城市的教堂的贡献多过这家人。”菲茨杰拉德对此并不在意。对他来说，母亲的家族仍然是“1850年马铃薯饥荒中的爱尔兰人”（事实上，菲利普·弗兰西斯·麦奎伦1843年就移民到美国了）。在给另一位有爱尔兰根源的美国作家约翰·奥哈拉的信中，菲茨杰拉德生动地做了一番比较：

> 我一半是黑色爱尔兰人，一半是传统的美国人，我的家族来源被夸大。黑色爱尔兰家族很富有，但看不上来自马里兰的家族；然而，来自马里兰的家族真正拥有可怜的破碎的旧词语“教养”（现在说法是“压抑”）所包含的含蓄和责任之意。我生于充满吹牛、讽刺以及反讽的语言环境中，我发展出双重的自卑情绪。即使明天我从伊顿毕业，被选为苏格兰的国王，保卫抹大拉，还和金雀花王朝有着深入的联系，我骨子里仍是个暴发户。年少时，我不是在厨房女工面前爬玩，就是在侮辱老人。[②]

简单地说，菲茨杰拉德不懂如何社交。他缺乏在社交场合的自信，无论身在何处都要证明自己。他经常为了给别人留下好印象而用力过猛，偶尔却又完全放弃尝试。

---

①道林大主教（Archbishop Dowling）给奥赫恩阁下（Monsignor O' Hearn）的信，1921年6月3日，费尔斯通。

②斯科特·菲茨杰拉德写给约翰·奥哈拉（John O' Hara）的信，1933年7月18日，《书信集》，第503页。

“莫莉与美貌刚好擦肩而过，”[1]爱德华·菲茨杰拉德总是这么说他的妻子，而他那时可是个时髦的南方小伙子。莫莉并不美丽，甚至可以说姿色平平。[2]从照片里，我们可以看到她眼神直率地盯着镜头，而整张照片中最抢镜的却是眼睛下面的两个大黑眼圈。她的头发卷曲凌乱，着装也毫无朝气。在菲茨杰拉德的一位同龄人眼中，她似乎“一辈子都穿着同一件衣服”，而且她偏好戴那种帽檐下垂得夸张的帽子。有时候，她的两只鞋也并非同一双，因为她经常拆散一双新鞋，每次只穿一只新的。去美容院也只为右手做指甲，她可以自己做左手的。儿子常常说她看上去特别像农民。其他人则感觉她的外表更像是巫婆。贝蒂·杰克森回忆自己看到菲茨杰拉德夫人每天走去做弥撒的情景，衣着过时邋遢，不苟言笑，手中永远拎着同一把雨伞，“身后尾随着各种不愉快的小情绪。她从你身边经过，都能让你感觉泄气。”

与人交谈时，莫莉却异常坦率。无论脑子里想到什么，一定都会脱口而出。“你为什么把屋子刷成那种糟糕的颜色？”她会问别人。“罗瑞娜，”她质问弟妹，“你怎么把桌子摆在那儿？我们的都放在这边。”有一次她和一位女士乘坐电车，当时这位女士的丈夫有病在身。那位女士问她正在想什么。“我正想着，”莫莉·麦奎伦回答说，“我在想你在服丧时会是什么样儿。”[3]

---

①亚瑟·麦兹纳（Arthur Mizener）接受理查德·华盛顿（Richard Washington）采访，1947年12月19日。

②C.N.B惠勒（C.B.N. Wheeler）给亨利·丹·派珀（Henrt Dan Piper）的信，1945年3月22日；赫伯特·路易斯（Herbert Lewis）写给亨利·丹·派珀的信，日期不详（此后简称派珀）；伊丽莎白·贝克威斯·麦凯（Elizabeth Beckwith MacKie）回忆录，费尔斯通；斯科特·唐纳森接受诺瑞斯和贝蒂·杰克逊（Betty Jackson）的采访，1978年8月8日。

③亚瑟·麦兹纳对罗瑞娜·麦奎伦（Lorena McQuillan）和戴维·麦奎伦（David McQuillan）的采访，1948年1月3日；安德鲁·特恩布尔：《斯科特·菲茨杰拉德》（*Scott Fitzgerald*），纽约，斯克里布纳出版社，1962年，第66页（此后简称特恩布尔）。

前 言

Fitzgerald

除了爱伦·坡以外，美国文学史上再无人能如F.斯科特·菲茨杰拉德这般，为他著书立传皆属多余。不用说，菲茨杰拉德创作了我们文学史上一部优美细腻的短篇小说，而且撰写出一部更具幻想力和强烈情感力量的长篇小说。他写下了十几部小说，无论以什么标准评判这些作品，将它们冠以“巧妙精湛”之称，都是当之无愧的。忘掉他的创作遗产吧，大多数人仍然倾向于将他和那些关于他混乱坎坷之人生的传奇故事联系在一起，同时把他简单地归到一类人或者另一类人中。他的声望被如此低估，以至于他被称为“爵士时代的记录者”“不自觉的艺术家”，或者——流传最为广泛的刻板印象——“枯竭作家”，即作家的悲剧经历对于后世普通人具有警醒作用。对于布道者来说，他的传奇故事无论是公开的还是隐秘的，都传递出让人无法抗拒的诱惑。坐在出租车顶上是不对的，在广场酒店的喷泉里自娱自乐也是不对的，酗酒和滥用“美妙的、绝佳的、被荒废的天赋”更是不对的。正确的做法恰恰相反。

当然，警世含义常常是晦涩不明的。菲茨杰拉德英俊潇洒、才华横溢，却又让人捉摸不定，他迎娶了美丽动人、任性妄为且反复无

常的泽尔达，无论这场婚姻意味着美好未来还是糟糕前途，终究还是这对苦命鸳鸯的故事调动着人们的注意力，而非那些说教。他们俩被视作另类(比起泽尔达，也许菲茨杰拉德更另类)，他们选择饮鸩止渴的生活，这其中之悲哀显而易见。但不知怎的，他们的故事被一遍遍复述，菲茨杰拉德夫妇逐渐成为广泛性奢华魅力的代表，然而，很可悲，这层光环逐渐褪去。1980年，在国家肖像艺术馆的菲茨杰拉德展览开幕庆祝会上，大批民众云集，以纪念消逝的过去。乐队演奏了阿尔顿・格伦・米勒[1]和班尼・古德曼[2]自20世纪40年代以来的众多曲目，即菲茨杰拉德逝世后的10年间。有些女士甚至穿着爵士时代的华丽短裙，但很大程度上说，这些服饰和音乐一样落伍。为了重现殖民时代的优雅风范，一位小伙子戴着木髓头盔跳舞。菲茨杰拉德和他的时代吻合得丝丝入扣，许多细节对于他来说十分重要，而来参加庆祝大会纪念菲茨杰拉德的这些人，一点儿也不在乎这些细节。泽尔达和斯科特——在集体意识中，他俩已经被牢牢地固化为美丽无瑕的青年形象，这种错误形象带来的后果是灾难性的，一直以来人们很难抛开这种固有形象而将注意力集中在他的作品上，正是这些作品奠定了他的地位，使他成为20世纪最重要的文学艺术家之一。

本书非但不会忽略菲茨杰拉德本人的故事，而且还试图厘清他的个人经历和作品之间的联系。这项努力充满风险。传记写作的一个陷阱就是假设小说作品中的事件和现实有因果关系。正如唐纳德・琼金斯曾经友善地指出，作家所写的内容并非关于其亲身经历，而是寄托于他的经历之上。虽然如此，当菲茨杰拉德讲述、再

---

①阿尔顿・格伦・米勒(Alton Glenn Miller，1904年3月1日—1944年12月15日失踪)是一位美国摇摆年代的爵士大乐团乐手、作曲人和乐队领袖。——译者注

②班尼・古德曼(Benny Goodman，1909—)美国单簧管演奏家、作曲家。——译者注

次讲述穷小子追逐富家千金的故事，并进一步阐述不断再现的主题“因为我经历过”时，现实和想象的界限变得模糊。因此，我在他的人生和作品之间来回穿梭，小心翼翼地寻求两者之间的关系模式。亨利·詹姆斯本人既是小说作者，又是传记作者，他明白很难全面展现真相，他说：“我们只能使用聚集在一起的素材。”

经过几十年的教学和5年的深入研究，我意识到菲茨杰拉德的作品和生活的焦点是对于取悦他人的过度冲动。他很想让周围人都开心，但往往很难做到。他在普林斯顿的同学们觉得他爱打听，又轻浮。泽尔达的父亲觉得他不牢靠。海明威是20世纪20年代中期时他最亲近的朋友，最终对他表示不屑。但菲茨杰拉德在取悦女人方面远远更加成功。读过他小说的读者也会有如此想法，他能够将自身置于男女双性角色之中，这样的作家屈指可数。“我创造的所有人物都是菲茨杰拉德，”他声称，“甚至我的女性角色都是女性化的菲茨杰拉德。”18岁的菲茨杰拉德为妹妹安娜贝尔写下一份说明，这份说明极有说服力地佐证了他这番话。在这份出色的文稿中，他教授妹妹如何通过更加细腻的方式吸引男孩子：如何打扮、如何跳舞、如何谈论以及如何恭维。这种双性特征在他的小说作品和故事叙述中也处处可见，这也许能解释为什么绝大多数年轻女学生都会迷上他的小说。

菲茨杰拉德具备这种敏感之心，他在追求爱情的游戏中便游刃有余。他在青年时就因为会调情而很有名气。“我想到一个形容词，非常适合你，”晚会开始不久，他就跟舞伴这么说，然后一直故意不说这个赞美之词，以滋长她的期待。他外表俊朗，和女孩子们在一起时放松自在。他倾听她们的话语，能这么做的男孩子少之又少；而且他宣称特别在意她们对他的看法。即使已婚，他仍然追求女

人，无法自控。他需要得到她们的肯定，也就是说要她们爱他、崇拜他。泽尔达・塞尔・菲茨杰拉德也许是他一生中最重要的女人，但她不是——也不可能是——他唯一的女人。

从某种程度上说，这部传记将重点关注菲茨杰拉德和其他人的关系，以减少菲茨杰拉德和泽尔达这对人物的神话色彩。比如他热衷于取悦旁人，这显然来自他的母亲以及他深重的社会不安全感。莫莉・麦奎伦・菲茨杰拉德对她唯一的儿子充满期望，她有一个习惯，即让儿子穿戴整齐，在人前背诵或者演唱。但是，无论是他生活富裕却衣着邋遢的母亲，还是出身高贵却一无所成的父亲，都没能赋予他对于某地方或者某阶级的归属感。在他的童年伙伴安然地适应各自的社会阶层时，父母却总是带着他从一间租住的公寓或者联排住宅搬到另一间，在社会阶层之边缘徘徊。据他母亲记录，婴儿时期的他所说的第一个字是“上”，这就是她期待他所行进的方向。他发现向上的一条通道，就是吸引比自己社会地位高的年轻女孩。

当芝加哥北部森林湖的吉妮芙拉・金——他那个时代最富有、最美丽的上流社会女孩——为了嫁给同阶层的青年而蔑视他时，菲茨杰拉德遭受极大打击。他被拒绝、被击垮了，这段经历为他的虚构创作提供了许多基本素材。他的故事和小说中基于吉妮芙拉所创作的人物形象比基于泽尔达的还多，泽尔达在他失意的时候遇到了他。菲茨杰拉德通过变化剧情境况，在两性战争这个亘古不变的话题上变换花样无数。

异乎寻常之处在于，菲茨杰拉德对于这一主题的处理不断升级——作品中也好，生活中也好——从青春期的求爱游戏，到年轻时期的激烈斗争，再到成熟之后一触即发的战争。也许，我们更倾

向于认为，在菲茨杰拉德的第一部小说《人间天堂》中，埃墨里·布莱恩不应该因为被罗莎琳德抛弃而过分忧伤。但是在他1925年的名作《了不起的盖茨比》中，盖茨比为黛西而死；在《夜色温柔》中，迪克·戴弗被妮可和她的家人抛弃，他的生命力也被剥夺。在菲茨杰拉德的小说中，对于两性之间斗争的处理，似乎总是以男人被打败而告终。菲茨杰拉德反复地描述男主人公的沉沦，他在想象以前已经发生过的事情（如果泽尔达没有患上精神分裂症的话），依我看来，他这样做也是痛斥自己的软弱。特别是《夜色温柔》，这部小说讲述了魅力衰退的后果。戴弗不得不讨好身边的人（特别是女人们），他荒废了人生中重要的工作，摒弃了自己作为人的有用之处。而真实的菲茨杰拉德就像他创造出的男主角一样，开始因为“致命的愉悦”而鄙视自己，这是典型的酒精作用之下产生的自我厌恶。饮酒就像内在痼疾，贯穿菲茨杰拉德和他许多男主角的一生。

20世纪20年代和30年代，菲茨杰拉德发起了同妻子的内部战争。最终，他逐渐意识到他自己和泽尔达就像被困在一场致命的斗争中，而只有一个人能从中完好无损地存活下来。在一系列未能实现的计划中，他列出离婚和争取女儿斯科蒂的抚养权的基本法律依据。他甚至还在纸上写下和泽尔达对峙时应采取的策略。在普林斯顿大学收藏的菲茨杰拉德档案中，隐藏着一份让人寒意顿生的文档，文档是他草拟的“全面攻击泽尔达”的秘密计划，虽然这样做有可能激发“再一次精神崩溃”。本书涉及泽尔达和斯科蒂的章节主要依赖于普林斯顿收藏且以前从未使用过的菲茨杰拉德档案，其中包括她从其就医的各个机构写给他的伤感信件。

在做访问学者的半年中，我读完了普林斯顿收藏的回忆录、信件和笔记。那里存放着，比如说，劳拉·格斯里——菲茨杰拉德的

书记员，1935年在北卡罗来纳阿什维尔所作的日记，其中信息量很大。这本日记揭示，当时这位作家正跌入谷底：沉溺于酗酒不能自拔，正鲁莽妄为地进行一场恋爱，无法条理清晰地写作，对自己缺乏信心，徘徊在自杀边缘。同时，在普林斯顿的收藏中，另外一半是信件，不但有菲茨杰拉德留存的来自泽尔达的信件，还有如玛丽·赫西、比阿特丽斯·丹斯以及迪安·斯图尔特等女人的来信，另外还有一部分被忽略但却令人陶醉的信件，它们来自他的小说和1936年的《崩溃》的读者。

本书的写作基础还包括对许多人的访谈以及和他们的通信，其中主要有斯科蒂·菲茨杰拉德·史密斯，她一直非常慷慨、乐意帮忙、坦诚直率，和她合作令人愉快；希拉·格雷厄姆要照顾一个过气的好莱坞醉汉，可她并没有把自己看作受害者，却把自己当作“第二任妻子”，她十分珍爱和享受与这个有活力、有智慧的男人在一起的生活，他（清醒的时候）总体来说，还是很讨人喜爱的；巴德·舒尔贝格跟我讲了很多关于后期菲茨杰拉德对于海明威情感的事情；诺里斯和贝蒂·杰克森，他们和菲茨杰拉德在圣保罗一起长大；玛格丽特·埃格洛夫，荣格派心理学家，是菲茨杰拉德亲密的朋友，她对于他母亲的“伟大梦想”的解说对本书的论点有极其关键的作用。此外，我从以下传记作家那里获取了很多信息和领悟，他们是亚瑟·麦兹纳、亨利·丹·派珀、安德鲁·特恩布尔、南希·米尔福德，还有马修·J.布鲁科利。麦兹纳和派珀慷慨地允许我查阅他们在写作过程中积攒的资料。

本书首版就包含许多新的内容，它对菲茨杰拉德解读的与众不同之处在后续版本中并未变化。本书所呈现出的他的形象，在其他书中仅止于暗示；他努力争得其他人的赞赏和肯定，尤其是女人

们，因而，她们也毁掉了他的自我形象以及他与其他人的关系。本书在结尾颂扬了他短暂悲哀的一生，抛开他关于饮酒方面薄弱的自制力，将其归因于某种症候群，最终让他以“仅仅是一位作家”的得体形象出现。

本书对菲茨杰拉德的生活以及作品的研究并非了解他的唯一途径。正如他自己所警示：永远也不可能有一部传记，能够完整有效地描述一位重要小说作家，因为“如果他写得好，身上便集合了太多人物”。然而，这本传记确实收集了“归类在一起的材料”，我查阅证据，从抓住这位伟大作家的真实生活以及虚构世界之核心的角度来探究他。

斯科特·唐纳森

2001年3月

目录

Contents

多莉·巴特利特衣着光鲜、欢欣雀跃、光彩照人，她朝车子走去，回头看了看他。他的感受却近似于恐惧——恐惧情绪之程度刚好合适，他人生中一场重要的冲动之举刚刚发生。特伦斯从此便成为爱中痴儿，他并非远处的旁观者，他曾被召唤和拥抱；他曾品尝过爱的滋味和激荡心扉的喜悦；不到一小时的工夫，他便已沉溺其中。

——F.斯科特·菲茨杰拉德，《如此聚会》（*That Kind of Party*）

致安德鲁

在圣保罗，大家都认为菲茨杰拉德夫人是热爱文学的人，因为大家经常看到她从图书馆抱着满满一怀的书回家。其实，她只是折中地阅读一些当时流行的图书，尤其是爱丽丝和菲比·卡里的——正如斯科特在《一位作家的母亲》中写的——那些鼓舞人心的诗歌。她让儿子看很多宗教书籍。当他开始出版自己写的书作，她却并不太理解他的作品。菲茨杰拉德则公然无情地嘲笑她的品位。“这是部伟大的著作，母亲，”他在给她的那本《了不起的盖茨比》上潦草写道，“请写信告诉我您是否喜欢。”他对《斯克里布纳杂志》的编辑阿尔弗雷德·达希尔保证说，《夜色温柔》“必定很有价值”，因为母亲“对它并不感兴趣”。斯科特在《爵士时代的故事》中的题献是“颇不合适地赠予我母亲”——有两点原因可以解释为什么不合适：第一，她自己本身基本不属于爵士时代；第二，她只能理解一点或者根本无法理解这本短篇小说集中的故事，其中收录有《骆驼的脊背》《五一节》和《一颗像里茨饭店那么大的钻石》。“我真希望，”他告诉他的传记作者安德鲁·特恩布尔的母亲玛格丽特·特恩布尔，“我还是小孩的时候，就有这种优势，也就是说，父母和朋友都比我懂得多。”①

莫莉·麦奎伦30岁的时候嫁给爱德华·菲茨杰拉德，那是1890年2月。菲茨杰拉德眉清目秀、身材不高，那年他36岁，事实证明

① 劳埃德·哈克尔（Lloyd Hackl）：《菲茨杰拉德在圣保罗：口述历史肖像》（*Fitzgerald in St. Paul: An Oral History Portrait*），未标明页码，《海明威/菲茨杰拉德年鉴，1976》（*Fitzgerald/Hemingway Annual 1976*），第120页；斯科特·菲茨杰拉德：《一位作家的母亲》，未标明页码，《价格高昂：F.斯科特·菲茨杰拉德最后一批未被选用的小说》（*The Price was High: The Last Uncollected Stories of F.Scott Fitzgerald*），马修·J.布鲁科利编辑，纽约，哈考特·布雷斯·约万诺维奇，1979年，第736—739页（以下简称《价格》）；《F.斯科特·菲茨杰拉德的记事本》（*F.Scott Fitzgerald' s Ledger*），华盛顿：NCR/微缩卡，1972年，第174页（以下简称《记事本》）；《拍卖》（*Auction*），未标明页码，《菲茨杰拉德新闻信》（*Fitzgerald Newsletter*），马修·J.布鲁科利编辑，华盛顿：NCR/微缩卡，1969年，第164页（以下简称《新闻信》）；斯科特·菲茨杰拉德写给阿尔弗雷德·达希尔（Alfred Dashiell）的信，1933年圣诞节，《书信集》，第238页；斯科特·菲茨杰拉德写给玛格丽特·特恩布尔的信，1936年11月11日，《书信集》，第442页。

他并不如外表那样令人称心如意。他蓄着尖髯，漂亮时髦，衣着精细，菲茨杰拉德举手投足优雅有余，但内心缺乏行动力。他从马里兰来到西部，在圣保罗经营自己的柳条家具制造生意。1897年生意惨淡，在宝洁公司寻到销售员的职务，一家人因为工作的关系，曾搬到纽约州的水牛城和雪城居住。10年之后，菲茨杰拉德的父亲被解雇，一家人回到了圣保罗，依靠莫莉·麦奎伦家的财产度日。作为生意人，爱德华·菲茨杰拉德失败了两次，失败经历对于他的情绪有很大影响，儿子偏又将这种影响个人化，然而又很欣赏父亲应对这种情绪影响的方式。

在菲茨杰拉德这样敏感的孩子看来，似乎圣保罗的每一个人都知道父亲失败的故事。爱德华·菲茨杰拉德定期去他连襟的房地产公司，在那里可能是做食品批发销售的工作。但他从未赚到足够多的钱付房租；个人信用并不稳固，在杂货店里买邮票的账都需要太太支付。不仅如此，他还酗酒。“因为这个恶习，他什么也做不成，”圣保罗学院的校长C.N.B.惠勒评价说。菲茨杰拉德非常明了父亲对酒精的偏爱。“父亲喝多了之后总是在后院打棒球，”①他在1905年8月的日记中写道。然而，他拒绝将酗酒与生意失败联系在一起。

在1937年的文章《初获成功》中被删去的一段文字里，菲茨杰拉德对父亲拒绝为失败寻找借口②的态度予以颂扬，同时提出一系列他所认为父亲失败的原因。从来没有，菲茨杰拉德写道，听到过父亲“将自己的失败归咎于除了自身能力不足以外的原因，也许他在某次经历惊恐不安时，曾经怨天尤人……也许在那次辞退老雇员的浪潮中”。此处，他将父亲描绘成一个受害者，原因是他无力控制的经济

①C.N.B.惠勒写给派珀的信，1945年2月13日；斯科特·菲茨杰拉德：《记事本》，第160页。
②斯科特·菲茨杰拉德：《初获成功》（*Early Success*）打字稿，费尔斯通，第10—11页。

影响。在别处，他还列举过基因方面的理由。在他的散文《吾父之死》中，他将爱德华·菲茨杰拉德描述成“旧式家族”[①]的产物，完全不适应纷繁嘈杂的生意圈子。其实，菲茨杰拉德只是试图将父亲的弱点转化成美德。

这种防御行为恰恰证明他所受到的伤害是无法愈合的。菲茨杰拉德成长于世纪之交，读着阿尔杰[②]的书长大，信奉成功为真理。他所说或所写的任何一个字，都无法消除父亲失败的事实。菲茨杰拉德非常敬爱父亲，特别自豪地记得某个礼拜日早晨，他衣着整洁，穿着长裤，手持短手杖和父亲走到镇中心找鞋匠擦皮鞋。他从爱德华·菲茨杰拉德那里吸收了对浪漫诗歌的热爱，尤其是坡和拜伦的诗歌。[③]“告诉父亲，”1930年，他从洛桑写信回家，“我拜访了

——七根哥特式立柱

在西庸深邃而古老的地牢里

想起了我听到过的第一首诗，是《乌鸦》吗？”他也从父亲那里继承了对内战中南部联盟的伤感情怀，虽然父亲在马里兰州的罗克维尔长大，严格说来是属于联邦的地盘，但他同情南方，特别喜欢给着了迷的儿子讲内战的故事，讲述自己的童年回忆。

正如虚构人物迪克·戴弗和他的父亲，菲茨杰拉德试图模仿爱德华·菲茨杰拉德的优雅举止——与其说这种行为方式是精心设计

---

①斯科特·菲茨杰拉德：《吾父之死》（*The Death of My Father*），未标明页码，《菲茨杰拉德早期小说作品》（*The Apprentice Fiction of F.Scott Fitzgerald*），约翰·屈尔（John Kuehl）编辑，新布伦瑞克，拉特格斯大学出版社，1965年，第66—68页（以下简称《早期》）。

②小霍雷肖·阿尔杰（Horatio Alger Jr.，1832—1899），美国儿童小说作家。——译者注

③斯科特·菲茨杰拉德写给爱德华·菲茨杰拉德夫人的信，1930年6月，《书信集》，第495—490页。

的，不如说是气质使然。而且爱德华·菲茨杰拉德尽最大努力，担当儿子的“唯一道德指导”。[①]只有一次，他打了菲茨杰拉德，那是因为这孩子说他是骗子。爱德华·菲茨杰拉德为他俊俏帅气的儿子过分地感到骄傲，为他孩童时期的成绩骄傲，为他第一次世界大战期间（平庸的）兵役经历骄傲，为他成为名声卓著的作家而骄傲。然而，菲茨杰拉德对于父亲的感情永远都是模棱两可的：实际上这个人潦倒失意，靠着妻子的收入生活，他怎么能尊敬这样一个人呢？

菲茨杰拉德太太掌管家中一切。他们去华盛顿拜访亲戚时，她坐卧铺，而爱德华则第二天白天坐硬座跟去。邻居家的孩子都很怕她。有一次，菲茨杰拉德的朋友保罗·巴利文和塞西尔·里德来他家吃午餐，爱德华·菲茨杰拉德先生切不开黏在烤盘上的馅饼。“爱德华，让我来切馅饼！”[②]莫莉·麦奎伦命令道，把馅饼一把从他手里夺走。“如果不是麦奎伦外公，”她说，“咱们会是什么样啊？”

在一封写给经纪人哈罗德·奥博的信中，菲茨杰拉德显露出对于父亲复杂的情感，他写这封信之前，奥伯曾带着老菲茨杰拉德去好莱坞观看《了不起的盖茨比》的电影。“他很想念我，我想，”[③]菲茨杰拉德在给奥伯的感谢信中写道，接着他写出了一些心里话，“70年代，他事业的开端非常了不起，可此后他的人生就是一场‘失败’——他永远都生活在我母亲的阴影之下，我取得的任何成功，他都仿佛是自己取得了成功一样，感受到巨大的喜悦。”

在他的小说中，越来越倾向于将父亲的角色描绘成模糊的轮

① 斯科特·菲茨杰拉德：《之死》(*Death*)，未标明页码，《早期》，第67页。

② 亚瑟·麦兹纳采访保罗·巴利翁(Paul Ballion)，1948年1月3日。

③ 斯科特·菲茨杰拉德写给哈罗德·奥博(Harold Ober)的信，1926年5月，《一如往常，斯科特·菲茨杰拉德——》(*As Ever,Scott Fitz—*)，马修·J.布鲁科利与詹妮弗·M.阿特金森编辑，费城，利平科特，1972年，第91页。

廓。他经常用出乎意料的手法处理主人公的父亲这一角色。“我父亲常常对于某些事情非常敏感，”他在日记里写道，“在我的书中，大多数主要角色的父亲在故事开始之前，就已经过世了，他对此总是心怀怨愤。[①]为了让他开心，有一次我在一本书的结尾，安排一位父亲出现又消失，可并没有达到讨好他的效果。”这个角色一定是亨利·盖茨，他在《了不起的盖茨比》接近尾声的时候闪现。但很显然，盖茨先生非常无知，而且社会地位低下，根本不是以爱德华·菲茨杰拉德为原型塑造的。不但如此，他的价值观也是赤裸裸的物质至上主义。那部小说中，尼克·凯洛威的父亲扮演着类似道德试金石的角色。在《夜色温柔》中，正因为是牧师，而且跟老弗吉尼亚有着深厚的关联，迪克·戴弗的父亲才代表着荣誉、勇气和教养。斯科特在戴弗牧师的身上，将父亲的优秀品质做了理想化处理，在那部小说中，两者达到了最接近的程度。和迪克·戴弗一样，菲茨杰拉德坐船穿越大西洋，参加父亲的葬礼。又如同戴弗一样，父亲的去世使他感觉到伴随着荣誉感和责任心，一个时代消逝了，一代人消逝了。“永别了，我的父亲——永别了，我所有的先父。”迪克说出了他俩的心声。

菲茨杰拉德小说中的父亲角色都是虚无朦胧的，而母亲的角色更像是幽灵。他只有一次生动形象地描述了主人公的母亲。比阿特丽斯·布莱恩，《人间天堂》里埃默里的妈妈，这个形象几乎完全符合菲茨杰拉德所希冀的母亲形象。比阿特丽斯·布莱恩和莫莉·菲茨杰拉德截然相反。比阿特丽斯受过“优良的教育”，因此充满智慧和魅力。她的美丽因为“精致的容貌”而更加凸显；“着装简约，体现

①斯科特·菲茨杰拉德，《笔记本》，第151页。

完满的艺术风格”，使她趋于完美。她并非菲茨杰拉德母亲那样的普通富家女，更是“财富惊人的美国女孩”，甚至主教和女王都久闻她的大名。当埃默里一无是处的父亲去世之后，比阿特丽斯和她的独生子结伴吃喝玩乐，一起遍游欧洲，旅行途中，她快乐畅饮，饮酒过度。埃默里继承了这一缺点，犹如他从比阿特丽斯那里继承了魅力和势利。因为有一次她“突然自豪起来”，而且担心自己无法达到她建立起的标准。

埃默里·布莱恩在《人间天堂》中代表着被美化的菲茨杰拉德，这部小说是菲茨杰拉德第一部以及最为坦诚的自传体小说。埃默里被美化的途径之一就是消除他父母的存在，即便是迷人的比阿特丽斯。当埃默里和罗莎琳德·康奈基相爱时，命运已经把他变作孤儿。

“我想跟你在一起，”貌美多金的罗莎琳德对他说，“我希望你的家人成为我的家人。我想为你生儿育女。”

“可我无亲无故啊。”埃默里回答道。

菲茨杰拉德的亲生父母寿命均属正常，但从比喻性的角度来说，自从他有了社会意识以后，就“无亲无故”了。如果可以，他不想将任何亲人介绍给吉妮芙拉·金那对家财万贯的父母的，他在1915—1916年追求着这位芝加哥森林湖地区的美人儿，也没有任何亲人是他想要介绍给泽尔达·塞尔的双亲的。1920年春天，《人间天堂》出版后一周，他就和这位来自亚拉巴马州蒙哥马利市的姑娘结婚了，她们家与南方的贵族家庭有关联。新郎的父母并未到纽约参加婚礼，新娘的父母也没去。

1925年完成《了不起的盖茨比》之后，他开始写一部小说，当时暂定书名为《弑母的男孩》。他甚至还在节日场合创作和表演关于弑母主题的诙谐歌曲，其中有段歌词是：

我杀死了母亲
我是永远都在搞恶作剧的男孩[①]
她奚落我
我便打穿了她患慢性病的阑尾

当莫莉·麦奎伦不那么好对付的时候，菲茨杰拉德就跟她保持距离。他10岁时，已经很明显地开始因为母亲而感到羞愧。1907年夏天，他去安大略的查塔姆夏令营，或许感受到了想家的痛苦。这仍不足以使他允许她来探访。[②]"我十分乐意"您来，男孩的信件开头这么说，但是——他旋即补充道——"我想您并不会愿意来，因为您在这儿谁也不认识，除了厄普顿太太，而她几乎总是很忙，"这里没有好酒店，寄宿人家"提供的食物只有羊肉和牛肉"。面对众多明显的暗示，莫莉·麦奎伦并未动身。那时候或者之后，菲茨杰拉德都不太喜欢她在身边。

她衣着邋遢[③]、举止笨拙，这让他非常恼火，具体表现为"庄重地把衣袖浸到咖啡里"，还穿着高帮带扣子的靴子吧嗒吧嗒到处走，为了舒服而把最上面的扣子敞开着。菲茨杰拉德宁愿不看她。"和母亲一起住了20年，从没注意看过她的眼睛，"他的一篇笔记里写道，"我不想看她的时候就是这样。"

①斯科特·菲茨杰拉德：《笔记本》，第129—130页。
②斯科特·菲茨杰拉德写给爱德华·菲茨杰拉德夫人的信，1907年7月18日，《书信集》，第449页。
③斯科特·菲茨杰拉德：《笔记本》，第172、202页；《斯科特·菲茨杰拉德》，第27页。

如同许多年轻人一样，他也强烈反抗母亲的过度保护。[①]倘若室外显现一丁点寒凉的迹象，他就会被帽子、大衣、围巾和套鞋紧紧裹起来，这种情况贯穿他整个童年时代。即使他长大成人，她对于他健康状况的担心也并未有丝毫减轻。“这里有消息说我儿子菲茨杰拉德在巴黎生病了。”1926年1月，她给斯克里布纳出版社发电报询问。他的出版商能提供情报吗？他们当然可以，那谣言毫无根据。1930年春天，又发生类似事件，她写信给马克斯韦尔·珀金斯，询问儿子在巴黎的健康状况。实际情况是，菲茨杰拉德身体安康，可泽尔达却崩溃了，这件事激发莫莉·麦奎伦给儿子发去一封说教的诗歌以及一张支票。菲茨杰拉德将两者一并退回，并且轻蔑地评论说她的诗中包含“绝妙的规矩，这些规矩适用于50年代想成为办公室主任的人身上”。

莫莉·麦奎伦对她的独生子不但保护过度而且溺爱至极。虽然自己邋遢土气，但她总是确保菲茨杰拉德穿着最好的衣服。在他2岁的时候，她给他穿上灯笼裤，一头小鬈发。之后又给他佩戴丝绸领结，搭配伊顿校服领子以及德·皮娜高端定制的西装。她喜欢给他穿上这般精美的衣服出去炫耀，带他步行至圣保罗的修道院去给修女们背诵圣诗，或者让他在家为客人们演唱流行歌曲。“我以前常常为别人唱歌——天哪！”菲茨杰拉德在日记里写道，厌恶之情深重，以至写这句话时，笔尖的力度穿透了纸背。母亲想训练她那拥有蓝眼睛的英俊儿子行为举止合乎规范，但她无法达到此目的。“无论我

---

① 派珀：《F.斯科特·菲茨杰拉德，一个重要人物》（*F.Scott Fitzgerald：A Critical Portrait*），纽约，霍尔特、莱因哈特和温斯顿，1965年，第8—9、182页；电报，菲茨杰拉德夫人发给斯克里布纳出版社的，1926年1月21日以及斯科特·菲茨杰拉德发给斯克里布纳出版社的电报，1926年1月，费尔斯通；斯科特·菲茨杰拉德写给爱德华·菲茨杰拉德夫人的信，1930年1月，《书信集》，第496页。

做出什么捣蛋事儿，”菲茨杰拉德告诉希拉·格雷厄姆，“我也只是个调皮的苏格兰小棕仙。”①

也许母亲给他造成的最持久的心理阴影，正是来源于她要将菲茨杰拉德和妹妹安娜贝尔带入圣保罗上流社会的决心。菲茨杰拉德和城里上等家庭的男孩女孩们一起跟威廉姆·H.贝克尔教授学习跳舞。他被邀请至顶峰大道上三层高的宅子里跳舞，被邀请至大学俱乐部的聚会上，城里和乡下的聚会上以及白熊游艇俱乐部。可他的家庭在上流社会的地位却飘忽不定。莫莉·麦奎伦外祖父因为他的成功而备受尊敬，但爱德华·菲茨杰拉德却没有建树。虽然莫莉·麦奎伦参加那些上流社会小姐的茶会，然而和沃德威家族、德力斯科尔家族以及克拉克森家族并没有交往。

虽然菲茨杰拉德在明尼苏达州圣保罗市生活的时间并不长，而且他在任何地方都算不上有个家，但这个地方在他身上留下了深刻的烙印。爱德华·菲茨杰拉德年少时，圣保罗市是个什么样的地方呢？据大多数人的描述，保守、传统是这座城市当时的特点，某种程度上甚至因其狭隘的地方主义而自以为是。“圣保罗在人们眼前展示出这样一幅景象，”作家托马斯·博伊德曾于1922年评论道：“一座庞大的城池坚韧牢固地依附着东部，却也清醒地意识到有堕入西部的危险。”②作家格蕾丝·弗兰德利在1925年撰写的一篇文章中用“得意自满”这个词来总结这个城市，作为这里土生土长的女儿，她认为这个词没什

①《斯科特·菲茨杰拉德》：第12—13页；约翰·J.科比勒斯（John J.Koblas）：《F.斯科特·菲茨杰拉德在明尼苏达：他的家和困扰》（*F.Scott Fitzgerald in Minnesota: His Homes and Haunts*），圣保罗，明尼苏达历史学会，1978年，第12页；希拉·格雷厄姆（Sheilah Graham）和杰罗尔德·弗兰克（Gerold Frank）：《亲爱的异教徒》（*Beloved Infidel*），纽约，亨利·霍尔特，1958年，第284页（以下简称《异教徒》）。

②托马斯·博伊德（Thomas Boyd）：《文字诽谤（一）：F.斯科特·菲茨杰拉德》[*Literary Libels (One) F.Scott Fitzgerald*]，未标明页码，《圣保罗每日新闻》（*St.Paul Daily News*），1922年3月5日。

么不妥。“我们需要的就是骄傲自满。”[①]她坚称要密切关注河对岸的姐妹城市明尼阿波利斯。“美国人民和美国城市一直以来遭受伪装的自卑情结的折磨”，而这种伪装的自卑情结被当作自我宣传的表现。如果圣保罗城市规模稍有扩大，市民则有可能住进明尼阿波利斯。

当菲茨杰拉德描述自己的家乡时，他强调了一点，他的朋友弗兰德利和博伊德在很大程度上忽视了这一点：这座城市的社会等级。圣保罗自认为优于明尼阿波利斯、堪萨斯城和印第安纳波利斯以及中西部的其他城市——因为截至20世纪的最初10年，它是一座具有三代人生活历史的城市，[②]其余那些城市只有两代人的历史。在《市集一夜》的某份初期稿件中，[③]菲茨杰拉德详尽地描述了历经三代人所形成的社会架构。

> 就是在全国闻名的那两三个大家族之外，而非这些家族之下，产生了社会等级。最顶端人群的祖父母来自东部，随之带来些重要的东西，这就是金钱和文化之残遗；之后，白手起家的富裕商人大家庭进驻这里，六七十年代的“老辈移民”互相鄙夷，美国人—英格兰人—苏格兰人，或者德国人，或者爱尔兰人……依次互相鄙视。此后，来了一群衣食无忧的“新人类”——他们非常神秘，过往经历扑朔迷离，很有可能劣迹斑斑。如同许多其他社会等级结构一样，金钱和战争的洪流奔腾

---

①格蕾丝·弗兰德利（Grace Flandrau）：《无法驯服的双生子》（*The Untamable Twin*），未标明页码，《征服荒野》（*The Taming of the Frontier*），邓肯·艾克曼编辑，纽约，明顿，鲍尔奇，1925年，第152页。

②斯科特·菲茨杰拉德：《评格蕾丝·弗兰德利的〈值得尊敬〉，他自身年代中的F.斯科特·菲茨杰拉德：文学著作汇编》，马修·J.布鲁科利和杰克逊·R.布莱尔编辑，肯特，俄亥俄，肯特州大学出版社，1971年，第141页（以下简称《汇编》）。

③斯科特·菲茨杰拉德：《笔记本》，第267—268页。

翻滚其上，它并未能幸免于难。

这段文字不但展示出菲茨杰拉德对社会地位的敏感性以及他为个人和职位分级排列的冲动，而且暗示了他认为自己在圣保罗市的社会阶层系统中所处的层次：他不属于举国闻名的大家族，不属于祖父母从东部带来财富和文化的那部分人，他属于“老辈移民”的子孙，移民于20世纪中期来到这里，在密西西比河岸边这座粗野之城创造自己的财富。他的爱尔兰裔外祖父就是这代移民中的一位，他于1857年乘船由加利纳溯游而上，在这里开始食品批发生意。“就像塔金顿所说的，”[①]菲茨杰拉德总结道：“美国孩子都属于母亲的家族。”因此，菲茨杰拉德就是莫莉·麦奎伦家的儿子，由于父亲并未取得商业上的成功，这个说法更站得住脚了。菲茨杰拉德很清楚自己在圣保罗市的社会地位，作为一个好胜心极强的年轻人，没有什么比登上社会顶层更让他渴望的了，这念头一直困扰着他。

据C.O.（珊德拉）·卡尔曼夫人——她和丈夫终生与菲茨杰拉德保持着朋友关系——公正地评价说，斯科特绝对不是“生在穷人家的小男孩”。[②]爱德华·菲茨杰拉德，他的妻子莫莉·麦奎伦，还有菲茨杰拉德大师都被收录在1913年圣保罗市的社会名人录中。[③]他父亲是白熊游艇俱乐部的成员，几年之后加入了市里新成立的大学俱乐部。虽然如此，年少的菲茨杰拉德明白，自己并非与社会精英同属一个层级。他父母并未出现在1909年或者1910年的圣保罗市社会名人录中（这也可能是因为他们后来才从水牛城搬回圣保罗市）。这个家庭没

①斯科特·菲茨杰拉德：《笔记本》，第267—268页，费尔斯通。

②劳埃德·哈克尔采访珊德拉·卡尔曼（Xandra Kalman），明尼苏达历史学会，日期不详。

③社会名人录：圣保罗社会名人录1909年、1910年、1913年、1916年、1919年、1921年、1922年，明尼苏达历史学会。

钱在白熊湖城购置第二处住所，菲茨杰拉德——后来又有了妹妹安娜贝尔——只好坐着婴儿车去朋友们的避暑别墅做客。做买卖赚取的财富不如投资所得的钱财尊贵，虽然买卖所涉及的物品不止一种。菲茨杰拉德的剪贴簿里有一张剪报，上面提到他的祖父是“圣保罗市食品贸易业的开拓人之一”，菲茨杰拉德亲笔在上面加上了“批发”两个字。①

菲茨杰拉德一家的社会名望较低，这从他们家买房置业的习性中可见一斑。《了不起的盖茨比》里，有一段尼克·凯洛威怀旧的情节，该情节唤起了他个人对于圣保罗市的怀想：

> 这就是我的中西部——没有小麦，没有大草原，也不是让人迷失的瑞典小镇；我青春的火车驶回，让人兴奋，是街灯，是严寒黑夜中的雪橇铃声，是窗户里的灯光投射到雪地上的冬青花环的阴影。我就是其中一分子，那些漫长的寒冬让我感到沉重，在凯洛威家长大让我感到有些得意，凯洛威家所居住的城市里，几十年来，人们以姓氏互相打招呼。

菲茨杰拉德也坐火车回来过圣诞节，参加聚会，滑雪橇和跳舞，可他的圣保罗市和尼克的完全不同。他身处圣保罗，却并无满足之情。他没有固定的住处，却在数个地址暂住过。1909—1919 年的市内联络表②里列载出代理商爱德华·菲茨杰拉德的5个住址，而在这期间，他们家至少还有其他两处住所为人所知。凉爽的秋季似

---

①斯科特·菲茨杰拉德：《剪贴簿》，未标明页码，费尔斯通；斯科特·菲茨杰拉德在剪贴簿上所做的改动是由约翰·M.艾伦发现的，并写入《蜡烛和嘉年华灯光：F.斯科特·菲茨杰拉德天主教敏感性》，纽约大学出版社，1978年，第146页。

②圣保罗1890—1898年以及1909—1917年的联络表，明尼苏达公共图书馆。

乎是他们一家迁徙的诱因。1909年9月，菲茨杰拉德一家从劳雷尔大街上莫莉·麦奎伦外祖母家搬出，住进荷利大街514号的复式公寓里。第二年9月，他们收拾打包搬进街对面荷利大街509号的联排住宅。1911年9月，他们租住荷利大街499号的房子，这是他们3年内在同一条街上租住的第三处住宅，三处住宅都位于同一个街区。

1915年，菲茨杰拉德的父母搬进萨米特大街593号的联排住宅，几年后又搬到萨米特大街599号，离上一处住地只相隔几扇门（就在这处住宅里，菲茨杰拉德重写《人间天堂》，这里被官方指定为“国家历史地标”）。但是菲茨杰拉德一家人并没有在萨米特大街或者别处建立长久居住之地，没有哪一栋房屋可以“几十年来，以姓氏”鉴别房产。

萨米特大街曾经被（一位建筑历史学家）称作“美国保存最完好的维多利亚式高大庄严住宅建筑大街”。毫无疑问，这条大街曾经是、现在还是圣保罗市的“观光大道”。从壮丽的天主教堂到密西西比河，萨米特大街东段的1/3都被社会上层人士以及经济领军人物的家宅所占据，这些建筑离大街有些距离，掩映于长满绿草的阶梯以及茁壮的老榆树树荫之下。迫于经济环境的压力，许多宏大的宅子被切分为小块的人口密集居住区，再加上荷兰榆树病的肆虐，街上茁壮的老榆树也都脱了皮。在菲茨杰拉德的青少年时期，萨米特大街平静安详，是该城市的富人区。他们家在荷利大街和劳雷尔大街上的住所也是相当体面的，但在萨米特大街上居住带有特殊的意义。菲茨杰拉德对此了然于心，他也明白租赁的联排住宅基本算不上家宅。1919年9月，当他收到斯克里布纳出版社的来信，被告知要出版第一部小说时，他回信的抬头是：

（萨米特大街599号）[1]
自一栋位于优于普通街道
但劣于普通住宅的房屋

菲茨杰拉德的母亲对他寄予望子成龙之心，这引发了他对于母亲的对抗之情和在社会关系中的不安全感，1931年他记录下的一个梦境显露出这种对抗心理和不安全感之深厚，那时他刚刚从瑞士参加父亲的葬礼回来不久。[2]他为玛格丽特·艾格洛夫记录下自己梦境的细节，玛格丽特那时是他的密友，她在苏黎世“与荣格的团队一起工作”。《菲茨杰拉德最近小睡的梦境》，大部分情况如下：

我和母亲同住在一栋公寓里，她老态龙钟、头发花白、行动笨拙，正在服丧，我住在楼上的房间。一群年轻人聚在楼里另外一层的房间，他们英俊潇洒、家境富裕，我小时候似乎跟他们交情浅薄，我现在想深入了解他们，可他们却用怀疑的目光打量我。我和其中一位和善的、并不势利的年轻人聊天，但显然他并不愿意和我做朋友——无论是因为他觉得我穷、贱、野蛮或是名声不好，我不知道原因，或者说，我根本不想知道原因——我唯一能感受到的是礼貌的冷漠，我甚至可以理解这种情绪。这时，我发现楼下在跳舞，却没有邀请我。我觉得他们如果知道我曾经多么重要，就应该请我去。

我和母亲一直争吵——或许她试图通过煽情手段做我的好

①斯科特·菲茨杰拉德写给阿利达·比奇洛（Alida Bigelow）的信，1919年9月22日，《书信集》，第456页。

②斯科特·菲茨杰拉德：《消费者先生！你算过成本加成吗？》（*Mr. Consumer! Do you ever figure Cost Plus?*），未标明页码，费尔斯通。

母亲（她在我房间挂上字条，上面写着“世人对汝母下评判之最重要依据即汝本身”），或者说我只是因为被楼下那帮人忽视而生气，我又把怨气撒在她身上。

外面的大广场上开始了一场游行，那广场与协和广场并无差异——在蓝色暮光映衬之下，一排排穿着华丽的统一制服、训练有素的骑兵静默走过——他们身着深蓝色制服，类似英国海军制服，但又不完全像；接下来走过的是新入伍的士兵，就是美国新兵；之后，是其他的士兵；一阵间歇之后，意大利宪兵们戴着拿破仑式的帽子出场了。此刻若非有街灯照明，天色已经非常黑暗了。

我又下楼来，漫步进入一个类似宴会厅的门廊，我看到侍者们正在工作，突然间我感到羞愧万分，我意识到这就是那场没有邀请我参加的聚会。在宴会厅里遇到参加聚会的一位年轻人，我完全失态了，结结巴巴地说出些荒唐无礼的话。我要离开那房间，正当我意欲走开时，母亲从楼上对我喊叫，声音大得震耳朵。我不知道是不是因为自己烦她总黏着我；还是因为她年龄太大，又不时髦，让我觉得丢人；还是因为她对我大吼大叫，让我感到羞耻；或者因为她有可能猜到我受到了伤害而同情我，这真让人受不了；或者是以上所有的原因。无论怎样，我粗鲁愤怒地斥责了她。

不管怎么样，她一直跟着我——我到安娜贝尔姨妈家的时候，她已经比我稍早一点到达。安娜贝尔姨妈是我们家真正的女性统治者，一个干巴巴的老处女，很有个性，也很有文化。她对家里所有人都粗鲁无礼、盛气凌人，对我母亲尤其如此，但她悄悄地爱护家里所有的男性成员——就是她要给我出路费，让我去乔治敦。

我和母亲都很饿。我们想吃培根和鸡蛋，可妈妈只得到了培根，而我只得到了鸡蛋。妈妈被提醒说，她不久前才刚吃了零食，她抗议说零食分量非常少，却遭到姨妈典型的严厉驳斥。

我们回了家。进屋的时候，妈妈看了我一眼，哀婉地问我（不过，请记住，她的可怜劲儿总是让我讨厌），我小时候是不是曾经特别喜欢一本书，可弄丢了它。可以说就是那本书——很显然，那本书丢了之后，她就放弃努力逗我开心了，因为她已经达到了目的。最后一幕（她对我大吼大叫，我生气地回应），梦醒了。

玛格丽特·艾格洛夫总结说，这“是一场重要的梦境”。[①]梦中的菲茨杰拉德回忆起母亲种种不恰当的行为给他带来的羞辱，比如对他高声喊叫、跟他跟得太紧以及苛求受到最好的待遇——然而并未得到。母亲试图多愁善感地提醒他回忆起童年的欢乐时光，但这并未缓解他的羞辱感，至少在梦中没有。他试图逃离束缚，拒绝母亲，就像那位贵族青年拒绝他一样。然而，无论菲茨杰拉德对她说出多么难听的话（菲茨杰拉德的另一个梦境结尾：“撞见母亲，她不断对我唠叨，我刻薄回应。”），她对他都不放手。如果莫莉·麦奎伦聪明灵巧、知书达理、风情万种的话，她的儿子也许就是另一番感受了。如果是这样，也许那些年轻人可能就会欢迎他加入舞会了。

所有这一切暗示着社会关系中的自卑情结。艾格洛夫评价说，菲茨杰拉德一生中连续不断的主题即“富有强壮的年轻女性是社会

① 玛格丽特·C.L.吉尔迪亚（Margaret C.I. Gildea）（艾格洛夫）：《梦之语》（*Comments on the Dream*），未标明页码，费尔斯通。

地位的象征，他要得到这样一位女性。他本身并非出身于此社会阶层，这一现实让他非常苦恼，他痛恨自己和其他所有人的趋炎附势之举。痛恨母亲向社会上层攀爬的野心，鄙视父亲没有设置向上的目标和事业方向。在这种矛盾情绪之下，他潜藏的价值观和母亲的非常相似”。他小时候说出的第一个字是“上”，[①]那恰好是她希望他发展的方向。他从她那里继承了难以抑制的冲动，即追求在社会上的成功；从她那里，他继承了“黑色爱尔兰”血统，这血统对他所追求的成功无任何帮助。他必须完全靠自己，通过自己的成就达到目标。他不得不一次又一次证明自己，可危险却一直存在，即合适的人——就像梦中那个年轻人——注意不到他的成就。

他缺乏家世背景，试图通过博得周围人的喜欢而被社会接受，而他母亲在这条途径上却未能助他一臂之力。她没有培养他“工作的习惯”，[②]他曾经悲叹道。她对他过分溺爱，以致他和其他小男孩在一起时，总在炫耀、吹牛、贬低他人，因此特别不受欢迎。长大以后，菲茨杰拉德渐渐开始痛恨母亲的慈爱，特别是这种慈爱和严厉的安娜贝尔·麦奎伦姨妈形成对比，可以说是这个“干巴巴的老处女”让他“第一次尝到纪律的滋味儿”。他觉得自己喜欢安娜贝尔姨妈，[③]母亲让他随心所欲，可他对母亲却并无对姨妈的那种爱。“直至15岁，[④]我才知道，这世界上除了我还有别人。”她在给妹妹的信里写道。

这么说有些夸张，因为菲茨杰拉德曾在日记里回忆小时候被伙

①斯科特·菲茨杰拉德：《记事本》，第151页。

②斯科特·菲茨杰拉德：《崩溃》(*The Crack-up*)的相关笔记，未标明页码，费尔斯通。

③《斯科特·菲茨杰拉德》，第36—37页；亚瑟·麦兹纳(Arthur Mizener)：《天堂彼岸》(*The Far Side of Work*)，纽约，复古出版社，1959年，第4页(以下简称麦兹纳)。

④斯科特·菲茨杰拉德写给斯科蒂·菲茨杰拉德的信，1935年夏，《书信集》，第5页。

伴抛弃后，自己心里受到的创伤。7岁那年，他“办了场生日聚会，可没人来参加”。9岁那年，“聚在烤土豆摊上”的几个男孩“说不希望他在他们周围晃悠”。10岁时，他是“极不受欢迎的[①]露营伙伴”。在圣保罗学院，大家公认他是校园里最天真的孩子。“如果谁能教坏菲茨杰拉德或者用某种方式堵住他的嘴，学校里大多数人和我本人都将不胜感激。”发表在校报上的一封来信评价说。同样的情况发生在纽曼，新泽西哈肯萨克市的天主教寄宿学校，他在那里完成了中学学业。“比尔·阿加说我天真”“和弗兰西斯科斯斗争”“全新的开端，不及格和刚刚及格的分数”“越来越不受待见”。菲茨杰拉德的一切经历最终都被巧妙地运用在他的小说里，他用了15年的时间直面自己痛苦的过往，在《最天真的男孩》中回忆了他在预科学校不受欢迎的经历，这是巴兹尔·杜克·李系列故事中最动人的一部。

莫莉·麦奎伦溺爱儿子，对他的健康情况过分关注，这也是有原因的，菲茨杰拉德也充分理解。“我出生前3个月，”他在《作者之家》中写道，“我母亲失去了[②]她的另外两个孩子……我想，我就是从那时开始，成为一名作家的。”或许就是因为这样，他的两位姐姐夭折了[③]，这件事影响着他的成长经历。他母亲保存着一本叫作《一个婴儿的传记》的剪贴本，在剪贴本里她仅仅提到这场悲剧一次。“婴儿斯科特1897年5月30日第一次爬行，”她继续写道，“路易斯和玛丽的小弟弟第一次试着走路，就好像她们离我更近了一些……”3年后，她又生下一个女孩，可这个女儿只存活了1小时。最终，妹妹安娜贝尔于1901年7月出生，而且她活了下来。但她聪慧英俊的儿

---

①斯科特·菲茨杰拉德：《记事本》，第158、160、161、163、166页。

②斯科特·菲茨杰拉德：《作者之家》，未标明页码，《午后》，第184页。

③爱德华·菲茨杰拉德夫人：《一个婴儿的传记》(*A Baby's Biography*)，关于斯科特·菲茨杰拉德的剪贴本，未标明页码，费尔斯通。

子才是菲茨杰拉德夫人的最爱，获得了她始终如一的关爱。她一直保留着他的剪贴本，直至他21岁，身高已经是5英尺8英寸，体重150磅——也许这是表现母爱的夸张做法。在别的记载中，菲茨杰拉德5英尺7英寸高，体重也比150磅轻很多。

第二章
普林斯顿1917

终其一生，我父亲都归属于普林斯顿。

——斯科蒂·菲茨杰拉德·史密斯

美国重要的作家中，没有哪一位像菲茨杰拉德这样和自己的大学保持如此亲密的联系。有一部分原因是在大众的印象中，菲茨杰拉德永远都是一副本科生形象：风度翩翩、天资聪颖，非常缺乏责任心。但还有很大一部分原因是，两者之间的关系造就了菲茨杰拉德。在他的首部、也是最广为流传的小说《人间天堂》里，普林斯顿占据了相当篇幅，而且普林斯顿也被当作背景用于好几个故事之中。跟许多上了年纪的毕业生一样，年龄越大越深爱他读取本科的母校。他曾经热切地追求普林斯顿对自己的认可，然而却失败了。

在1905年听了一场普林斯顿合唱团俱乐部的音乐会之后，9岁的菲茨杰拉德告诉他在水牛城的玩伴，决定要上普林斯顿大学了。根据他一本剪贴簿的内容推测，他做出此番决定，可能是因为在1911年普林斯顿对抗哈佛的橄榄球对抗赛中，他看到山姆·怀特冲刺95码阻截对方，触地得分，普林斯顿赢得比赛。或者他选择《老拿骚》[①]，就像他告诉《星期六晚邮报》的读者们，是因为1913年春他偶

① 《老拿骚》（*Old Nassau*）是普林斯顿大学的校歌，这里代指普林斯顿大学。——译者注

尔发现三角剧社为《苏丹大人》谱的曲子。[①]更有可能的原因是，并没有什么决定性的时刻出现，只是在日积月累的印象中，他认为普林斯顿比起耶鲁或者哈佛来说，更适合他，另外这两所大学是他仅有的备选方案。

两者之中，耶鲁更加可怕——太可怕了，就年轻的菲茨杰拉德的口味来说。他认为耶鲁的学生们"健壮、直爽、有力"（就像《了不起的盖茨比》里的汤姆·布坎南），而普林斯顿的学生"苗条、热情、浪漫"（就像《人间天堂》里的艾伦比以及参照自己塑造的奥贝·贝克）。菲茨杰拉德在一封信中用钢笔画了些草图，典型的普林斯顿毕业生（形象俊美，侧脸很像罗马人），耶鲁的毕业生（胡子拉碴的混混），还有哈佛的毕业生（戴着单片眼镜和飘逸的领带，非常唯美）。然而，"在预科到大学二年级期中这段时间，"菲茨杰拉德于1927年写道，"我十分担忧，担忧自己去不了耶鲁，忧愁自己没有去耶鲁。"他把耶鲁大学看作成功的育床。他想要的是在冲进"喧嚣挣扎的美国式生活之前"有"更加安宁、柔和，不那么急切的生活……拥有深呼吸和沉思的时间"。[②]

就这样，菲茨杰拉德17岁时踏入自己选择的大学，下定决心要成名成家。他很快发现了打橄榄球，他不够壮实这一点，于是转而发挥自己的文学天分来寻求成功。直至本科第一学年的11月，他都在努力谋求为校园幽默杂志《老虎》写文章，为三角剧社写歌词。大

---

①《斯科特·菲茨杰拉德》：第13、36页；罗伯特·斯克拉（Robert Sklar）：《F.斯科特·菲茨杰拉德：最后的拉奥孔》（*F.Scott Fitzgerald: The Last Laocoön*），纽约，牛津大学出版社，1967年，第7页；唐纳德·马斯登：《F和普林斯顿三角剧社Ⅱ》（*F and the Princeton Triangle Club Ⅱ*），《新闻信》，第247—249页。

②《斯科特·菲茨杰拉德》：第42页；斯科特·菲茨杰拉德写给露丝·斯特蒂文特（Ruth Sturtevant）的信，1915年5月，《通信集》，第10页；《天堂彼岸》：第41页；斯科特·菲茨杰拉德：《普林斯顿》，未标明页码，《午后》，第71页。

学一年级春天的大部分时光，都被他投入为1914—1915年三角剧社的音乐剧《菲！菲！菲菲！》撰写剧本和歌词。第二年，即1916年，埃德蒙德·威尔逊·Jr.为三角剧社的《恶魔之眼》撰写了脚本，但在秋季到来之前，菲茨杰拉德就为该剧润色了歌词，并且开始行使他作为三角剧社秘书长的职责。他的一张照片被选刊在《纽约时报》上，激起了许多反应，照片中他身着女孩服饰，为剧社一部著名的歌舞剧做宣传。一个男孩——“拉尔夫·黑尔，平信，米尔福德，康涅狄格州”——要求约会。“找到他，帮我毒死他。”[①]菲茨杰拉德对一位女性朋友建议说。

大二的5月份，菲茨杰拉德被选入《老虎》杂志，后来他评价这份杂志的水准不如哈佛的《讽刺文》、耶鲁的《记录集》和康奈尔的《智慧》，“因为大部分本校人的智慧都集中在制作吵闹的三角剧社的剧目上”。于1935年回忆说，他对《老虎》最值得注意的贡献，是开创了名为《国际爱抚线索》的系列，利用简短的舞台场景证明“女孩子终究是女孩子”。[②]1918年，每当《老虎》印刷迟了，一定是因为他和约翰·比格斯整夜在一起，因为某个问题争辩得难解难分。

据菲茨杰拉德1916年2月的日志记载，大学三年级的春天似乎就是一个标志，“《龙塔群和滴水兽们》成熟写作的开始”。[③]他在普林斯顿大学追求领导地位的希望破灭，转而集中精力撰写严肃虚构作品和诗歌。这本小说的大部分内容刊载在《拿骚文学》杂志上，1917年，首先是威尔逊主宰这本杂志，随后是约翰·皮尔·毕谢普。这两位的阅读量都大大超过菲茨杰拉德。他们俩都成了他毕生的朋友。

---

①斯科特·菲茨杰拉德写给露丝·斯特蒂文特的信，日期不详，弗吉尼亚大学图书馆。
②斯科特·菲茨杰拉德写给C.A.莱特的信，1935年4月24日，《通信集》，第409页。
③斯科特·菲茨杰拉德：《记事本》，第170页。

在《龙塔和滴水兽》中——1917年2月最终刊登在《拿骚文学》上的名字——菲茨杰拉德试图抓紧解决学术方面的问题，这些问题阻碍他成为班上的领军人物。龙塔象征着雄心壮志和高昂的希望，可这些却被滴水兽或者辅导员冲破了。大学三年级的秋季，他在辅导老师的帮助下补齐了几何学的学分，却没能补齐化学和拉丁文的学分，学业问题濒临危急关头。11月，他感染疟疾，不得不离校休学，直到第二年秋天才返校。圣诞节期间，《恶魔之眼》在圣保罗城演出，他去观看了。1916年1月初，他的朋友毕谢普当时正在巡演路上，写信勉励他："看在上帝的分儿上，[1]也为了你自己，快点好起来，不要再生病。我将欢迎你担任明年的总编辑(《拿骚文学》的)……你还有可能在俱乐部拥有一间小办公室呢。你猜怎么着？噢，你真的会有一间办公室！"

菲茨杰拉德并未再做任何努力弥补学业。2月份回普林斯顿，他被正式留级到1918级。他在春季为三角剧社写了一部剧本，但5月份被退稿，虽然他再次为1916—1917年的演出谱写歌词，而且再次被描绘成一个"广告女郎"，菲茨杰拉德不再是竞争三角剧社社长的有力角逐者。

从他拥有的天赋来看，学业表现[2]差得让人惊讶。他在纽曼的读书成绩太差了，以至于被普林斯顿录取前，不得不通过特别的入学考试。在被录取后的第一个学期里，就有三门课不及格，另外还有三门成绩排名第五组(即刚刚及格，差点不过的水平)，唯有一门科目成绩列于第四组——一个扎实的D。他在春季得到了自己第一个三组成绩，即C，除了数学以外，其他科目都考过了。他的年终总成绩

①约翰·皮尔·毕谢普写给斯科特·菲茨杰拉德的信，1916年1月2日，费尔斯通。
②学业表现：普林斯顿成绩剪贴本，费尔斯通。

在当年是普通第五组，濒临被除名的边缘。因此，大二那年秋季，学校宣布他无资格参加课外活动。虽然学校给予了警告，但他期终再次以普通第五组的成绩告终，三门课不及格，不但如此，还总是走捷径，最终学校给他安排了额外的课程，作为惩罚。在1915年那个灾难性的秋天到来了，虽然他的几何成绩不错，但其他科目全军覆灭：

> 我要去上数学课。①
> 考试通过或挂科。
> 二次曲线难不倒我，
> 政治也会拦住我。

菲茨杰拉德在1916年秋季返校后，约翰·比格斯成为他的室友，他曾经评论说，只要菲茨杰拉德“全心全意学习英语课程，自然会取得相当漂亮的成绩”。②即便是这样，他的成绩距离相当漂亮，还相差很远。菲茨杰拉德的英文课从来没有不及格过，但也从没取得过第一组的成绩。以下是逐年的成绩记录：1913—1914：英文 101,4；英文102,3。1914—1915：英文 201,3；英文202,3。1915—1916：休学。1916—1917：第一学期：英文301,2；英文303,3。1916年秋季学期，菲茨杰拉德修习系主任克里斯蒂安·高斯的法语文学，并取得了第二组的成绩，而且似乎哲学课301取得“A＋”（如果文本

---

①斯科特·菲茨杰拉德：《流行戏仿诗——第一部》（*Popular Parodies–No.1*），未标明页码，《汇编》，第88页。

②约翰·比格斯·Jr.（*John Biggs,Jr.*）：《早年：追忆F.斯科特·菲茨杰拉德和普林斯顿的文学过往》（*A Few Early Years：Recollections of F.Scott Fitzgerald and Princeton's Literary Past*），未标明页码，《普林斯顿》，未标明页码，《老虎》（*Tiger*），1957年1月，第21页。

属实的话），第二组的成绩。但是他的化学201和历史301都没有及格。但是和以往一样，与他并不喜爱的科目挂科，比如与化学比起来，他的英文考试成绩表现平平，第三组中等水平，这个情况令他更难过。

1927年12月，菲茨杰拉德为《学院幽默》供稿一幅画作，画的是普林斯顿大学，他在画中对学院的管理层大加赞赏，还特别提到“优秀的哲学系、杰出的古典文学系……乏味到令人惊讶的英文系，[①]行政人员冗余，毫无特色，通过神秘的手段把文学变得让年轻人厌恶”。但约翰·邓肯·斯佩思除外，他教授浪漫诗歌并且培训教工，斯佩思激发起来的文学兴趣“随后又在老师们的课堂里被扼杀，在课堂上，胸中诗意不浓的先生们憎恨任何充满热情的研讨，而且以名来称呼班上的优秀学生”。菲茨杰拉德认为，导师们毫无希望地落后于时代。“在我的英文教授中，没有一个曾经向学生推荐过美国国内正在撰写的小说。”[②]令人惊讶的是，在1917年班级年刊中发现，菲茨杰拉德打算“去哈佛继续英文的研究生学习”。[③]

他在1940年写给女儿的信中说，他从约翰·毕谢普那里学到的诗歌知识，[④]比从任何教授那里学到的都多。“有些教授真的痛恨它（诗歌），根本不知道诗歌是什么。”从以下这首摘自《人间天堂》的打油诗，可以看出诗歌课堂有多糟：

早上好，傻瓜……

①斯科特·菲茨杰拉德：《普林斯顿》，未标明页码，《午后》，第74—75页。

②斯科特·菲茨杰拉德：《查尔斯·G.诺瑞斯的实质性讨论之评析》（*Review of Charles G. Norris's Brass*），未标明页码，《汇编》，第126页。

③《F.斯科特·菲茨杰拉德，一个重要人物》：第26页。

④斯科特·菲茨杰拉德写给斯科蒂·菲茨杰拉德的信，1940年6月3日，《书信集》，第88页。

一周三回
你口若悬河，我们无奈被迫倾听
用你圆滑的“没错”哲学……
耍弄我们饥渴的灵魂
好吧，我们就在这儿，你的数百只羔羊
开始、继续、倾泻……我们睡着了……

指导员的情况更糟，尤其在1916—1917年秋季，他的英文301科目“文艺复兴”的指导员。在他誊抄的西德尼的《保卫诗歌》的背面，菲茨杰拉德猛烈地写出下面的评语：

天啊，这个叫格里芬的人真是太糟了。[①]我坐在这儿，无聊得要死，听他把英文诗歌拆分得体无完肤。个子小，眼界窄，还狂妄自大、令人憎恶。该死的，“简洁”是他最爱用的词。想象一下，莎士比亚文笔简洁。昨天我记了数，发现“难道不是这样吗”这句话他说了54次，真是个让人讨厌的大傻帽。他即将结婚。上帝帮帮他的妻子吧。可怜的姑娘。她即将进入无趣的生活。他们说，和学校别的指导员比起来，格里芬排挤出英文系的教师数量最多，懒散的老傻瓜！我的指导员是最糟糕的。

在一封邮戳是1917年1月10日的信里，菲茨杰拉德再次影射格里芬。“我刚刚跟英文指导员吵了一架——他就是个傻瓜，[②]从他那儿什

①威尔逊·M.哈德森（Wilson Hudson）：《F.斯科特·菲茨杰拉德和一位普林斯顿教授》（*F.Scott Fitzgerald and a Princeton Preceptor*），费尔斯通，第5页。
②斯科特·菲茨杰拉德写给阿利德·比奇洛的信，1917年1月10日，《书信集》，第450页。

么也学不到。我就是这么跟他说的！”显然，年轻的菲茨杰拉德是在向收信的姑娘炫耀。但他对指导员的焦躁情绪，在一定程度上，是有原因的。

纳撒尼尔·爱德华·格里芬（1873—1940）1905年加入普林斯顿大学，那时伍德罗·威尔逊校长建立起指导员体系，格里芬等47位新成员加入学院。据普林斯顿英文系教授路易斯·A.兰达说，从某种程度上说，格里芬的教学方法有一些古怪。“英文301课程里，有两个星期的时间是用来学习《哈姆雷特》的。格里芬把所有的时间都用于解释一句台词的‘规范’上，用了一半的时间描述在一旁观察的鬼魂：‘……当时，他们因为恐惧，差点蒸发成糨糊……’他用第一节课讲述‘蒸发’，用第二节课讲述‘恐惧’”。

格里芬的教学方法听上去很像“把英文诗歌拆分得体无完肤”，如果要为格里芬辩护的话，可以说菲茨杰拉德本人对诗歌的品位也称不上成熟。他喜欢浪漫的诗歌，特别是济慈的，他喜欢莎士比亚，还喜欢鲁伯特·布鲁克。可他却完全不知晓阿尔弗雷德·诺伊斯——普林斯顿英文系的一位教员，菲茨杰拉德经常请他批评自己的作文——就是一位诗人。不但如此，在校园里听了罗伯特·弗罗斯特朗读自己的诗歌后，他还做了一首双五行打油诗：

有个年轻健壮的诗人叫罗伯特[1]
曾不惜一切代价变得强壮
他的瞳孔
大麦色或裸麦色

[1] 斯科特·菲茨杰拉德：《我们美国的诗歌》，未标明页码，《汇编》，第98页。

但他右眼中美感尽失。

那温良的人虽然继承了土地，
但他更喜爱手握野鸟，
他把它圈进酒馆
喂它金酒
他高扬着眉毛问，“它是不是很硕大？”

“不考虑他的文学天资，”葛伦伟·韦斯科特曾经评价说，“我认为菲茨杰拉德是世界上受过教育的人里最糟糕的一位。”在这些问题中，与菲茨杰拉德本人相比，普林斯顿“也许同样应该受到指责”，[①] 批评家亨利·丹·派珀这么认为。然而，在很多年之后，菲茨杰拉德对学校怀有谅解之心。只有在写给女儿的信中，他才使用那些听起来尖酸猛烈的词语：“他们用了4个月的时间[②]（他大学三年级的秋天）才把这些词从我身上删去——从每个办公室删除，但是留作查看——那句话是‘不适合参与课外活动。’”

菲茨杰拉德为女儿斯科蒂着想，特意夸大了学术领域当权者的恶意。抛开其他不说，他在普林斯顿的记录为斯科蒂提供了充足的反面教材。甚至在她被瓦萨尔学院录取之前，菲茨杰拉德还用自己感到遗憾的例子警示她：“我真是笨蛋，我成绩不好，没资格参加课外活动，可那些资质低得不能再低的人却不费吹灰之力，就得了高分。”当斯科蒂大一那年春天的察看期结束时，菲茨杰拉德又用类比

① 派珀：《菲茨杰拉德和普林斯顿》(*Princeton and Fitzgerald*)，第56页；《普林斯顿校友周刊》(*Princeton Alumni Weekly*)，1956年3月9日，第10页。

② 斯科特·菲茨杰拉德写给斯科蒂·菲茨杰拉德的信，1940年9月17日，《书信集》，第94页。

的方法论证起来："别让它（那片乌云）再飘下来！普林斯顿解除我的察看期，允许我参加一切我想参加的活动时，我真的非常高兴，甚至都忘了我渴望参与哪些活动。第二次被察看是因为在学校期间，我从来没能清理学业上的混乱情况。除非这个春季你玩得太开心了，否则一定要守住已经取得的进步——一切都会好起来的。"一年后，斯科蒂忙着为瓦萨尔的音乐剧写脚本和歌词，这部音乐剧是以三角剧社的剧目为模板创造的，菲茨杰拉德还是无法抗拒耶利米这个角色。"你现在干的跟我当年在普林斯顿做的事情一模一样，我为了一部音乐剧耗尽精力……结果呢？我的功课落下好多，还得了肺结核，失去了一年在校读书的时间——而且，最讽刺的事情是，因为成绩下滑，我被拒绝担任三角剧社的社长。"[①]

把不幸与指导员之间的龃龉放置一边，菲茨杰拉德在以下几封信中真心地责备自己。他在1915—1916年期间的日记里写道："我一整年都非常失望，[②]所有的大学梦想都终结了。一切不幸的事情都是因为自己的过错造成的。"当斯科蒂在大三那年的圣诞节刚刚开始和圣诞节期间考虑离开瓦萨尔大学的时候，父亲以最大的热诚向她证明了自己所受的大学教育的价值。"为一件事情耗费那么多时间、精力、磨难，然而却在两年后，还没充分实现目标就要放弃了，这么做到底有什么意义。大学里最后两年是最关键的。"[③]从他自己的亲身经历看，他的前两年大学生活一事无成，然而"在最后两年，我找到了对诗歌、历史视角和宏观想法的热爱（多么肤浅呀）；这带着我

①斯科特·菲茨杰拉德写给斯科蒂·菲茨杰拉德的信，1938年4月18日、1939年3月、1940年4月12日，《书信集》，第28、52—53、69—70页。

②斯科特·菲茨杰拉德：《记事本》，第170页。

③斯科特·菲茨杰拉德写给斯科蒂·菲茨杰拉德的信，1940年9月14日以及1940年12月19日，《书信集》，第123—124、133页。

顺利驶入我的事业轨道。”事实上，1915—1916年，菲茨杰拉德的绝大部分时间是在圣保罗市度过的，但回想过去，这影响并不大。“我最感谢我爸爸妈妈，”他去世前两天在给泽尔达的信里写道，“是我在普林斯顿度过的4年，如果我不将这笔财富传递给下一代，我将感到羞耻，斯科蒂绝对不能退学。一定要转告她。”

他一直实施自己的“一个人的大学”，这成为希拉·格雷厄姆以后写作的素材。关于这个话题她写了一本书，清楚地说明菲茨杰拉德大部分是靠自学成才的，他“需要扮演老师的角色，[①]同时也是需要被教育的学生。”菲茨杰拉德在大学里学到的东西很少，但是他遵循学习必需的过程，过程大体上还是遵循了学习规律。也许这就是普林斯顿教给他的，但这并非母校对他的唯一传承。

菲茨杰拉德从小就表现出对社会身份具有相当的敏感度，这种敏感度在普林斯顿的环境里变得更加敏锐。他撰写的很多故事，尤其是巴兹尔的故事，记载了他在中西部圣保罗这片湖里的社会地位并不牢固。回到东部，先是在纽曼，然后在普林斯顿，他被扔进更广阔的湖里，但他学会了游泳。《人间天堂》的很大篇幅读上去更像一本指导手册，说明怎么在普林斯顿取得社会地位上的成功。

课堂上传授的内容对于故事主人公埃默里·布莱恩相当重要，只是因为分数对他的社会地位有重要作用。据《时尚先生》杂志主编阿诺德·金里奇说，这部书里菲茨杰拉德最喜爱的场景是，大三那年的秋季，埃默里收到补考通知。他知道，如果他补考不过，就没有资格参与《普林斯顿人报》的编辑团队，而且“他在俱乐部和校园里的身价，就会像坐电梯一样降低”。决定命运的信封到来了，埃默

① 《一个人的大学》（*College of One*），未标明页码，《新闻信》，第253—254页。

里为朋友们表演了一出小戏剧。是蓝色的小纸条，他告诉他们，代表他的名字将从《普林斯顿人报》的编辑团队取消；粉红色小纸条代表他通过了考试，获取了资格。他拆开信封，把纸条对着光亮看了看；随后，长长地停顿了一会儿，宣布了结果："和天空一样湛蓝，先生们。"对于菲茨杰拉德和埃默里来说，这种漫不经心的姿态才是最重要的。这让人们对《人间天堂》的主角在故事最后所说的一番话将信将疑，他说"我们班上只有24个人受到了体面的教育，我是其中一个"。

虽然菲茨杰拉德知道《人间天堂》"说了普林斯顿很多坏话"，但他并没有准备好应对那些对于这部小说充满敌意的反馈。他在多年后写道，"普林斯顿之所以激发出写作《人间天堂》的灵感，并非因为普林斯顿的本科生情况，而是校友们以及院系里黑暗纷乱的状况。希本校长发来一封友好但充满指责的信件，满屋子里突然间全是对我心怀谴责的同学"。[①]希本校长反对小说带给人们的关于普林斯顿的印象，即"我们的年轻人只是在乡间俱乐部生活了4年，只是全心全意地斤斤计较、趋炎附势"。当然，本科生的生活除了在社会关系中谋求生存以外，还有更丰富的内容。后来一位招生老师说："没人知道，菲茨杰拉德把这里称作乡间俱乐部，这样做造成了多么大的伤害。"

菲茨杰拉德在给希本校长的回信中，口气有了非常大的转变。[②]

---

①斯科特·菲茨杰拉德写给埃德蒙德·威尔逊的信，1918年1月10日，《书信集》，第323页；斯科特·菲茨杰拉德：《初获成功》，未标明页码，《崩溃》，埃德蒙德·威尔逊编辑，纽约，新方向出版社，1945年，第88页）；《天堂彼岸》：第59页；约翰·D.戴维斯：《斯科特·菲茨杰拉德和普林斯顿》，未标明页码，《普林斯顿校友周刊》，第66页。1966年2月6日，第6页。

②斯科特·菲茨杰拉德写给约翰·格里尔·希本的信，1920年6月3日，《书信集》，第461—463页。

首先，这位23岁的作家拜伏在这位大人物的脚下（“我……承认这本书给您带来了困扰，我为此感到后悔，可接到您的来信，荣耀感大于后悔之情。”）接着，他攻击了因循守旧的课程安排，说那是“为资质平平的学生”设计的，这造成了他学业上的麻烦。菲茨杰拉德补充说，“西奥多·德莱赛和约瑟夫·康拉德（这两位作家当时并不在普林斯顿英文系教学，他们是超现实主义作家）的观点是，对于普通人家的孩子来说，生活是猛烈而残忍的”，如果说这一画面非常有讽刺意味，那么我们这位作家本人也是如此。

菲茨杰拉德对希本校长坦言，他“加重渲染了寻欢作乐以及乡村俱乐部的氛围……那只是5月间周六晚上的普林斯顿的景象。我许多聪颖的同班同学都不同意这种写法，我只是认为这样描述非常具有画面感，当然，我也只是在当时写作时这么认为”。也就是说，和他比起来，许多同班同学——其中很多人都是从东部的预科学校毕业的，这些预科学校比纽曼名气更大——并不需要如他那般苦苦挣扎，以争取在社会上的主导地位。但当菲茨杰拉德在内心重现普林斯顿的景象时，恰恰就是这幅画面。

菲茨杰拉德的大学生涯，像埃默里一样，在大二那年的春季达到顶峰。他被选举为三角剧社的秘书长，组建《老虎》董事会，基于他所得到的这些认可，他可以选择在喜欢的俱乐部用餐。这些俱乐部在那时标志着一个人在普林斯顿的社会生活中取得的成功，而如今，这种意义很大程度上已经降低了。在每年春季辩论开始之前，很多大二学生都会经历几个月紧张焦躁的时光。可是，几乎没有几个大一、大二的学生像菲茨杰拉德这样彻头彻尾地理解每个俱乐部的特点以及它们在校园里的等级排名。

在他为《学院幽默》撰写的一篇关于普林斯顿的文章中，菲茨杰拉德详细地讲述了“四大家”[①]的情况——常青藤、村舍、老虎酒馆、方帽与长袍。5年中有4年，他写道，“常青藤都是普林斯顿里最令人垂涎的俱乐部”，但是其他3家中的某一家偶尔地位会上升，挑战常青藤的最高地位。村舍在建筑风格上说，最美轮美奂，“拥有大批南方的拥护者，特别是来自圣路易斯和巴尔的摩的学生。”和常青藤以及村舍不同，老虎酒馆培育出“一种直率的简洁风格”，强调体育健身，保持着“自身强烈的排他性。”方帽和长袍起家时是“热诚，甚至有点宗教情结的年轻人”的组织，但在最近10年间，“在社会上以及政治上的成功因素已经压倒了它初创时的目的”。

显然，菲茨杰拉德是一位对俱乐部体制观察入微的学生。他对《学院幽默》的读者们是这样解释的：

> 普林斯顿不再有学生联谊会；每年年底将至时，学校里的18家俱乐部平均每家吸收25位大二学生，占班级学生总数的75%。剩余的25%的学生继续在大学食堂用餐，这种局面是由于运动、抗议、请愿以及无数篇社论造成的……然而俱乐部代表了校友们两百万美金的投资——俱乐部存活了下来。

在文章的另外一部分里，菲茨杰拉德讨论了学院里本科生对社交所做的贡献。“这些全身镀金的年轻人[②]中，有相当大一部分将吸引大批学生来普林斯顿接受教育。古尔德们、洛克菲勒们、哈里曼们、摩根们、弗里克们、费尔斯通们、珀金斯们、派恩们、麦考密克们、沃纳梅克们、达拉希们还有杜邦们在一段时间内发挥着重要影响力……

①斯科特·菲茨杰拉德：《普林斯顿》，未标明页码，《午后》，第76—77页。
②同上，第73页。

佩尔、比德尔、范伦塞勒、斯托伊弗森特、斯凯勒和库克这些名字让第二代的父母们激动不已，这些父母在社会上坚强打拼以期挤进费城或者纽约。”类似段落包含的语气反映出典型的菲茨杰拉德的双重观点的写作手法。一方面他作为饶有兴趣的旁观者，退后一步评论这些尚未“具有竞争力”的“全身镀金的年轻人”，就像一只只蝴蝶，“在一段时间内”翩翩飞舞；另一方面，他准确背诵出那些家世显赫的姓氏，和那些费城的妈妈一样，通过和这些家庭的子弟与这些家族建立联系，他也感到分外激动。

他对待俱乐部的态度也充满这种双重观点。虽然外面暴风雪肆虐，但当菲茨杰拉德拒绝了方帽和长袍、四方院以及火炮等的恳求，和来自纽曼的老朋友C.W.（萨普）·多那霍去村舍用餐，窗外风景也变作灿烂的3月天气。第二年，他休学待在圣保罗，但是确保有人向他通报俱乐部的选举结果。他发现宿敌常青藤，“跟接受他家会员身份的所有人都签约了，除了威尔逊”，[①]而威尔逊则开开心心地去了村舍。1917年春，菲茨杰拉德在《老虎》上发表了一篇极富挖苦的文章[②]，在整个俱乐部的竞争环节掀起了一场运动。这个做法可能是受到了当年反俱乐部运动的鼓励，反俱乐部运动是亨利·斯特雷特等一干人领导的（在《人间天堂》中，斯特雷特化身为“伯恩·霍利戴”）。菲茨杰拉德告诉希本校长说，随着反俱乐部运动的失败，他自己的理想主义想法也“渐渐熄灭”。然而菲茨杰拉德对于自己的俱乐部以及财富从没丧失兴趣。他虽然意识到这种体制之肤浅和残忍，但是他全心全意忠诚于大学村社俱乐部。

---

①哈利·T.邓恩写给斯科特·菲茨杰拉德的信，《剪贴本》，1916年春，费尔斯通。

②斯科特·菲茨杰拉德：《大二的学生日记》，未标明页码，《汇编》，第89—90页。

即使当他和村舍俱乐部的关系不那么顺畅时，仍然忠于该俱乐部。1920年，菲茨杰拉德新婚，是新晋成名的作家，可他还是遭遇到了俱乐部的暂时封杀。4月最后一个周末，他和泽尔达从纽约来，陪伴朋友在村舍参加数日盛宴。作为陪伴而来的客人，他们俩并不是好的典范："他们在那儿待了3天，泽尔达和5个人坐在哈维·费尔斯通的车里，没有一个人的呼吸是清醒的。"[①]泽尔达带着烈性苹果酒去吃早餐，就为了把鸡蛋做成火焰煎蛋饼。她还喷着浓浓的香水。菲茨杰拉德向大家介绍说她是自己的情人，很多人都相信了。他跟人打了一架，被打出一个黑眼圈。他写信跟朋友说这是"普林斯顿最糟糕的聚会"。

当他5月1日开着车带着斯坦利·戴尔、约翰·皮尔·毕谢普和埃德蒙德·威尔逊去参加《拿骚文学》前编辑聚会时[②]，他没想到下一周有羞辱等待着他。这些人之前玩得太疯了，导致自己失去了参加这次活动的资格。当菲茨杰拉德穿戴光鲜亮丽、携带一把里拉琴来到村舍时，他刚走到后窗便遭到拒绝，这象征着他被俱乐部暂停接待。无论他当时是清醒的还是酒醉，他都深深地受到了伤害。

菲茨杰拉德下一次造访村舍时带有官方身份，那是1928年1月19日，他作为一行杰出校友中的一位回校做讲演。在头一年的秋天，他回过学校很多次看橄榄球练习，为《学院幽默》的文章做调研，这都激发了他对普林斯顿的热爱。然而他的讲演本身就是一场灾难——紧张情绪占了上风——在承认"上帝啊，我真是个差劲的演讲人"之前，他只能咕哝出几句话，然后就坐下了。在他多年常去的俱

①斯科特·菲茨杰拉德写给玛丽·赫西的信，1920年5月，《书信集》，第460页。

②《天堂彼岸》：第120—121页；埃德蒙德·威尔逊也在发表于《纽约客》（1975年4月18日）上的《二十年代》（*The Twenties*）里记录了这件事，第174—175页。

乐部里，他又一次让大家失望，又一次陷入尴尬。“这是我第一次也是最后一次在公众场合露面，”他给高斯院长写信说，高斯当时也在听众席，“让人最难过的是，我真的有话可说。”并不确定他当时的行为是否受到酒精的影响，但那次失败的演讲之后，他的确喝醉了，还侮辱了1903级的校友埃德加·帕默，他是普林斯顿大学的董事，还是普林斯顿橄榄球场的捐资人之一。他不喜欢帕默的长相，菲茨杰拉德告诉他说，也许是因为帕默太有钱了。[①]

这些行为让他付出了相当大的代价。仅仅从菲茨杰拉德讲述的一场噩梦来看，就可以猜测1931年困扰他的麻烦有多大。“今晚早些时候，我从梦中醒来回忆。在梦里普林斯顿有一场宴会，他们所有人都喊我进去，但是我喝得烂醉，所以不想进去。但让我尴尬的是，他们用一盏大射灯照我，我摇摇晃晃地试图逃离灯光。”[②]

菲茨杰拉德试图资助村舍会员的申请人，两次都失败了。他两次都写信支持有望成为会员的申请人。第一封信写于1929年2月12日，这封信如今在村舍俱乐部的图书馆展示。“我知道现在是您最繁忙的时候，”菲茨杰拉德在信的开头写道，“但我想提供一个大二学生的名字，[③]请您拜访他或者通过某种方式审查他。他叫惠特尼·达罗·Jr.，他父亲是大学出版社的社长，对于普林斯顿的各项事务，都有突出的影响，他的儿子也是在校生中拔尖的一位……”

第二封信，写得更用心了，[④]是代表安德鲁·特恩布尔而写，他后来成为菲茨杰拉德的传记作者。信件被打印出来，内容如下：

---

①《斯科特·菲茨杰拉德》：第174—175页。

②斯科特·菲茨杰拉德：《消费者先生！你算过成本加成吗？》，未标明页码，费尔斯通。

③斯科特·菲茨杰拉德写给“亲爱的，——尼，”1929年2月12日，大学村舍俱乐部，普林斯顿。

④斯科特·菲茨杰拉德写给大学村舍俱乐部选举委员会的信，1939年11月14日，《通信集》，第560—561页。

1939年11月14日

新泽西州普林斯顿，大学村舍俱乐部

俱乐部选举委员会主席

亲爱的先生：

对于我这一代的村舍人来说，如今巴尔的摩（曾经几乎和圣路易斯相提并论，被称为村舍之城）有这么多孩子加入常青藤以及方帽和长袍，让人感到非常遗憾。坦白说，造成这个局面有几个原因——在战后的这些年里，巴尔的摩的一些重要人物因为喝酒丢了性命，喝到失明的地步，他们都毕业于普林斯顿，而且在校期间都加入了村舍，人们就很不公平地怪罪起村舍来。真实情况是，那些巴尔的摩的孩子在去北方之前就酗酒。我得知这种情况现在已经有所改变——在巴尔的摩，人们已经忘记这番指责的真实起源——而偏见却延续了下来。

马里兰永远都为普林斯顿输送大量生员，所以这种偏见应该遭到谴责。我在马里兰住了很多年，从某种程度上说，和安德鲁·特恩布尔发展出一种师徒之情——1932—1935年，我常常带他和女儿去看比赛，他们俩就像是两个小洋娃娃。我总是带孩子们去村舍吃午餐。如今，如果说年轻的特恩布尔，一个大二学生，已经加入某俱乐部（我对于新的体制不了解），那么这封信就无甚效用了。但如果他没有加入任何社团的话，那么很值得考虑，把他作为改善村舍在巴尔的摩人心中印象的契机。他虽然个子不高，但是个聪颖的孩子，而且非常勇敢。他信念坚定，这些信仰并非全部被广为接受，因为这些信念，他没能在吉尔曼成为领袖，但我坚信，他在圣安德鲁斯非常受欢迎。我相信他会在某时、某处，一定会做出成绩，而且他一定会传承巴尔的摩名门望族的传统。他父亲毕业于约翰·霍普金斯大学；他祖父于70年代早期毕业于普林斯顿。

这个孩子能够成为优秀的组织者，对于任何俱乐部都有大用处。可否劳烦您拜访他？如果他现在是方帽的会员，也是有这个可能的，但是这意义并不大，因为佩珀·康斯特布尔一直是他心目中的英雄。我认为对于俱乐部以及对于他来说，这都将是一次宝贵的见面机会。

谦逊的——银色头发缓缓脱落的，

F.斯科特·菲茨杰拉德

1917年

加利福尼亚恩希诺，5521 阿梅斯托伊大街

菲茨杰拉德把信件抄送了一份给安德鲁母亲拜雅·（玛格丽特）特恩布尔太太（菲茨杰拉德一家于1932—1933年，租住特恩布尔家在巴尔的摩郊外的“和平”宅邸）。这“对安德鲁的未来发展或许会有益处”，他告诉特恩布尔太太，如果安德鲁参加“普林斯顿里所谓的‘大俱乐部’中的一家……就在几个月前，吉米·斯图尔特还跟我说他在普林斯顿的生涯，从头到尾充斥着痛苦，因为他参加了宪章俱乐部，而没有参加村舍俱乐部，因为他父亲一直是村舍的会员”。第二年春天，他依靠女儿斯科蒂给他传来消息，告诉他“特恩布尔和其他巴尔的摩子弟的命运”。最终，安德鲁加入了殖民时代俱乐部。殖民时代很不错，菲茨杰拉德写信跟斯科蒂说，其实它比“方帽和长袍”

历史悠久。然而，还是不要跟安德鲁说起这个话题为好。[①]

特恩布尔入会俱乐部的事情激起了他特殊的兴趣，菲茨杰拉德有规律地搜寻关于“大俱乐部”之间会员招募的竞争消息。普林斯顿的费尔斯通图书馆收藏着菲茨杰拉德的文档，文档中有许多清单，清单里列出了1937—1938年对于几家领衔俱乐部的详尽对比，其中还包括被录取会员的预科学校的充分信息。1937年的清单透露出他当时对常青藤和村舍的关注较多；1938年的清单包括了对老虎酒馆以及方帽和长袍的记录。“顺便提一件事情，我看到，”1938年3月11日他写信给斯科蒂，“一个叫詹姆斯·W.亨特利的男孩在普林斯顿被村舍录取。你在巴尔的摩的时候认识他吗？”[②]

斯科蒂在之后的日子里经常周末从瓦萨尔去普林斯顿，她可以看到父亲作品的纪念展。在1933—1934年，菲茨杰拉德短暂参与大学村舍俱乐部纪念委员会的工作，这个委员会的最初发起者是1917级的学生W.F.克拉克森。克拉克森认为，在俱乐部的墙上挂上纪念品，以纪念俱乐部老成员的成绩，是个好主意。在此要求之下，菲茨杰拉德寄去了自己作品的样本——《早安，傻瓜》诗歌，《人间天堂》文稿的第289页。“在俱乐部里写就的诗句，后来受到全国范围的关注，展览出来一定很有意思，”1933年9月19日，他给克拉克森的信里写道，还补充说，“至少先悬挂上其他同学触地得分或者获得其他成功的照片，”这些成功应该被公众认可，然后再挂我的作品。菲茨杰拉德的作品（他自己提供了裱框）及时被挂上墙。俱乐部会员时至

---

①斯科特·菲茨杰拉德写给特恩布尔的信，1939年11月13日，《书信集》，第444—445页；斯科特·菲茨杰拉德写给斯科蒂·菲茨杰拉德的信，1940年3月15日以及1940年3月18日，《书信集》，第65、66页。

②斯科特·菲茨杰拉德：《俱乐部录取名单，附预科学校背景》，未标明页码，费尔斯通；斯科特·菲茨杰拉德写给斯科蒂·菲茨杰拉德的信，1938年3月11日，《书信集》，第24页。

今日带客人非正式参观展望大街51号时，总是非常骄傲地特别指出这部手稿。菲茨杰拉德根本想不到自己留下如此巨大的身后之名，在他生命的最后几年中，得知自己的俱乐部通过如此谦逊的方式承认自己的重要性，他非常开心，虽然他在俱乐部有过很多失败经历。“这好像是实现了某种目标，”他在给斯科蒂的信里写道，“你应该去村舍的老图书馆，看看挂在墙上的那首旧诗。”①

菲茨杰拉德为自己的俱乐部感到自豪，然而他却常常痛感俱乐部体制之残忍、专断以及不公。他的评语显露出情感上的忠诚度与理智上的不认可之间的紧张对峙。“我很开心村舍被淘汰出局，”他给女儿写信，谈到1939年的选举情况，“在这个糟透了的体制里唯一健康的一点是，这4家俱乐部中没有一家可以长期处于完胜地位。”②在1939年11月13日写给特恩布尔太太的信里，他又找到一条俱乐部制度的合理之处，“这个趋炎附势的体制被废止，将是最令我高兴的事情。可是，既然这个体制被完整地保护起来，就像伍德罗·威尔逊看到的。”既然它被如此完好地捍卫，唯一能做的就是盯住处于领导地位的俱乐部中的一家。他自己和文学爱好者“在四方院，可能会觉得更舒服”，但他“从未后悔过”加入了村舍。在生活这个大竞技场中，人应该争取最好的：“村舍就应该像我们在世界上所期待的家一样。”

在他所做的最后的相关评价中，菲茨杰拉德最终倾向于对俱乐部体制不予强调。“我希望，”1940年12月17日，也就是在他去世前3天，他写信给鲁道夫·丘吉尔，“（俱乐部）的照片和成员名单能从

---

①斯科特·菲茨杰拉德写给W.F.克拉克森的信，1933年9月19日，《通信集》，第317页；弗兰西斯·菲茨杰拉德·拉纳汗（Frances Fitzgerald Lanahan）：《普林斯顿与我父亲》（*Princeton & My Father*），第56页；《普林斯顿校友周刊》，1956年3月，第8页。

②斯科特·菲茨杰拉德写给斯科蒂·菲茨杰拉德的信，1939年3月，《书信集》，第53页；斯科特·菲茨杰拉德写给特恩布尔的信，《书信集》，第445页。

《小玩意》上恰当地删去。”取而代之的是，年鉴里可以“增加一些照片，所有在学生餐厅吃饭的俱乐部成员的照片。”和哈佛还有耶鲁相比，普林斯顿“对待这种胡闹行为”的态度正慢慢落后。非俱乐部成员把《小玩意》“带回家，上面的重点内容净是关于展望大街的（所有的俱乐部餐厅都在这条大街上）”，这些非俱乐部会员的学生会是什么感觉？既然菲茨杰拉德能写出这封信，那么如果1944年他尚在世，应该会同意埃德蒙德·威尔逊的观点，即普林斯顿的年轻人“让我们看到对于金钱和乡村大别墅的社会名誉太过于尊敬”。他甚至还可能洞见威尔逊后来所做的睿智评价“菲茨杰拉德和约翰（毕谢普）分别以自己的方式成为其受害者”。[①]

因为各方面杂陈交织的吸引力，如同许多其他的校友一样，菲茨杰拉德怀想着母校。若要认同普林斯顿毕业生的身份，老虎橄榄球队是一项标志性的指标，而且菲茨杰拉德并非偶尔才关注球队。他经常去看球赛，而且自视是橄榄球专家，其实他在1940年12月2日心脏病发作时正在阅读普林斯顿校友杂志，且正做着笔记，预计下一年球队的表现。[②]除了足球以外，音乐、舞台剧背景设计以及联系着他和学校之间的传统，激起了他的怀旧情怀。

安德鲁·特恩布尔曾经回忆道，20世纪30年代早期的一个周六足球赛上，菲茨杰拉德挥舞着帽子，哼唱《老拿骚》时，眼里泛满泪花。[③]他还努力贡献大学校歌。1915年，他为《为普林斯顿欢呼》填词，在橄榄球队新队歌竞赛中获奖。[④]这首歌由1917级的保罗·B.迪

①斯科特·菲茨杰拉德写给拉尔夫·丘奇的信，《书信集》，第605页；埃德蒙德·威尔逊写给克里斯蒂安·高斯的信，《克里斯蒂安·高斯文献》(*Papers of Christian Gauss*)，凯瑟琳·高斯·杰克逊和海勒姆·海顿编辑，纽约，兰登书屋，1957年，第340页。

②《斯科特·菲茨杰拉德》：第321页。

③同上，第249页。

④新歌：《F足球歌曲》，未标明页码，《新闻信》，第201—202页。

基作曲，虽从未流行起来，但20年后，菲茨杰拉德仍然放不下这个念头。1935年1月16日，他给布鲁克斯·鲍曼写了封信，鲍曼曾为1934—1935年的三角剧社的舞台剧《鹿在海湾》谱曲《太阳之东》，这首歌曲是三角剧社众歌曲之中最闻名遐迩的。他在信里首先赞扬了鲍曼和他刚刚看过的这部舞台剧，接着就直奔主题了。

我建议，将您的歌曲《太阳之东》稍作修改，便非常适合水平较高的歌手演唱。大致歌词内容可以为：

“太阳之东，月亮以西
坐落着普林斯顿，
南方以南，北边之北
坐落着普林斯顿
我的内心
坐落着普林斯顿”

歌词的大意，对于普林斯顿的毕业生来说，当然意味着普林斯顿是超越时间与空间的存在。这个概念是有些过于多愁善感，但对于年纪较长的校友来说，这也许意味着些什么。如果我的建议可行，你也许可以试试，让合唱团在橄榄球赛每节休息时演唱。①

鲍曼也许意识到自己的乐曲并不适合为了该目的而改编。不管怎样，没有任何关于鲍曼回信的记录。费尔斯通图书馆收藏的菲茨杰拉德文件档案中，有一段歌词，很明显是为普林斯顿写的另外一首歌：

①斯科特·菲茨杰拉德写给布鲁克斯·鲍曼的信，1935年1月16日，《海明威/菲茨杰拉德年鉴，1974》，第9—10页。

保持警惕：[1]
许多只脚仍然
站在高处
直至我们许多强壮的成员归来
保持警惕

——于普林斯顿

菲茨杰拉德不但观看了《鹿在海湾》，还看了三角剧社接下来在巴尔的摩演出的另外两部剧。1927年12月，他去欣赏了三角剧社的舞蹈演出，在伦敦和好莱坞都参加了普林斯顿的晚宴。他安排马克斯韦尔·珀金斯给自己发来一本戴·埃德加的故事集，《普林斯顿城中》，他非常喜欢这本书。他读了大卫·伯纳姆的《这就是我们的放逐》，但对这本书的印象不深，这本书也是以普林斯顿为背景写的。1940年，他找人装裱了丹·斯旺的普林斯顿的蚀刻版画，用以装饰他女儿的房间。

斯旺的蚀刻版画所反映出的具体美感，更加激起菲茨杰拉德心中抒情诗般的情结。特别是在春季，他的文字反映出对于4月的渴望，还有对于"普林斯顿的真实气候、慵懒的绿色和金色的下午以及快乐的令人兴奋的夜晚"的渴望。毕谢普和菲茨杰拉德打算一起在纽约租房，毕谢普在停战日那天给菲茨杰拉德写了一封信，信中问"5月清香的夜晚，咱们要不要一起散步去普林斯顿？"[2]在1917年，毕谢普参军，"单纯为了维持旧秩序而战……为普林斯顿而战，虽然旧的一

①斯科特·菲茨杰拉德：《文学笔记》，未标明页码，费尔斯通。

②斯科特·菲茨杰拉德：《碗》（*The Bowl*），未标明页码；《价格》（*Price*），第265页；约翰·皮尔·毕谢普写给斯科特·菲茨杰拉德的信，1918年11月11日，费尔斯通。

切有其缺陷，但它在某种程度上代表了我所想坚持住的一切”，[①]然而他很清楚，旧秩序不可避免地要给新秩序让位。此意也贯穿菲茨杰拉德的告别演说《普林斯顿——最后一日》，这首诗歌写于1917年，[②]有如此的“深度和品位”，以至于埃德蒙德·威尔逊因此认为他“是一位富有天资的诗人”：

最后的光亮逐渐衰弱，漂流到大地的另一边，
低矮、悠长的土地，阳光闪耀的尖顶之地。
夜晚的幽灵们再次为里拉琴调音
忧伤的乐队，漫步歌唱
沿着树木形成的长长小路走下去。

颜色浅淡的火苗，把夜色从塔顶反照至塔身。
噢，睡着了做梦，梦中永不疲倦，
荷花瓣上留下些许保留，
一个钟头的清香！

不要再等待月亮的暮光
在这被隔绝的星星与塔尖之山谷；
就一次，充满欲望的永恒的清晨
过渡至世俗的下午。
在这里，赫拉克利特，你是否用火

①埃德蒙德·威尔逊写给斯科特·菲茨杰拉德的信，1917年10月7日，费尔斯通。
②斯科特·菲茨杰拉德：《普林斯顿——最后一日》，未标明页码，《诗集1911—1940》，马修·J.布鲁科利编辑，布鲁姆菲尔德山，米奇和哥伦比亚，1981年，第68页（此后简称《诗集》）。

还有变幻莫测的东西建造了你的预言
在死气沉沉的年代，人们气势汹汹地喊出这预言；
这个午夜，我渴望看到，反射于灰烬之中，
蜷曲于火焰之中，这世界的华丽与忧伤。

赫拉克利特是对的。没有什么永存，一切都将消逝；尤其是年轻时那些最美好的岁月。

有一篇文章几乎从头到尾都是妻子泽尔达所写，但是菲茨杰拉德夫妇两人都在文后署名，其中写到“带F夫妇去某号房间”，她指的是1927年去到普林斯顿的旅程，一家新的小酒馆开张，然而学校“只为轻骑兵哈利·李和本尼迪克特·阿诺德的浪漫亡灵，提供同样破破烂烂长满杂草的操场！”斯科特审慎地用横线标出阿诺德，并且用亚伦·布尔替换了他。接着修改了段落的结尾。妻子写到拿骚大厅里古老的墙壁，校园里榆树成荫的人行道和草坪，还有大学里朝向春天打开的窗户，这些窗户“启迪出这么丰富的诗意”。菲茨杰拉德保留了描述性的文字，却删除了引用的文字，为了凸显自己具有真正的诗歌天赋。砖墙和榆树，草坪和窗户都“朝向春天开放——开放，向生命中的一切开放——只开放一分钟”。[①]许多校友对于大学岁月的幻灭，也有着相似的伤感情绪。但鲜有人用如此丰富动人的语言表达出来。

对于母校的成熟，菲茨杰拉德的态度类似于一位热诚的追求者。年轻的他在普林斯顿连连失败，未能毕业，未能当选三角剧社的社长。最重要的是，未能给他的同学留下诚实守信的印象。看看1917年

---

① 斯科特·菲茨杰拉德和泽尔达：《时尚先生》，1934年6月；关于普林斯顿的引语都经过了斯科特·菲茨杰拉德的修改，出现在泽尔达手稿的第15—16页，费尔斯通。

《拿骚先驱报》的“班级选举”[①]专栏里他得到的投票数。

最才华横溢的	2票
最帅的	2票
最机灵的	5票
最智慧的	7票
自认他（最智慧）	15票
自认他（是最棒的政治家）	8票
自认他（着装最棒）	2票
大家最喜欢的编剧	6票
和乔治·M.科汉票数接近	
比莎士比亚低54票	

就是这样一个年轻人的形象，有智慧和魅力，但似乎高估了自己的智力。比实际的选举结果更给人以启示的是菲茨杰拉德的相关回忆。最初他被选为“最完美绅士”，后来他说，“我特意地讨好很多人，只为了他们给我投这一票，这些人也不是什么大人物，并没有什么资源”。菲茨杰拉德后来忘记了，他的选票列“最佳政治家”第二位，而且（更加准确地说），“最机灵”[②]的第一位，他认为这对于他与其说是一项荣誉，不如说是侮辱。

从字面意义来讲，菲茨杰拉德在普林斯顿也多少受人嘲笑。埃德蒙德·威尔逊记得他们离开学校不久后，斯科特对他说：“我想成

①《新闻信》，第6页。
②《劳拉·格斯里·赫恩杂志》，1935年夏，费尔斯通。

为世上最伟大的作家，你呢？”[①]威尔逊从来没有把眼光放得如此高远，“他一直在读柏拉图和但丁的书。菲茨杰拉德一直阅读布斯·塔金顿、康普顿·麦肯齐、H.G.韦尔斯和斯温伯恩。”

《普林斯顿诗歌集Ⅱ》在1919年出版，却把他的名字搞错了，其中3处供稿人的名字都写成了“T.斯科特·菲茨杰拉德”。[②]那时候在认识他的人中，没有一个人能想到他会成为一位著名作家，离伟大的作家仅一步之遥。就像同班同学格雷格·多尔蒂所说：“我们从来没想到他成为这个国家一个伟大的文学人物……我们真的没有意识到他会这样。”[③]

对于20岁的菲茨杰拉德来说，这些不受尊敬的现象，尚可容忍，但是等他到了35岁，渐渐意识到自己——而且希望别人也意识到他——是一个严肃的人和一位重要的作家时，类似的情况就难以被谅解了。终其一生，甚至他逝世后一些年，普林斯顿都拒绝承认他是个严肃的人和重要的作家，而且对他所取得的成绩保持着坚决的冷漠之态。

比如说1934年9月，他跟高斯建议，他要在普林斯顿讲授一系列课程，课程关于“虚构类文学创作的实操业务”。为了防止对方可能提出反对理由，他先发制于人，保证说“不喝酒……节约餐桌上的餐食”。他还知道“进入英文系可能会遇到障碍”，所以要求高斯试探当局者的态度。菲茨杰拉德补充道，他有一种预感，格鲁（戈登·格鲁教授）非常喜欢他。他的预感并不准，因为就是格鲁以前经常声称，

---

①埃德蒙德·威尔逊：《编目思考》（*Thoughts Being Bibliographed*），第5页，《普林斯顿大学图书馆纪事报》（*Princeton University Library Chronicle*），1944年2月，第54页。

②《普林斯顿诗歌Ⅱ》（*A Book of Princeton Verse Ⅱ*），亨利·范·戴克、莫瑞斯·威廉姆·克罗尔、马克斯韦尔·斯特勒瑟斯·博特以及詹姆斯·克里斯·Jr.，普林斯顿大学出版社，1919年。

③对格雷格·多尔蒂的采访，《纽约时报》，1977年7月31日，第11节，《新泽西周报》，第1　4页。

任何一个像菲茨杰拉德英文成绩那么差的人，不可能写出《了不起的盖茨比》。高斯试图缓和局面。菲茨杰拉德为什么不去和俱乐部谈这事儿呢？俱乐部的年轻人是一群汇聚在“拿骚”的本科生。但菲茨杰拉德已经了解俱乐部的情况，并且拒绝了他们的邀请。①他想回归到大学的这把大伞之下。但这把大伞并没有为他打开。

另外一项主动提议，是关于地下图书馆系统的。1936年3月27日，菲茨杰拉德给阿萨·布什内尔发去了他制作的地下图书馆方案，这是为了回应《普林斯顿校友周刊》中征集相关建议而做的，甚至还附上一份图解。②然而，如同他的系列课程、歌曲，他曾经发给弗里茨·克莱斯勒教练的橄榄球队组成方案一样，他的建筑方案也没有被采用。

尽管遇到了这些挫折，但菲茨杰拉德仍持续不断地寻求学校对自己的认可。至少通过和同学之间谦逊的通信，他可以表达自己的心声。③1938年，他写信给班级事务秘书长，抒发内心的怜悯之情，他认为在当时即使对于忠心耿耿的校友的子弟来说，进入普林斯顿都是相当困难的事情。“我非常理解，”他说，“因为我的孩子也没能进入普林斯顿——所以，今年秋天她去瓦萨尔上学了。”两年后，1940年11月28日，应1917级班级事务秘书长的要求，他再次写信通报一些关于学校的消息，信的开头关于《最后一个大亨》不真实的情况汇报，接着他说了一件斯科蒂值得庆祝的事情：“我刚刚完成一本小说。我女儿现在在瓦萨尔读大二，这两年里她一直在为‘OMGIM’

---

①斯科特·菲茨杰拉德写给克里斯蒂安·高斯的信，1934年9月7日以及1934年9月26日，《书信集》，第386—387页；《斯科特·菲茨杰拉德》：第250—251页；戴维斯：《斯科特·菲茨杰拉德与普林斯顿》，第14页。

②斯科特·菲茨杰拉德写给阿萨·布什内尔的信，1936年4月27日，《书信集》，第534页。

③斯科特·菲茨杰拉德写给哈维·H.史密斯的信，1938年秋和1940年11月28日，费尔斯通；斯坦利·奥姆斯特德：《剪贴簿》，未标明页码，费尔斯通。

写剧本，这个社团正努力发展成为和普林斯顿的‘三角剧社’一样重要的剧社团。”

村舍俱乐部的成员们显然并非谨记他的所作所想。俱乐部的官方吊唁函[①]——主席、财长和秘书长都于1941年2月14日在上面签名——显示出这一点：

> 本科生在读期间，斯科特是村舍俱乐部中杰出的一员，对于大学社会生活的各个阶段均报以浓厚兴趣，且热诚专注于对其进行剖析评论，这使他成为一位难得的伙伴——有趣、风趣、爱挑衅，有时候惹人恼怒，但从不令人感到乏味无聊。
>
> 也许在毫无意识的情况下，他那时就为自己撰写的小说故事打下基础，之后，这些故事为他带来盛名。战争刚刚结束的几年里，他才华横溢的小说作品的短篇小说让斯科特成为美国最著名的作家之一。

菲茨杰拉德是村舍“杰出的”一员，一位“难得的”伙伴，但他过于杰出，过于难得。他实际喜欢解析学校的社交风俗。这一令人讨厌的习惯，标志着他成为一个局外人，一个傲慢自负的人。但恰恰是这样的视角——身处世俗社会之中的同时，又置身事外——使得菲茨杰拉德成为一位非常有价值、有感知力的作者。村舍的吊唁函，承认他拥有才华之外，却把焦点放在他是社会名人这一方面（有人猜测，对于俱乐部的品位来说，他太过引人注目了）。最不友好的态度隐含在所引用的吊唁函的最后一句里，即谈到战后他的作品情

① 致泽尔达，1941年2月14日，费尔斯通。“这天简直不算是情人节”。

况的那句。他们认为菲茨杰拉德自20世纪20年代以来，没有写出任何值得一提的作品。也许吊唁函的作者从没读过他20世纪20年代以后的作品。可以肯定的是，他们一致地回想到《人间天堂》，这部小说重点讲到普林斯顿的社交生活。

对于一些村舍成员来说，他就是战后那几年里经常酩酊大醉的菲茨杰拉德。即使是在20世纪30年代初期和中期，他也经常在假期里来普林斯顿喝得大醉，以躲避在巴尔的摩遇到的麻烦。他在笔记本中记录过1933年的一次在普林斯顿旅居的结果："终于在2月份去了普林斯顿，很不幸，因为我遇到了老朋友，感觉像是一年以来第一次的庆祝活动。"[①]还有一次，一位出租车司机于凌晨敲响化学教授格雷格·多尔蒂家的门。"我有东西给您，"出租车司机说。这就是菲茨杰拉德，他喝醉了，从纽约乘出租车而来。[②]他当时大哭不止，整个人看上去状况很糟，泽尔达的情况让他感到痛苦不堪。但他不让老同学把他送上床，多尔蒂只好把他带到普林斯顿酒馆，然后自己上课和去实验室了。等他下午回来时，菲茨杰拉德已经起身离去。此后多尔蒂再没见过他。

就像一位过度热情的年轻人，菲茨杰拉德反复不止地向母校求爱。如果她接受了他的讨好，那么他也许会调整心中保留的理想化的普林斯顿的图景。然而母校与他保持着距离，他便一直奉其为神圣的所在。"我希望，"女儿斯科蒂1942年写道，"普林斯顿（以我父亲）感到自豪，就如他以普林斯顿感到自豪一样。"[③]只是到了最近，这个希望才开始实现。

---

①斯科特·菲茨杰拉德：《笔记本》，未标明页码，《时间顺序》，未标明页码，费尔斯通。
②采访格雷格·多尔蒂：《纽约时报》，这件事很可能发生在1935年3月。
③拉纳汗：《普林斯顿和我父亲》，第8—9页。

他去世后不久，泽尔达试图将丈夫的手稿以3 750美金的价格卖给普林斯顿，但是图书管理员拒绝了她的请求。那位管理员声称，学校没有义务[①]资助一位中西部小文人的遗孀，这人足以幸运才得以在普林斯顿学习。埃德蒙德·威尔逊同样于1941年试图劝说学校出版一本书纪念菲茨杰拉德，这个提议也失败了。15年之后，普林斯顿大学图书馆确实出版了一本菲茨杰拉德的作品集《一位作家的午后》，一些普林斯顿的毕业生对此并不满意。1956年3月9日，《普林斯顿校友周刊》上发表了很多篇文章，均和这本书的出版相关。在介绍的文字段落中，编辑称菲茨杰拉德是"普林斯顿最伟大的作家，不仅是因为作品如此卓越超群，而且因为他是最典型的普林斯顿风格的人"。[②]最后的这句评价激起了一些愤怒的回应，"哦，哦，"一位校友在自己的抗议信里写道，"你凭什么说他是'普林斯顿风格的人'？"把菲茨杰拉德概括成"最典型的普林斯顿风格的人"是非常荒谬的，另外一位校友反对说。"请我们不要给自己再增加不必要的讽刺（原文如此）。"

1959年的秋天，当普林斯顿乐队——在耶鲁—普林斯顿橄榄球比赛中场休息表演中——演出《滚筒》，还打出横幅"普林斯顿对文学的贡献：F.斯科特·菲茨杰拉德"，以此嘲弄他时，菲茨杰拉德本人遭到了毫无品位的奚落。该事件发生的时间也非常不妥，因为希拉·格雷厄姆就在那天早晨送给普林斯顿大学校长罗伯特·戈欣一捆菲茨杰拉德的手稿，而且希拉·格雷厄姆就在现场观看比赛。

---

①《浪漫的自我：斯科特和泽尔达·菲茨杰拉德的肖像画自传》（*The Romantic Egoists: A Pictorial Autobiography of Scott Fitzgerald*），马修·J.布鲁科利、斯科蒂·菲茨杰拉德·史密斯以及琼·P.克尔，纽约，斯克里布纳出版社，1974年，第240页（以下简称《自我》）。

②《封面故事》（*On The Cover*），未标明页码，《普林斯顿校友周刊》，1956年3月9日，第7页；《F.S.菲茨杰拉德问题》，未标明页码，《普林斯顿校友周刊》，1956年4月13日，书信部分。

校友周刊的编辑奋起捍卫菲茨杰拉德："公然中伤一位普林斯顿校友，这样愚蠢无比的场景至今在我脑海中踯躅不去——这几乎等于在他的坟墓上跳舞——这位校友对于普林斯顿的热爱特别令人动容。"[①]20世纪60年代，约翰·屈尔，当时英文系的教职员工，请求戈欣校长开展调研，为菲茨杰拉德授予死后学位。[②]戈欣汇报说，这个建议遭到了反对。

他深爱的、不断努力引起其注意的母校，终于迟迟地意识到1917级学生菲茨杰拉德的成就。在第五十次同学聚会上，[③]他们班赞助了一个院系——校友论坛，主题就是"F.斯科特·菲茨杰拉德1917——其人、奇人、艺术家"。关于他的许多篇文章发表在《普林斯顿大学图书馆纪事报》和《普林斯顿校友周刊》上。以他的名义设立了一个奖项，认可"学生取得创造性写作的成绩"。[④]然而让菲茨杰拉德的幽灵最开心的，应该是得知他的手稿虽然曾经被看不起，但它们成为普林斯顿所收藏的众多作家手稿中被查阅次数最多的。他的手稿最初于1950年捐给普林斯顿，后逐年有所增扩。他用文字为自己建起了一座纪念碑。

---

①《普林斯顿校友周刊》，1959年11月20日，第15页。

②约翰·屈尔写给斯科特·唐纳森的信，1983年1月。

③《新闻信》，第276—277页。

④《写作奖项设立》(*Writing Award Set Up*)，未标明页码，《纽约时报》，1955年11月21日，第31页。

第三章
“我爱你，×小姐”

他害怕、期待，甚至梦想着被拒绝，菲茨杰拉德经常尴尬地遭遇拒绝。从普林斯顿的富豪们到安东尼·迪金森·塞尔，菲茨杰拉德遭到一系列男人们对他的否定，前者发现他是闯进他们群体的干扰者，后者直至死前都拒绝告知女婿对他的信任。为了寻求安慰，也为了寻找到他作为人的价值，他转而重视和女性打交道。

或许是因为能够轻易得到母亲的肯定，简单得不费吹灰之力，年少的菲茨杰拉德梦想着得到朋友们的母亲的赞赏。诺里斯·杰克逊的母亲认为他文明有礼，因为他真的非常在乎她所说的一切，诺里斯·杰克逊是他在普林斯顿的同学。[①]而圣保罗其他的母亲们感觉到他暗藏心机，对菲茨杰拉德并不能予以肯定。玛丽·赫西的母亲就心存疑虑。鲍勃·邓恩的母亲也是。“若令堂尚在，”菲茨杰拉德于20世纪30年代写信给邓恩，“请向她致以我永恒的敬意，[②]虽然我并无资格向她致敬，因为她一直对我怀疑有加。”从普林斯顿放假回家期间，他和露丝·斯特蒂文特的母亲按钟点计时的聊天。斯特蒂文特太太认为他是“一个孤独的男孩，[③]总是有奇怪的想法”，而且在多年

①斯科特·唐纳森接受诺睿斯和贝蒂·杰克逊的采访，1978年8月8日。
②斯科特·菲茨杰拉德写给罗伯特·R.邓恩的信，1936年夏，《书信集》，第536页。
③露丝·斯特蒂文特·史密斯写给麦丝纳的信，日期不详。

之后，她也并非完全认为这位脸色苍白、目光如炬、面带浅笑的年轻男子能令她回想起“那个小男孩，他又想跟人玩，又不确定自己是不是受欢迎”。[①]

和在母亲们那儿的遭遇比起来，菲茨杰拉德和女孩们在一起时运气更好一些，他一生都不断地追求着女孩子们。这种追求不可分割地与成功相关联。如果他能够赢得女孩的心——尤其那种黄金女孩，带着财富、美貌和社会地位的光环——那绝对意味着他成功了，他也跻身于那个阶层。

1905年11月，菲茨杰拉德的日记记载，他“去舞蹈学校上课，爱上了南希·加德纳”。当时他9岁，已经开始了求爱行为，而且逐渐成为他今后热衷的一件事情。11岁时，他追求的姑娘是水牛城的基迪·威廉姆斯。菲茨杰拉德紧张得都傻了，送她一盒糖果作为圣诞礼物。[②]在两个月后的一次聚会上，他得到了奖赏，他“亲吻了她好一阵儿”。菲茨杰拉德在日记里简短地记录这些征服事迹，用稍长的篇幅记录了青春期前的两次特别经历，12岁写的《我认识的姑娘们》以及13岁和14岁写下的《沉思录》。他用竞争的思维来看待两性之间的关系，内容非常清楚。地位才是他关注的重点。当他的名次在维奥莱特·斯托克顿的爱人名单中由第三位升至第一位时，他感受到大获全胜的喜悦，这位迷人的姑娘是从南方来圣保罗探亲的。竞争对手打败他，取而代之成为名单上的第一名时，他感到一阵痛苦。他明白，真正的对手并非其他男孩子，恰恰是那些姑娘本身。《我认识的姑娘们》中有一个故事，其结尾如下：

---

① 德怀特·泰勒（Dwight Taylor）：《斯科特·菲茨杰拉德在好莱坞》（*Scott Fitzgerald in Hollywood*），第218页；《哈珀杂志》，1959年3月，第68页。

② 斯科特·菲茨杰拉德：《记事本》，第160、162页。

我微微一笑，她羡慕地说："要是能得到你漂亮的牙齿[①]，我愿意付出一切。"可她并没得到它们。

菲茨杰拉德的《沉思录》是一本26页的日记，写于1910年8月至1911年2月，记录了在圣保罗青少年群体的恋爱生活中，他的身份层级的起伏经历。11月10日的记录内容是："玛丽·赫西有一天给我写了张字条，开头是'亲爱的斯科特我非常爱你/我非常喜欢你'。自从那以后，她见到我都非常害羞。"玛丽·赫西是菲茨杰拉德的第一个女朋友。不是他主动观察注意到的第一个女孩，也并非他第一个亲吻的女孩，却是他第一个"固恋"，用他的话说，也就是他的"初恋"。1911年的冬天，在舞蹈学校，菲茨杰拉德又发展出"两个新欢，即玛格丽特·阿姆斯特朗和玛丽·赫西"。玛格丽特是最好的聊天对象，而玛丽·赫西最漂亮，而且也最受其他男孩喜欢。"我为她疯狂，"他写道，"我告诉她要跟她做最后一项交易，她说'就把东西送给我吧'，听到她这么说话，我觉得很迷人。"[②]

玛丽·赫西受到大家的欢迎，这引起菲茨杰拉德的担忧。1911年3月，他在日记里写道，"舞蹈学校，玛丽，爱，三角"。下个月的日记里，他记录了"衰弱的异性吸引"，[③]这与在圣保罗大道上围着埃姆斯家后院骑自行车的事情相关。这两件陈年旧事被合并写入《丑闻侦探》之中，这是巴兹尔·杜克·李系列故事中的一则，李的故事都

①斯科特·菲茨杰拉德：《我认识的姑娘们》，麦兹纳笔记，未标明页码，康奈尔。

②《斯科特·菲茨杰拉德的"思考书"》，(*Scott Fitzgerald's "Thoughtbook"*)序，第26页；约翰·屈尔：《普林斯顿图书馆纪事报》(*Princeton University Library Chronicle*)，第102—108页。

③斯科特·菲茨杰拉德：《记事本》，第165页。

源自菲茨杰拉德自己的逸事。

> 巴兹尔（斯科特·菲茨杰拉德）骑车慢慢靠近伊莫金·毕塞尔（玛丽·赫西），在她面前无所事事地玩车轮平衡游戏。当时他脸上一定有什么吸引了她，因为她抬起头，认真地看着他，慢慢地微笑起来。她以后一定是个美人儿，再过几年会是许多毕业舞会上最美的姑娘。她棕色的大眼睛、形状美好的嘴巴、薄薄的颧骨上泛着红晕……那些希望一个孩子看起来像成人的人来看，这些都令他们不适……他平生第一次意识到，女孩子与他相对立又互为补充，他被一阵喜悦与痛苦的混合情感所控制。

在这个故事里，休伯特·布莱尔（鲁本·华纳）能从巴兹尔——菲茨杰拉德那里夺走了伊莫金——玛丽·赫西，很大程度上是因为他举止优雅。菲茨杰拉德在外貌方面，无法和华纳相比，可他在其他方面则天赋异禀。

在这段时期的前后，菲茨杰拉德对自己的评价[①]是外表英俊、心智聪颖、八面玲珑。他还相信他能“巧妙地对女人施以魅力”。多年之后他在笔记本里总结了当时的情况：“最有优势的两个条件我都不具备：雄性动物的吸引力和金钱。但我拥有位居次要的两项长处：英俊的外表和高智商。所以我总是能赢得最棒的姑娘。”[②]

菲茨杰拉德明白如何利用文字求爱，这是最重要的。他经常在跳舞的时候插队到一个女孩面前，突然对她说：“天哪，你真可爱，[③]

---

①《天堂彼岸》：第23页。

②斯科特·菲茨杰拉德：《笔记本》，第205页。

③麦兹纳接受理查德·华盛顿采访，1947年12月19日。

你太美了。”他会宣称，“我想到一个形容词，非常适合你”，这样的表达，以此激起她的好奇心。他会忧郁地暗示，只有一位好女子的爱才能拯救他，没几个女孩能够抵挡这样的甜言蜜语。

此外，还有书面表达，菲茨杰拉德和许多社交名媛保持广泛通信。他和玛丽·赫西之间的通信特别生动，因为她和他一样喜欢写打油诗，而且颇具这方面的才华。

我特别特别亲爱的玛丽：①
收到你的短信
为着奇怪的原因，玛丽
你为我疯狂，玛丽
你明白了当地表示，玛丽
你根本不在乎自己所写的话

菲茨杰拉德是1915年1月底发出这封信的，很显然，自圣诞假期以来，玛丽·赫西就已经生他的气了。玛丽邀请她在韦斯托弗女校的同学吉妮芙拉·金来圣保罗探访，菲茨杰拉德见了她，并且疯狂爱上了她。也许是为了报复，她写了一首讽刺诗《颂他》，据称菲茨杰拉德在这首诗中做出了如下点评：

我是芳心终结者②
我是造梦人
我创造伟大的爱情

①斯科特·菲茨杰拉德写给玛丽·赫西的信，1915年1月29日，《通信集》，第7页。
②玛丽·赫西写给斯科特·菲茨杰拉德的信，未标明日期，费尔斯通。

在最苍白的月光之下
我和姑娘们告别，惹她们生气
可她们却对我唯命是从
我就是原动力和摇晃力
对于整个世界都是——别忘了！

无论这首诗的出处是否真实，玛丽·赫西并未生气太久。她和菲茨杰拉德有太多共同之处。两个人都喜欢玩爱情游戏，而且都精于此道。“亲爱的游戏伙伴，”在韦斯托弗，她经常这样称呼他。正如她在一首仿英雄体诗歌里所哀叹的，她的爱情受挫：

关键时刻[①]就在眼前
待抚慰的男主角在何处？
八字脚的炉工近在咫尺
我想他能胜任这个角色！

好的一方面是，她父亲许诺送她一部新车，而她心里已经开始盘算着上百种计划了：“1. 造访每个我见过的帅小伙，[②]带他们回家休养。2. 但凡有冒险的机会，刺穿车胎。”

他们在一起总是互相开玩笑，也拿自己打趣，他们一直保持密友的关系。她在1919年11月给她发去电报，如果你未婚，12月12日跟我去参加集会吗？[③]当斯科特和泽尔达在第二年的春天将要结婚

①玛丽·赫西写给斯科特·菲茨杰拉德的信，未标明日期，费尔斯通。
②同上，日期不详，《F.斯科特·菲茨杰拉德，一个重要人物》，第59页。
③同上，1919年11月22日，《剪贴簿》，费尔斯通。

时，他让未婚妻和玛丽一起去买点更适合在纽约用的东西，而不让她买南方姑娘常用的俗气装饰。[1]15年之后，当菲茨杰拉德在《时尚先生》上发表了《崩溃》系列散文，玛丽·赫西写去欢呼喝彩的信件，试图助他重振雄风。

1915年春天，正是菲茨杰拉德得意扬扬的时候。在普林斯顿，学业方面的重锤还未落下，他也有望成为班上的领袖之一。同时还是吉妮芙拉·金最喜欢的人，他规律性地给她写去绵长、深情的信件。但这并没有阻止他——丝毫也没有阻止他——沉迷于和其他人谈情说爱。他在华盛顿复活节期间见到了露丝·斯特蒂文特和海伦·沃尔科特，之后就开始同时跟两人通信。在两者之中，菲茨杰拉德可能更钟情于露丝，她是“身材丰腴”、金发碧眼的姑娘，在莫斯伯格学校上学。菲茨杰拉德曾经坚持说，吉妮芙拉的信件还躺在书桌上未回复，因为他正在给斯特蒂文特写信。他告诉她说，她是唯一一位跳舞跳到凌晨3点都面不改色的姑娘。“如果咱们都生活在圣保罗，”他对她保证说，“我们会爱得非常狂热。”他在信中堆砌了大量的形容词。可是她的回复相当冷淡。她指出，他们几乎完全不了解对方。如同母亲一样，她总感觉菲茨杰拉德哪里不合适。一方面，他的语言和做派让她以为她是他交往的“唯一的好姑娘”。[2]另一方面，他的身高只到她肩膀，她完全不觉得他有男子气。

海伦·沃尔科特像玛丽·赫西一样，完全知道怎么玩这场游戏。1915年她去普林斯顿游玩，在村舍的一场下午茶舞会上，独自成功地吸引了他的全部注意力。显然他被诱骗说出了那个特别的形

---

①《天堂彼岸》：第119—120页。

②斯科特·菲茨杰拉德写给露丝·斯特蒂文特的信，1915年5月，《通信集》，第9—10页；泰德·伊顿写给麦兹纳的信，1948年7月28日。

容词（这个词在被说出的一瞬间，就不可避免地丧失了它的魔力），而且作为忏悔，他寄给她一首仿写的吉尔伯特—沙利文风格的诗篇，他曾两次在三角剧社的演出中使用这首诗：

我称呼你海伦“小姐”，①用“嗨”跟你打招呼
我哼哼哈哈，腔调含混不清
直至你踢了踢我，对我眨眨眼，差点就要对我说“快点儿说！”
（但一直是一副有文化、有素养的华盛顿风格）
于是，虽然我只认识你一天，
我便脱口而出那个糟糕的、可怕的词语。

就像给露丝·斯特蒂文特的信件一样，菲茨杰拉德在这封信里也提到了吉妮芙拉·金。他这么做也许是为了在海伦眼里显得更有吸引力；又或者他只是希望所有人都知道而已。不管怎样，她在回信中高度奉承他，赞扬菲茨杰拉德是“一个了不起的人”，②并且提醒他曾经许下的诺言，“下次来华盛顿的时候，来看我们”。海伦知道怎么跟年轻男子打交道，她告诉菲茨杰拉德，如果她能让一个男人开口谈论他自己她就“搞定”他了。③菲茨杰拉德向19岁的妹妹安娜贝尔传授吸引异性的艺术时，这是他重点讲述的一课内容。

这部精彩的10页纸的文档细节详尽，④涵盖了对话、观点、服饰、个性、舞蹈、表情、微笑、发型等方面的描述。鲜有年轻人能够写出这样一部指南，后来菲茨杰拉德把这部指南改编成《伯妮斯

①斯科特·菲茨杰拉德写给海伦·沃尔科特的信，1915年5月18日，《剪贴簿》，费尔斯通。
②海伦·沃尔科特写给斯科特·菲茨杰拉德的信，1915年5月21日，《剪贴簿》，费尔斯通。
③斯科特·菲茨杰拉德：《丛林里的宝贝》，未标明页码，《早期》，第125页。
④同上，第124—131页。

剪头发》中一段虚构性的描写。任何年龄层的男人中没有几个能够如此有效地把自己放置在一个年轻女子的角度上。“男孩子们喜欢谈论自己——比女孩子喜欢得多，”他告诉安娜贝尔，“这里有一些问题，女孩子可以用……1. 你现在可比去年跳舞跳得好多了。2. 你那个花哨的领结用完以后，能不能送给我？3. 你的眼睫毛最长了！（这会让他感到尴尬，但他会喜欢的。）4. 我听说有‘一队女孩儿’等着你呢！5. 那么，谁是你最新喜欢上的人？避免这些问题：1. 你什么时候回学校？2. 你在家待了多久？3. 天气暖和，乐队演奏得不错，或者这地板真好……”安娜贝尔的眉毛很漂亮，她哥哥告诉她，但是她应该“每天早晚都刷刷眉毛，或者浸湿它们整理一下”，就像他“很早以前”就建议过的那样。他说几乎所有男人会下意识地注意到这一细节。菲茨杰拉德就注意到这个细节。

虽然经验丰富，但是菲茨杰拉德还是敌不过吉妮芙拉·金，因为对手是一个传奇人物。用这样的术语描述一个十几岁的女孩子也许有点傻气，但是这个大眼睛、黑头发、来自芝加哥的美人儿对于菲茨杰拉德来说，可不仅仅是死对头。她的名字本身[1]，吉—妮芙—拉就带有贵族气派，悦耳动听，承袭了皇家姓氏就已经构成了传奇的一部分。就在菲茨杰拉德见到姑娘本人的两年前，他就已经听说过这个名字——肯定是从玛丽·赫西那里听来的。这个名字在那时就和口耳相传的名声联系在一起了，即交际花。有谣言说，吉妮芙拉亲吻过10多个男孩，而且这些男孩全部疯狂地爱上了她。她的美貌和财富无疑是重要的原因。1914—1915年的圣诞节假期期间，菲茨杰拉德在圣保罗多待了一天，是特意要留下来见她的，带着这样

① 斯科特·菲茨杰拉德：《记事本》，第167页。

名字和名声的一个女孩。他希望赢得她的青睐，也完全做好准备为她陷入神魂颠倒的境地。他得到了想要的，也确实陷入这种境地。

那次见面发生在1915年1月4日，在圣保罗市靠近密西西比河的城乡俱乐部举办的一场晚宴舞会上。菲茨杰拉德在第二天就回普林斯顿了，随后他从普林斯顿向韦斯托弗寄去一封长达20页的信件，信中包含着一阵阵妒忌之情。菲茨杰拉德离开圣保罗之后，吉妮芙拉开始和他的宿敌鲁本·华纳谈情说爱。在一封愉快轻松，但令人寒心的信里，[①]鲁本向菲茨杰拉德讲述了一天下午发生的故事，他和吉妮芙拉用伎俩骗过了赫西太太和另外一位监护人。“当我看到这两个人时，我对自己说：‘鲁本，今天下午没什么乐子。’”但吉妮芙拉把她的皮手套放在腿上，手放在手笼里，“用她温柔的手肘”轻推鲁本，“……垂眼看了看她的手笼——哇！我的大手顺势溜进手笼，之后就尽是好戏了。我捏捏她的手，她也轻捏我——嗯！——手都肿了，心也澎湃了！”他和吉妮芙拉还一起开车兜风，鲁本汇报说，每次他都“爱死她了，只是没有亲吻”。吉妮芙拉甚至告诉鲁本，她最爱他，但他肯定，她其实更喜欢菲茨杰拉德。他希望自己和吉妮芙拉之间也存在吉妮芙拉和菲茨杰拉德之间的“阻碍”，华纳写道，署名“你垂头丧气的爱情竞争者”。但他的语气中完全没有一丝垂头丧气的意思。他指出，最好不要跟吉妮芙拉提起这封信，否则明年夏天她再来圣保罗的时候，“你和我就要有罪受了”。

看来菲茨杰拉德不可能对鲁本的信件绝口不提。但他是否在信里谴责了吉妮芙拉，就不得而知了，因为她并未保留他的信件（他保存了她的信，还把信的内容打出来，做成一个227页的集子）。出于

① 鲁本·华纳写给斯科特·菲茨杰拉德的信，1915年上半年，费尔斯通。

必要的原因，1915—1916年，他们的交往大部分是依靠通信，因为韦斯托弗的学生们被禁止离开校园，而菲茨杰拉德又没有车。他们充分利用有限的机会——在纽约的一晚看剧、在沃特伯里用一顿晚餐、两场橄榄球赛、在芝加哥的一次简短会面、在森林湖的一次较长时间的见面——然而，他们每一小时的相聚都是以数月的别离为代价。在相隔两地的许多时间里，菲茨杰拉德想象到“他的女朋友”周围都是些“他不认识的芝加哥人，他们留着卷曲的黑头发，笑容灿烂”，还幻想她高兴地坐在一个年轻人的电汽车里，或者另一个年轻人的斯图兹勇士里。他幻想的画面准确极了。后来吉妮芙拉回忆道，“在年轻帅气的男孩子方面，绝对是一心只求数量，不求质量，虽然菲茨杰拉德是最棒的，但我仍然没有对他足够认真，我还想要吸引更多的注意力！”[①]但她不应该受到指责。菲茨杰拉德把她理想化了，这也不是她的错。

1916年春天，吉妮芙拉晚上在宿舍窗户边和男孩子聊天，被韦斯托弗驱逐。据玛丽·赫西说，还有20多个女孩子也这样做，吉妮芙拉不应该比她们受到更多惩罚，[②]可是女校长“盯上了G.K”，所以她父亲只好来康涅狄格带她回家。玛丽·赫西写信跟菲茨杰拉德说，这跟被开除是不一样的。在他的日记里，他只是简单地记录道：“吉妮芙拉被学校开除。”这个意外并没有消除他的热情。那年夏天他去森林湖探访她，那里是芝加哥巨富的消夏之地，那时这里还是常青藤校园里初入社交界的“四朵金花”的游戏场，这“四朵金花”包括：考特尼·莱茨、艾迪斯·卡明斯、玛格丽特·卡里以及吉妮芙拉·金。这次拜访整体上并不算成功，从菲茨杰拉德的日记里就能

①《斯科特·菲茨杰拉德》：第54—60页；《天堂彼岸》：第52页。

②玛丽·赫西写给斯科特·菲茨杰拉德的信，1916年5月15日，费尔斯通。

看出来：

> 森林湖。佩格·卡里。佩廷家的聚会。吉妮芙拉家的聚会。
> 在麦考密克家那天很糟糕。在佩格家晚餐。
> “穷小子不该想着娶有钱人家的姑娘。”[①]

关于穷小子和有钱人家姑娘的评论，不清楚出自谁之口，也许正如评论家理查德·利汉所提出的，说这句话的人是股票经纪人和马术师查尔斯·金，[②]吉妮芙拉那位强势的父亲，很有可能就是《了不起的盖茨比》里面汤姆·布坎南的原型。按照金先生和他在森林湖的邻居们的标准来看，菲茨杰拉德确实是穷小子。他自己肯定也这么想。“我曾经认为森林湖是世界上最辉煌的所在，”[③]他给女儿斯科蒂在1940年7月的信里写道，“也许它就是。”

吉妮芙拉在秋天来普林斯顿观看和耶鲁的比赛时，他俩之间的裂痕已经在不断扩大。“比赛结束后，”[④]1974年她回忆道，“我们坐火车回纽约，我和女伴们计划见一些别的人，呃，朋友。我们就对他说了再见，说我们要回学校，十分感谢。在火车站的大柱子后面，有两个男孩在等我们——耶鲁的男孩。我们不能把他们扔在柱子后面就这样走出火车站。当时我们害怕得要命，生怕撞见斯科特和他的朋友们。但我们没有。我想他们直接去了酒吧。”

1917年1月，他们再次相见，她对他已经不再感兴趣。那年夏

---

①斯科特·菲茨杰拉德：《记事本》，第170页。

②理查德·D.利汉：《F.斯科特·菲茨杰拉德和小说艺术》，卡本代尔，南伊利诺伊大学出版社，1966年，第92页。

③斯科特·菲茨杰拉德写给斯科蒂·菲茨杰拉德的信，1940年7月12日，《书信集》，第84页。

④伊丽莎白·弗里斯基（Elizabeth Friskey）：《拜访黄金女孩》（*Visiting the Golden Girl*），《普林斯顿校友周刊》，1974年10月3日，第10—11页。

天，当菲茨杰拉德让她归还写给她的信时，她告诉他已经把所有的来信毁掉，还说“她从来不认为它们有任何意义”。[1]在第二年夏天，她即将结婚时，给他写了封信。“我很惊讶，自己居然记得给他写信，因为我那时还跟另外两个人订了婚。这样做很容易，从来不会被发现。因为在战争期间，万一有未婚夫丧生，这样可以及时保护自己。”

吉妮芙拉并没有为菲茨杰拉德冒什么风险。他只是她青年时代经历过的众多年轻帅小伙中的一个，时候到了自然就抛弃他了。对于传记作家以及其他人的追问，她一律以一种漫不经心的态度讲述他们之间的爱情史。她肯定和菲茨杰拉德接吻过，但在她的生活中，“那并没什么大不了”。她很遗憾没有保留任何一封信件，但她确实“保留了他的三角剧社的别针[2]，如果这个东西对任何人有任何用处的话”。1947年，她把这枚别针和两张菲茨杰拉德本科生时期的照片寄给了传记作家亚瑟·麦兹纳，从此她与这一切一笔勾销。

从菲茨杰拉德的角度讲，这场经历却截然不同。吉妮芙拉是他青年时期的挚爱。因为失去她而对他造成的伤害，在他身上从未消退，只要一想起来，他必然热泪盈眶。吉妮芙拉对他的拒绝，则激发他虚构出许多作品。他在小说故事里，一遍又一遍地试图驱除——却适得其反地保持了——这份痛苦的情感。在《人间天堂》中，她化身罗莎琳德·康奈基（早先寄托于伊莎贝尔·博奇这个形象之中）。如他1938年所说，当时所写的那部小说“关于一个爱情故事，这故事仍然叫人心里滴血，如血友病人皮肤表面的伤口那样汩

---

①《天堂彼岸》：第51—53、62页。

②吉妮芙拉·金·皮里写给HP的信，1946年5月12日。

泪流出鲜血”。[①]他把吉妮芙拉塑造成《冬梦》中的朱迪·琼斯（据他说，写该故事的启发来自“那次在森林湖迷人的造访……同时，还因为我18—20岁之前的第一个女朋友，[②]在创作中不断用她塑造人物，从来没有忘记过她”）。吉妮芙拉是《了不起的盖茨比》中的黛西·布坎南，也是《夜色温柔》中的妮可·戴弗的原型。她还是约瑟芬系列故事中的约瑟芬·佩里的模型。但伤痛永远无法愈合，无论他多少次为伤口止血消毒。

吉妮芙拉·金就是菲茨杰拉德所无法拥有的黄金女孩，故事里的男主角也是如此遭遇。1937年她从圣芭芭拉[③]发电报要求见面，吃午餐的时候已产生一半爱意，用完午餐他就完全陷入爱河。太糟糕了，她想。他开始喝酒之后，她才发现他的有趣之处。他发现她“仍然是一位魅力十足的女人”，而且仍然高不可攀。

追求吉妮芙拉已经是超越他能力范围的事情了，因为她来自不同的社会阶层。菲茨杰拉德在剪贴簿里收集的一份报纸文章，说明了他们之间的社会层级差异有多大。文章标题是“那些富有魅力的人”，发稿日期和地点芝加哥，社会版[④]把“伟大的画家所做的”吉妮芙拉（那时已经是威廉姆·H.米歇尔三世太太）的肖像作为头条。那篇文章接着描述吉妮芙拉的“天生丽质，眼皮并未上眼影、深黑色的睫毛、脸颊绯红、线条匀称。这张脸饱含活力、容光焕发，多看看这样美好的脸庞，对你的心灵有诸多裨益”。她眼睛“很大，眼睛深处闪烁着棕色的光芒。眼睫毛向下垂，突然间向上滑动，这使得她

①斯科特·菲茨杰拉德写给弗兰西斯·特恩布尔的信，1938年11月9日，《书信集》，第578页。

②斯科特·菲茨杰拉德：《故事评论》，未标明页码，《汇编》，第177页。

③吉妮芙拉·金·米歇尔发给斯科特·菲茨杰拉德，1937年10月9日和10日，斯科特·菲茨杰拉德发给吉妮芙拉·金·米歇尔，1937年10月9日，费尔斯通；《天堂彼岸》：第300页。

④玛莎·布莱尔（Martha Blair）：《那些富有魅力的人》（*These Charming People*），未标明页码，《剪贴簿》，未标明页码，费尔斯通。

的眼睛闪闪发光，她猛然看你一眼，几乎能让你震惊。她爱笑，牙齿非常白……充满活力、精力十足”。除此之外，米歇尔太太被大家仰慕，还因为“她生活的方式很大程度上是逗趣放荡和严肃有序的混合体”。吉妮芙拉随心所欲地在国内穿梭，去到艾肯或者棕榈滩或者圣芭芭拉，然而她也是芝加哥圣卢克医院的“支持者之一，维持医院运转”，支持每一项值得支持的慈善项目。不但如此，还是一位“重要和勇敢的女马术师”，把自己的家打扮得“符合皇后的品位”。菲茨杰拉德这样的中产阶级男孩怎么能适应她的世界呢？

1917年夏天，菲茨杰拉德在西弗吉尼亚的查尔斯镇拜访普林斯顿的朋友约翰·皮尔·毕谢普，试图追求弗拉福·贝克威斯，以抚慰自己被伤害的自尊心。他们在谢南多亚河里游泳。她看着他从租来的马背上摔下来；他们在她家的大房子里整夜跳舞，屋子的墙壁上布满常青藤。弗拉福并不是特别喜欢菲茨杰拉德的技巧。“他总是不断激发情感，试探底线，”[①]但只是在言语方面，她在回忆录里写道。和她所熟知的南方男孩不一样，那些男孩子“更加强势，外表更令人满意”，而菲茨杰拉德“并非一个充满活力的雄性动物”。相反，他送她一首手写诗《当虚荣亲吻虚荣》，还声称这首诗是为她而作。1945年，她在《崩溃》里发现这首诗，书上的印刷字表明，这首诗是献给菲茨杰拉德深爱的表妹西西莉亚的。

20世纪30年代早期，当菲茨杰拉德和弗拉福在巴尔的摩再见面时，他继续求爱。他的谈话变得粗俗了些。“你胸部坚挺，[②]是因为我吗？”他问她。然而，仍然只是言语上的挑逗，并没有付诸行动。两人之间的屏门缓缓关上，他对她说：“我从未拥有过你，但我相

①伊丽莎白·贝克威斯·麦凯：《回忆录》，未标明页码，费尔斯通。
②伊丽莎白·贝克威斯·麦凯：《笔记本》，未标明页码，费尔斯通。

信，我们都得到了自己最想要的。”她总结说，这是他典型的手法。弗拉福对1932年春天的一次晚宴聚会记忆深刻，那是在布莱恩和艾达·李·丹西家，那天她似乎看到了两个菲茨杰拉德同时出现：一个是她在查尔斯镇认识的魅力十足的年轻人，另一个是现在昏醉不醒、满嘴下流语言的男人。菲茨杰拉德带来了演员奥萨·芒森，[①]她当时正好来探访他。晚餐一结束他就站起身，说要回家紧紧抱着他的枕头，接着就带着芒森小姐离开了。

那些年来，除了泽尔达以外，他的生活中几乎总是有别的女人。韦斯特波特的吉恩·班克黑德、长颈镇的海伦·巴克、巴黎的奥莉夫·伯吉斯、里维埃拉的莎拉·墨菲和玛丽琦·汉密尔顿、纽约的多罗茜·帕克——这些名字以及其他一些名字都被菲茨杰拉德记录在日记里，是他在20世纪20年代里重要的邂逅。实在难以界定这些邂逅究竟有多重要。但有一次多罗茜从丹佛给在纽约的菲茨杰拉德发去电报：“亲爱的斯科特，他们刚把你的电报转给我，但看看我现在身处何地，而且还和艾伦·坎贝尔结了婚以及这一切……最深的爱以及永远为着我俩而着想。”[②]即使尚未烧起大火，菲茨杰拉德也能贡献浓烟。在巴黎的一晚，他和詹姆斯·乔伊斯一家在一起，首先在《尤利西斯》的作者面前表达崇拜之情，接着就开始细数诺拉·乔伊斯的美貌。最终菲茨杰拉德“从一扇开着的窗户冲出去，冲到屋外的石头阳台上，又跳上18英尺高的矮墙，威胁说如果诺拉不声明她也爱他，他就要朝下面的鹅卵石大路猛跳下去”。她很快便依从了，后来她说——为了博她丈夫一笑——“啊，他真是个好小

①伊丽莎白·贝克威斯·麦凯：《笔记本》，未标明页码，费尔斯通。
②多罗茜·帕克发给斯科特·菲茨杰拉德的信，年份不详，7月6日，费尔斯通。

伙。我想我有一天会跟他跑了。”[①]在好莱坞的一个聚会上，他的调情手段更加直接。“×小姐，来见见菲茨杰拉德先生，”卡梅尔·迈尔斯记得自己这样介绍他。菲茨杰拉德对×小姐说，[②]“我爱你，我爱你，我爱你。”

×小姐可以是任何人，但1927年冬天，菲茨杰拉德在好莱坞旅居期间，的确爱上了一位女演员。他们相遇之时，他30岁，而金发碧眼的洛依斯·莫兰才17岁。虽然她年纪尚小，但结交的朋友除了卡梅尔·迈尔斯以外，还包括卡尔·范·维克藤、约翰·巴里摩以及理查德·巴特尔梅斯。她还是太年轻，被菲茨杰拉德和泽尔达两人的举止行为逗乐了，他俩穿着睡衣参加了一个“本色出席”的聚会，还参加了另一个聚会，参加人把自己的首饰集中起来放进番茄汤里煮。[③]自你们离开，好莱坞便陷入混乱，菲茨杰拉德夫妇离开时，她给他们发了封电报，酒贩子失业了，棉花酒吧的旗子都降到一半高，连约翰·巴里摩都出城了给你们俩很多瓶的爱。[④]

泽尔达知道“很多瓶”是说给谁听的。很显然洛依斯和她丈夫互相吸引。洛依斯甚至为菲茨杰拉德安排了一次试镜，希望他们有可能一起拍戏。但正如泽尔达在给斯科蒂的信里所写的，她最有可能为他俩的关系发展做出贡献，“爸爸得到了一个机会和洛依斯·莫兰主演一部电影！可他不想演。我想让他去演，因为这样他可以赚到很多钱，咱们都可以花这笔钱，可他却说我的想法很蠢。”[⑤]除了在

---

①赫伯特·戈尔曼(Herbert Gorman)：《F.斯科特·菲茨杰拉德浅探》(*Glimpses of F.Scott Fitzgerald*)，未标明页码，《回忆录》，未标明页码，费尔斯通。

②卡梅尔·迈尔斯(Carmel Myers)：《斯科特和泽尔达》(*Scott and Zelda*)，未标明页码，《公园东》(*Park East*)，1951年5月，第32页。

③《天堂彼岸》：第222页。

④洛依斯发给斯科特·菲茨杰拉德的信，1927年3月14日，费尔斯通。

⑤泽尔达写给斯科蒂·菲茨杰拉德的信，引用于南希·米尔福德的书《泽尔达》中，纽约，哈珀和罗，第129页(以下简称米尔福德)。

舞台上偶尔的痴情爱恋之外，两人之间的关紧进展迅速，有一次菲茨杰拉德在好莱坞探访，在其间的一个清晨，他突然闯进亚瑟·W.布朗在国宾大饭店的房间，把他弄醒说："跟泽尔达打个招呼。"[①]然而他抱着的却是洛依斯，而非泽尔达。菲茨杰拉德让布朗为他掩盖此事。无论任何人问起，布朗都告诉别人他俩那天一起待在国家第一工作室。

菲茨杰拉德还邀请洛依斯参加在他的大宅子埃勒斯利举办的聚会，这处房产位于威尔明顿郊外。她来了，"犹如早餐一般新鲜的年轻女演员，"[②]泽尔达这样描述她，"许多男人将她的这种气息判定为自己生活中所缺少的一切，除了对于爱情疯狂、热情的歇斯底里追求以外，她并没有自己鲜明的风格特点。她披着月光，顺着河边散步。她的头发紧贴在头皮上，她青葱甜美，像一个牛奶女工"。为了博得洛依斯和其他客人开心，菲茨杰拉德让他们参与编写一出戏剧。多金又有名的汤米·希区柯克，战争英雄、世界上最佳马球运动员之一，在编剧过程中玩得非常开心，并且决定明年回请大家。"我知道洛依斯·莫兰7月底要来东部，"他给斯科特在1928年5月写信，"我们能不能找个周末在沙点镇，你还有泽尔达，一起编写《马球》的第二幕呢？"[③]

对于洛依斯·莫兰来说，就像《夜色温柔》中的罗斯玛丽·霍伊特一样，与比自己年长的男人的爱情经历，可以刷新自己的经验。其实，她把菲茨杰拉德看作一位富有魅力，但稍微有点孩子气的导师。他给她推荐书读，戴维·加内特的《水手归来》、海明威的《太

①亚瑟·W.布朗写给麦兹纳的信，1951年6月27日。
②《泽尔达》，第249页。
③汤米·希区柯克写给斯科特·菲茨杰拉德的信，1928年5月26日，费尔斯通。

阳照常升起》以及保罗·莫兰德的《整夜开放》。她在信中称呼他为“亲爱的、笨笨的、让人烦恼的、可爱的斯科特”，[①]还汇报她的读书情况，并且评价她的“男主角的吻让人心满意足”，这无疑是在翻动爱火中的煤块。

他的回信内容我们无从得知，但她1935年结婚之前确实在纽约、好莱坞以及巴尔的摩的很多场合和他见过面。当爱慕的最初瞬间一闪而过之后，感觉便有所不同，情话也都变得虚情假意。和航空公司高管科利尔·杨结婚那天，洛依斯打电话给他，他给她发去一封祝福的信件，结尾是，“无论如何，我永远深深地爱着你。”[②]但失去洛依斯的痛苦不及失去吉妮芙拉·金。他们也没有选择的自由。在《吸引力》《雅克布的楼梯》《人潮汹涌的十字路口》以及《夜色温柔》中，他强调了一个“中年男子”（当然是已婚的，除了[③]《雅克布的楼梯》）爱一个只有他年龄一半大的女孩，爱得神魂颠倒，是多么不得体的事情，借此升华他内心的渴望。

当然，菲茨杰拉德并不仅仅是被洛依斯的青春活力所吸引，虽然他已经30岁，或许仍感到特别脆弱，他更多的是被某种前景吸引，即他与她产生出亲密无间之关系的，千百万男人为这个女孩在银幕上的形象而倾倒。

洛依斯·莫兰吸引菲茨杰拉德的秘密在于，她让他获得一种成就感，他是魅力深厚、优秀杰出、地位甚高的绅士。1930年菲茨杰拉德写下一段很长的自我评价，“泽尔达住进了医院”，他于1925—1926年开始把自己看作饱经世事的人，并且断定“所有人都喜欢我、

---

①洛依斯·莫兰写给斯科特·菲茨杰拉德的信，日期不详，费尔斯通。
②斯科特·菲茨杰拉德写给洛依斯·莫兰·杨的信，1935年3月8日，《通信集》，第434页。
③斯科特·菲茨杰拉德：《泽尔达住院后所写》，1930年夏，《通信集》，第239—240页。

崇拜我，因为他们爱我这个人，但我只喜欢少数一些人，像海明威和查理·麦克阿瑟以及吉拉尔德和墨菲，他们都是我的朋友”。这种愉悦满足的感觉很快减退。“我在好莱坞醒来，不再是我自己，而是穿着华丽的海明威和事业兴旺的墨菲的合体，还有沧桑的麦克阿瑟”。墨菲属于社会精英，至少菲茨杰拉德认为他是。海明威是位硬汉作家，麦克阿瑟是没有家族背景的编剧，至少菲茨杰拉德相信他们是这样。他所想要的是融合这两种角色，即世界文学巨匠和绅士的艺术家。“不管任何人，只要能让我相信我具有这两者特质，像洛依斯·莫兰那样，这个人对我来说就非常珍贵”。可见，洛依斯在埃勒斯利造访时，他请来汤米·希区柯克参加聚会，并非偶然为之。

1928年，菲茨杰拉德一家在1928年离开特拉华，去巴黎消夏，第二年5月就完全抛弃埃勒斯利而搬到国外居住。这时斯科特的酗酒问题已经无法控制，刚搬到国外那段时间，结交的朋友们都试着远离菲茨杰拉德夫妇。菲茨杰拉德在风月场上又找到了新的伴侣，《月色温柔》中对这种女子有所描述。这些人只遵循一个准则，即没有规则。什么事都有可能发生。正如菲茨杰拉德1932年对玛格丽特·特恩布尔所说的，财富充足的姑娘在那个年代可以随意更换丈夫，[①]“或者长住巴黎也不在乎。”就在这番世界的边界，他结识了艾米丽·范德比尔特。

“纽约一位银行家、马术师和交际家的女儿，”艾米丽·戴维斯于1923年嫁给阿尔弗雷德·格温·范德比尔特的儿子威廉姆·H.范德比尔特。5年之后，菲茨杰拉德在巴黎遇见了她，当时她正和范德比尔特办理离婚手续。1928年12月，她和戏剧制作人西格尼·塞耶

①斯科特·菲茨杰拉德写给特恩布尔的信，1932年9月21日，《书信集》，第434页。

结婚，塞耶是纽约和波士顿社会的头面人物，但这场婚姻持续时间不足一年。1930年春天，菲茨杰拉德和她在阿尔梅农维拉酒店吃午饭的时候，艾米丽·范德比尔特（或者戴维斯·范德比尔特·塞耶太太，她自己创造的称呼）很显然心情沮丧。那天丽贝卡·韦斯特带着儿子也在那间餐厅用餐，她还清楚地记得当时的情形：[①]

……餐厅里没什么客人，我们就选湖边的餐桌坐下。不久，斯科特·菲茨杰拉德和一个女人出现，我知道她来自纽约，叫艾米丽·范德比尔特。她美丽大方，我觉得她的头形和发型是世界上最漂亮的，精心设计的发型更加突出了漂亮的头形。他们所坐的餐桌比我们的位置离湖更近，他们背朝我们。她跟他讲述了一个长长的忧伤的故事，而且不断重复这个故事。他的身体向她倾斜，时而轻抚她的双手，展现出深深的温柔和同情，这是我记忆中他最大的性格特征。最后他站起来，好像嘴里还说着："你绝对不能再经历这样的事儿了。"他的目光落到我身上，对她说："艾米丽，看看谁在这儿。"之后他们和我们一起吃完了午餐。我完全不记得聊了什么。我想我们当时所做的，就是在情绪危机境况中的人应该采取的最佳行动，我们给鸽子喂面包。他快乐而又充满魅力，我们都哈哈大笑。之后他带她去开她的车，他挽着她的胳膊，猛地拉起她的胳膊肘，告诉她要振作起来。我永远都记得那个场景，因为后来艾米丽·范德比尔特自杀了。

在瓦尔蒙特医院，泽尔达怨恨菲茨杰拉德，因为他太关注艾米

① 《斯科特·菲茨杰拉德》，第196页。

丽·范德比尔特。“你知道我从精神、身体和情感方面都比艾米丽强大得多，”泽尔达给他写信，“可你说……她对于我来说是条大鱼。[①]为什么？她不会跳布拉姆的华尔兹，也不会写小说，她只会聊八卦，在博伊斯开车兜风，把漂亮头发盘起来，却不会思考，请解释一下，我想好起来，不想因为大鱼或者小鱼而烦恼，我想自由地坐在阳光下，选取人们身上为我所喜欢的特质，而不是接受那整个人。”

“请解释一下。”可泽尔达难道看不出来吗？艾米丽是游在大池塘里的。她是在上流社会长大的。她属于纽约最顶尖的400人中的一位，在纽波特有一幢别墅。在她母亲的家乡匹兹堡，外祖父发表了电讯，《她抛弃了范德比尔特家的人》。[②]甚至连吉妮芙拉都不能与之相比。

1930年和1931年的秋冬季节，泽尔达住在瑞士普昂沙，奥斯卡·弗雷尔医生的疗养院，这段时间，显然菲茨杰拉德至少跟两个女人发生了婚外情。其中一个是碧悠·奥康纳。1975年，她公开地承认了。“我们发展了一段炙热疯狂的关系，”她说，她是英国外交官弗兰西斯·艾略特的女儿说。菲茨杰拉德被碧悠的间谍故事背景所吸引。他在一篇日记里写道：“碧悠在雅典，私下代表母亲会见遗留下来的德国人。”他们俩是1930年9月在洛桑认识的，菲茨杰拉德当时住在洛桑是为了离疗养院近一些。他们俩在10月就搬进洛桑的拉派克斯酒店了——根据碧悠的回忆——她经常看着他兴高采烈地边打字“边消耗一瓶又一瓶的杜松子酒”。[③]

---

①泽尔达写给斯科特·菲茨杰拉德的信，1930年，费尔斯通。

②麦兹纳采访珊德拉·卡尔曼，1947年12月13日。

③汉斯·施密德（Hans Schmid）：《菲茨杰拉德和海明威的瑞士》（*Switzerland of Fitzgerald and Hemingway*），未标明页码，《海明威/菲茨杰拉德年鉴，1978》，第262页；斯科特·菲茨杰拉德：《笔记本》，第104页。

碧悠11月离开了瑞士，菲茨杰拉德在格施塔德度圣诞期间，对玛格丽特·艾格洛夫产生了兴趣。他们很自然地互相吸引，原因有二。两个人都是单亲正带着孩子度假期，菲茨杰拉德带着斯科蒂，这位年轻的美国女士带着两个孩子，而她的婚姻当时也将要解体。此外，两个人都对精神病学相当感兴趣，菲茨杰拉德是因为泽尔达的病情，而玛格丽特是一位医学院学生，准备在这个领域开展工作。圣诞节后，玛格丽特去苏黎世跟随荣格学习，而菲茨杰拉德则待在洛桑。但是在接下来的半年中，两人频繁会面，每次见面时间都很长，谈论文学和心理学，她逐渐对他有了"非常详尽的"了解。两人甚至还去意大利的湖区以及法国旅游，旅游期间作为旅游伙伴出现在约翰·皮尔·毕谢普的门前，让他大吃一惊。之后二人便各奔东西，玛格丽特再婚，20世纪30年代中期在华盛顿火车站偷偷地又见过一面。[1]

菲茨杰拉德把这两个女人都写进了故事里，碧悠是《旅馆里的男孩》中的卡普斯-卡尔夫人，而玛格丽特则是《优柔寡断》里的艾米丽·艾略特。第二个故事更有启发性，因为菲茨杰拉德在故事里更改了事实，以证明自己保持了对泽尔达的基本忠诚，至少忠诚于12年前他在蒙哥马利爱上的那个泽尔达·塞尔。他做出最重大的改变都是基于岁月的原因。汤米·麦克莱恩，故事里特别不招人喜欢的浪荡子，试图同时和艾米丽·艾略特以及罗斯玛丽·梅利韦瑟调情。艾米丽25岁，离异；罗斯玛丽18岁，"金发碧眼，令人销魂的南方美人儿"，她毫无顾忌地跟欧洲男人打情骂俏，没人能说服她举止理智。最终，汤米做出了决定。他向罗斯玛丽（1918年的泽尔达，而

① 玛格丽特·C.L.吉尔迪亚写给安德鲁·特恩布尔的信，1958年12月16日；玛格丽特·C.L.吉尔迪亚写给斯科特·唐纳森的信，1979年9月20日。

非1931年的她）求婚，这样做之后，艾米丽的形象“从他的脑海中永远地消失了”。

若非在小说里，便是在实际生活中，菲茨杰拉德的脑子里几乎总是想着不止一个女人。1930年泽尔达精神崩溃之后的10年间，他吸引了许多女人的爱情和崇拜，她们主要来自两个特定的行业。“除了训练有素的护士以外，”在他最后几部小说的其中一则里，他写道：“对于毫无道德的男人来说，女演员是最唾手可得的猎物。”[①]那是一个以经验为本的年代。当他的健康状况走下坡路时，他开始试图戒酒，菲茨杰拉德频繁要求护理——在巴尔的摩，在阿什维尔以及在好莱坞。“经过训练的在岗护士，”他在日记里直截了当地吐露，“睡觉的时候不应该说话。”[②]

菲茨杰拉德需要女人的爱以及随之而来的接纳和认可。理想的情况是，这个女人最好是吉妮芙拉·金或者艾米丽·范德比尔特或者某俱乐部的创办人，这样他进入俱乐部就不用靠恩惠了。他所得到的崇拜必须能够证明他的重要性，或者用存在主义的用语说，他的真实性。最终，吸引爱人的冲动变得令人疲惫。他在最后的一本日记本某页的顶部潦草地写道：“够了，够了我的主人们。”[③]下面列出了一份名单，有7个女人，包括泽尔达和希拉·格雷厄姆。

在早期的一份报纸采访中，菲茨杰拉德坚称，他认为男人比女人更好相处，[④]“更开放、更直截了当、更诚实真诚。难道和一群女人比起来，”他问采访人，“你不更愿意和一堆男人在一起吗？”聚众

①斯科特·菲茨杰拉德：《最后的亲吻》，未标明页码，斯科特·菲茨杰拉德和泽尔达·菲茨杰拉德合著的《天堂的碎片》（*Bits of Paradise*），纽约，斯克里布纳，1973年，第378页。

②斯科特·菲茨杰拉德：《笔记本》，未标明页码，费尔斯通。

③同上。

④B.F.威尔逊（B.F.Wilson）：《所有三十五岁以上的女人都该被谋杀》（*All Women Over Thirty-Five Should Be Murdered*），未标明页码，采访斯科特·菲茨杰拉德，《汇编》，第266页。

之时，菲茨杰拉德可能更愿意和男人们在一起，可他会使用女人的语言，本身就讨女人喜欢。他对于潜台词和半遮半掩的情感非常敏感。他懂得怎么去奉承。他在女人说话的时候，会专心倾听。他对待女人的方式就像年轻人在求爱。当然，她们对此亦有反馈。“他喜欢女人，”菲茨杰拉德死后，泽尔达写道，她们“很崇拜他，[①]除非他让人不齿到无法容忍的地步，这种情况几乎没出现过；她们通常还会原谅他，因为他遵守所有的仪式，送来鲜花，发来无休无止的信件，当她们懊恼的时候，他特别会奉承夸赞”。没有人比她更了解这些了。

①泽尔达写给伊利斯，1944—1945年，《海明威/菲茨杰拉德年鉴，1975》，第4—5页。

第四章
甜心达令

无论传说怎么形容，菲茨杰拉德和泽尔达之间关系的开始，根本不能用浪漫的田园诗来描述。菲茨杰拉德刚从被吉妮芙拉·金的拒绝中振作起来，开始广泛交友。"我在部队的经历中，[①]"他说，"大多是爱情经历，在所到的每个城市里我都爱上一位姑娘。"部队路过的城市很多，而停留时间却不长。当他得知要转移到蒙哥马利郊外的雪瑞登大营时，就写信给罗顿·坎佩尔——他在普林斯顿结识的亚拉巴马人问他镇上"最容易得手"[②]的姑娘的名字。（《伯明翰新闻》的编辑们为了文雅，把这个形容词改作"最水灵的"，给这件逸事增加了许多神秘感。）

坎贝尔告诉他两三个人名，其中并没有泽尔达的名字。1918年7月上旬一个周六的晚上，他们在蒙特利尔乡村俱乐部相遇，那时她太小了，不到18岁，而菲茨杰拉德马上就22岁了。但这个娇小的姑娘脸色如玫瑰花一样粉红鲜嫩，一头红色的头发，她立刻就吸引了他的眼光。他们一起跳舞，她拒绝了当晚更晚些时候的约会，他们吵了起来。她同意几天后再见。他告诉她，她让他想起当时正在写

①米歇尔·默克(Michel Mok)：《天堂的另一边》(*The Other Side of Paradise*)，未标明页码，采访斯科特·菲茨杰拉德，《汇编》，第297页。

②C.罗顿·坎佩尔写给派珀的信，1956年8月18日。

的小说中的人物“伊莎贝拉”。这让她印象深刻。但他没告诉她伊莎贝拉的原型是吉妮芙拉。[①]

菲茨杰拉德和泽尔达两人开始了他们的爱情游戏，可他俩谁也没有停止和别人的交往。菲茨杰拉德的日记证实，那个夏天和秋天，他至少和其他3个姑娘[②]有交往。7月：“梅·斯蒂娜(斯蒂娜)。泽尔达……海伦·丹特……吉妮芙拉嫁人了……梅和我在门廊。她来拜访。”8月：“梅和泽尔达。”9月：“7日爱上了(泽尔达)……泽尔达病了……发现泽尔达被班上同学选为最漂亮和最有魅力的女孩。”10月：“梅·斯蒂娜……26日去北方。海伦·丹特的法国男友。”11月：“疯狂的书信……回到蒙哥马利。华盛顿的露丝(斯特蒂文特)。和泽尔达的朋友丹特在楼梯上偷偷一吻。”

在泽尔达身上，菲茨杰拉德找到的不仅仅是一个与之相称的人。虽然是大法官和A.D.塞尔太太几个孩子中最小的，但她小时候却是个自由奔放的假小子，带领着周围邻居家的女孩子们爬树、在惠特菲尔德家铺得平整的后院里滑旱冰、潜入亨廷顿学院的游泳池游泳。“无论什么时候，只要她说青蛙，我就要跳。”[③]她的一个朋友说，泽尔达不喜欢“胆小怯懦、淑女一样的”女孩子。相反，她喜欢男孩子，虽然她长大点之后，总是无情地嘲弄他们。在高中英语课上，她读了一首短诗，说的是羞涩俊俏的查尔斯·沃尔夫德：

我真心爱我的查理[④]

---

①《F.斯科特·菲茨杰拉德，一个重要人物》：第40页。

②斯科特·菲茨杰拉德：《记事本》，第172—173页。

③斯科特·唐纳森采访凯瑟琳·艾尔斯伯里·哈克斯顿以及尤金妮亚·麦高夫·塔特尔，1980年11月6日。

④鲁尔·皮尔森·韦瑟比在接受斯科特·唐纳森采访期间念出这首律诗，1980年11月6日。

这几乎让我疯狂
我真开心他是我的男友
我是他的小宝贝儿

可怜的查理满脸通红，其他人狂笑不止。

但男孩子们还是喜欢她，喜欢她的美貌，同样喜欢她的勇气。十来岁的泽尔达从不屈服于权威。父亲偶尔也试图管教她，但成效不大。如果他禁止她出门，她就叫他“老家伙”伤他的自尊，头也不回地走出家门，而这些做法通常都得到了母亲的默许。她想做什么就做什么，而且确保旁人都能看到。她在大家的关注下疯狂跳舞，玩侧手翻或者表演苏格兰高地独舞。在塔斯卡卢萨县，她的监护人反对她做傻里傻气的动作，她就把一小枝槲寄生别在她的法兰绒外衣上，跳着舞从他们身边经过时，就用衣服下摆轻击他们。在亚特兰大，她“弃那些多少有些世故复杂的少爷小姐们而去……气得他们倒吸冷气”[①]。

就是这样一个女孩——桀骜不驯、美丽可爱、不负责任、勇敢无畏——菲茨杰拉德在蒙哥马利爱上了她。不久之后，她任由他引诱，这非常符合她的性格特点，却完全不符合他的预想。最早可能是7月24日，她18岁生日那天，“月光辉煌的一晚，适合温柔密约的一晚”（她之后回忆道），一边的3棵松树，另一边的4棵“都认为此刻是最好的时候”。或者是另外一个夏天的晚上——又是泽尔达的回忆——

①《泽尔达》：第16—17页；《斯科特·菲茨杰拉德》：第89页；《天堂彼岸》：第81页。

你邀请我共进晚餐，以前我从来都只是“吃晚饭”。将军不在。那晚昏暗温柔，树木在灯光之中显得毛茸茸的，松树林幽暗的深处隐藏着过往，你说无论在哪儿，你都会回来的。所以我说，我会一直在这儿等你。

是我说：

“我感觉有事发生，却又不知道是什么事。”

你说：

——“嗯”——你笑了——“……如果你都不知道，我怎么可能知道。”

我接着说“我想，没人知道——”

然后

你希望，我猜测

一切都会好的。[①]

菲茨杰拉德对这场引诱的态度是矛盾的，1920年他开始写一本小说，之后又放弃了，他试图在小说中为这件事情找到合理的解释。在1918年10月，离开蒙哥马利之后，他感到情感上对泽尔达有责任，并且在道德方面为她感到担忧。他知道她比其他姑娘都能喝酒。他们相遇的第一个晚上，她就喝了一晚上酒。他知道她四处打情骂俏，而且有10多个小伙子在追求她。他不知道她跟他们进展到了什么程度，她也不告诉他。多年之后她承认——她的坦白很有可能更多的是为了激怒菲茨杰拉德，而不是为了告诉他真相——甚至

① 泽尔达写给斯科特·菲茨杰拉德的信，1934—1935年（两封信），费尔斯通。

在认识他之前，她“就被诱奸过，被本地人唾弃”。菲茨杰拉德的日记再度证实了她的坦白：“在我们的诱奸事件中，有一种复杂的自我意识[①]，这种自我意识透露出一种直觉，即你在角色扮演，虽然我是一根筋，选择性地忽略这一点，但我应该猜到……在和我之前，你一定有过相关的情感经验。”1928年12月，他写了一封信给泽尔达的姐姐玛乔丽，但是这封信最后没有发出去，信中显露出他的愤恨。“你母亲对泽尔达的照顾糟透了，”他写道，“她15岁的时候，约翰·塞勒斯[②]就诱奸了她。我第一次见到她的时候，她酩酊大醉，被男伴们抱在怀里。”或许，菲茨杰拉德在这里夸大了事实，以对抗塞尔一家指责他逼疯了泽尔达。但可以真实感受到他的痛苦，随着他多年揣度——以及担忧——泽尔达的性行为，这种痛苦愈加严重。

这种揣度几乎在他们交往之初就开始了。泽尔达知道，许多男人爱慕自己，这让菲茨杰拉德很担心，而且她一次又一次地告诉他自己的经历。他们认识一周后的一个舞会上，她把自己的舞伴拽到被灯光照着的电话亭，[③]开始激吻他。“这是什么意思？”他问。“噢，”她轻率地回答，“斯科特要来了，我要让他忌妒。”菲茨杰拉德于秋天离开蒙哥马利，她继续努力保持通信。“在绝望中我和比尔·罗格朗开着车去了奥伯恩[④]，回来的时候有10个男孩跟着我们一起回来，大家兴高采烈的。当然，那天太让人兴奋了，那天晚上更令人激动。雷德昨晚说我是他见到的脸色最白里透红的人，我躺在他腿上睡着了，——当然，你肯定不会介意的，因为那真的就像是兄妹间所做的，而且有3个女孩监督我们呢。”“我正在从和奥伯恩橄榄球队‘让

①斯科特·菲茨杰拉德：《笔记本》，未标明页码，费尔斯通。
②斯科特·菲茨杰拉德写给马乔里·塞尔·布林森的信，1938年12月（信未发出），费尔斯通。
③《天堂彼岸》：修订注释，未标明页码。
④泽尔达·塞尔写给斯科特·菲茨杰拉德的信，1919年，费尔斯通。

人惊讶的四分卫’的恋情里恢复过来，这段恋情很健康，我的心情和身体都很好……请给我带一夸脱杜松子酒来。整个夏天我都没喝酒，而且已经被塞尔太太关于酒精的说教给毁了。”不久，她妈妈就斥责她喝酒，“就是因为一件被酒渍染坏的裙子——甜心达令（菲茨杰拉德一本备受推崇的关于诱奸的小说就叫作《甜心达令》），如果你反对的话，我就滴酒不沾，但有时候我太无聊，会非常想你，酒精可以帮我缓解。”①

几乎在每一封信里，泽尔达都要激发菲茨杰拉德的妒忌心。他的回信很狂热，一次又一次地从纽约去蒙哥马利，他当时在纽约的广告公司工作，而且他在信里暗示她要节制恋爱行为。他在1919年3月给她寄去一枚订婚戒指，因为她在给他的信里写道：“昨晚的舞会上，我一直心神不宁。”然后她补充说，俄亥俄第三十七师5月就要回到蒙特利尔，这样看来，“这不得不让人特别担心，因为至少有三四个未婚夫会回来。”②

无论是否订婚，泽尔达完全没有意向放弃自己的社交生活。1919年4月、5月、6月，菲茨杰拉德都来过蒙特利尔，但她就是不肯定下婚礼日期，继续写信折磨他。她“讨厌死了”，因为他说“他以前总是想知道，人们为什么要把公主锁在塔楼里”③，在“他最近的6封信里”，原文都是这样写的。既然他这么努力地要表达某个想法，他们之间应该减少信件往来。当他提议6月去看她时，她建议他“除了6月13日，任何时候都可以来。我要去佐治亚理工大学，④在新地方试试手气。你可以20日来，待到我们去北卡罗来纳，或者在我去亚

① 泽尔达·塞尔写给斯科特·菲茨杰拉德的信，1919年（两封信），费尔斯通。
② 同上，1919年3月。
③ 同上，1919年夏。
④ 同上，1919年春。

特兰大之前来看我，要不我会太累，他们总是整晚跳舞跳到早餐时分。”现在，可不仅仅是卖弄风情了。当菲茨杰拉德真的来到蒙特利尔，她向他提出了解除婚约。“我已经尽力了，但我失败了。”他6月24日写信给露丝·斯特蒂文特，“这对我来说，是巨大的悲剧，[1]我觉得没有什么活下去的理由了……除非有一天她愿意嫁给我，否则我不会结婚。”

泽尔达的决定在很大程度上说，是基于现实的考虑。1919年6月，菲茨杰拉德的前途是暗淡的。他没能从普林斯顿毕业。又不喜欢在广告公司的工作，而且这份工作做得并不顺手。他的小说也被斯克里布纳出版社退回。他的父母衣食无忧，但并非大富之家，而塞尔一家人确实也没什么钱。这对于泽尔达，这位出身上层社会家庭的美人儿来说，找到一个经济状况坚实富足的丈夫是非常重要的。这一点，塞尔妈妈对泽尔达解释得很清楚，而泽尔达却并没有明白地告诉过菲茨杰拉德。“物质不重要，”她对他说，但她又“讨厌生活卑微无趣”，[2]因为她知道，这样的话，他肯定会越来越不爱她。

菲茨杰拉德理解了其中之意，满心愤恨。除非是出于惯常的轻率妄为，他在日记里吐露道，“在我变成一部赚钱机器之前，泽尔达会小心谨慎，[3]不愿轻易把自己的命运交付到我手中。”不但如此，她之前还授予他性欢愉，而现在也非常克制。“放弃之后，”他在1934年《黑暗的罪状》的写作提纲中写道：“她在海湾抱着菲利普，[4]就像泽尔达和我在1919年的夏天。”这种行为带着算计的意味，菲茨杰拉德是怀有浪漫情怀的人，他很反感这一点。当她终于说出“我愿意”时，

---

①斯科特·菲茨杰拉德写给露丝·斯特蒂文特的信，1919年6月24日，《书信集》，第455页。
②《天堂彼岸》，第96页。
③同上，第84页。
④斯科特·菲茨杰拉德：《黑暗的罪状》，未标明页码，《笔记本》，未标明页码，费尔斯通。

爱情的部分魔力已经被挥霍掉了。

解除婚约的一个好处是，菲茨杰拉德可以回到圣保罗，重写他的小说。当斯克里布纳改变主意，于1919年秋天要求出版《人间天堂》时，他也决定试图改变泽尔达的想法。并不仅仅是因为他手里有一份小说出版合同，更是因为他的小说开始卖出好价钱了。他已经准备好11月再去蒙特利尔，再向泽尔达求爱。“见到你的时候，我的状况可能非常糟糕，”[①]他写信给普林斯顿的同学，当时在纽约的勒德洛·富勒，“我要去搞定这件事儿，不是成功就是失败。”他并未成功，泽尔达跟他发生了关系，但并没有承诺嫁给他。“让我告诉你现在的情况吧，”[②]他跟埃德蒙德·威尔逊说，“如果她死了，我不在乎，但我无法忍受别人娶她。”

泽尔达很快和菲茨杰拉德结婚了，但那是因为两人都确认她怀孕了。在1月他设法弄到了一些药来解决问题，但泽尔达拒绝服药：

> 为了你，我本想吃药，[③]因为我知道自己制造了现在的困境，而且事情会非常麻烦——但我实在不能也不会就这样吃下药片——我已经把它们扔掉了；我宁可去吃苯酚。你知道，只要我感到自己拥有的这份权力，我就不在乎会发生什么——此外，我更希望有一个完整的家庭，而不是牺牲我的自尊。似乎一切都错位了——如果我服下，哪怕一颗药丸，我都觉得自己像个娼妓，你会努力去理解这种感受的，求求你，斯科特——做你认为最该做的事情——但不要轻举妄动，直到我们明白该

① 斯科特·菲茨杰拉德写给勒德洛·富勒的信，1919年11月10日，《通信集》，第48—49页。

② 斯科特·菲茨杰拉德写给埃德蒙德·威尔逊的信，引用于埃德蒙德·威尔逊的《二十年代》，《纽约客》，1975年4月28日，第46页。

③ 泽尔达·塞尔写给斯科特·菲茨杰拉德的信，1920年2月，《通信集》，第50页。

如何处理，因为上帝——或者采取任何行动——总是能修复一切，或许这次也可以。

上帝或者某些因素，确实让一切恢复正常，危机化解了。

与此同时，塞尔妈妈不断地在泽尔达枕边放些小说，都是“年轻作家们[①]的作品，故事都关乎狂风暴雨的黑夜”。当电影公司开始以4位数的价格购买菲茨杰拉德的小说时，塞尔全家都做出了让步。“甜心达令，咱们的童话故事[②]马上就要结束了，”泽尔达写信给他，“咱们就要结婚了，然后幸福地生活下去，就像那个在塔楼里的公主，你一直为她担心——她不断地出现，让我烦躁。”她很抱歉自己有时候“残忍又可恶”，她补充说，但是菲茨杰拉德并不期望她有所改变，仅仅是因为他们要结婚了。他知道，“在公共场合焦虑不安，[③]公开表明自己的喜好，而且经常讲恐怖故事，不停地抽烟，宣称她已经亲吻过成千上万个男子，而且还要再多亲吻几千个”，这样的女孩一定会被广泛批评，甚至被大家认为有悖道德。但他爱上的就是泽尔达的“勇气、真诚和她如火般的自尊”，这才是唯一重要的。菲茨杰拉德去纽约寻租公寓。泽尔达去了乡村俱乐部——在那儿给她未来的丈夫写了封信——一个男人试图跟她一起私奔到纽约，[④]还告诉她“她将震惊百老汇，能赚大钱”。他们俩订婚的消息在3月20日刊载在蒙特利尔的报纸上。3月26日，《人间天堂》出版，好评不断，销量惊人。4月3日，菲茨杰拉德和泽尔达在第五大道上的圣帕特里克天主教堂结婚。

婚礼前一周，菲茨杰拉德写信给露丝·斯特蒂文特，想让她见

①泽尔达·塞尔写给斯科特·菲茨杰拉德的信，1920年上半年，费尔斯通。
②同上，1920年2月，《通信集》，第51页。
③《泽尔达》，第60页。
④泽尔达·塞尔写给斯科特·菲茨杰拉德的信，1920年2—3月，费尔斯通。

见泽尔达，“因为她非常美丽、非常睿智、非常勇敢，你可以想象到这些——但她完全是个小孩儿，[①]是比我们更没有责任感的伴侣，非常难以想象。”他强调了两个人都不成熟，这完全没错。他就像一个没有安全感的孩子，需要别人的肯定。她像一个任性的孩子，需要别人的关注。两个人都试图占据舞台的中心点，有些时候两人能合作达到此目的，更多的时候则为竞争关系。这些情况造成两人不断争吵。“当泽尔达·塞尔和我都还年轻时，”菲茨杰拉德评价说，“战争远在天边。”[②]但他们俩把战争带到了大地之上，带到乡村俱乐部的舞池里，带到了塞尔家的前门廊上。这些争吵让菲茨杰拉德感到紧张，但泽尔达乐在其中。“我喜欢你忧郁的温柔——当我伤害到你时，”1919年她在给他的信里写道，“我从来没有因为咱们的争吵而难过，这也是原因之一——它们却使你感到不安——那些可爱的，可爱的小题大做，[③]我一直努力让你忘记和原谅它们。”

这些麻烦的根源几乎永远都是因爱生妒。菲茨杰拉德可能有另一番说法，在1922年1月写信给埃德蒙德·威尔逊，“我认识她之后的4年半中，泽尔达总是完全地、精细地、全身心地以自我为中心，这对我的影响巨大。”[④]这种自私所表现的形式，通常是从其他男人身上寻找乐趣。20世纪30年代中期，在他的日记中，菲茨杰拉德简述了例子：

有人完全乐意[⑤]屈服于此刻的激情，自寻烦恼。每次他或者

①斯科特·菲茨杰拉德写给露丝·斯特蒂文特的信，1920年3月26日，《书信集》，第459页。
②斯科特·菲茨杰拉德：《笔记本》，未标明页码，费尔斯通。
③泽尔达·塞尔写给斯科特·菲茨杰拉德的信，1919年，费尔斯通。
④斯科特·菲茨杰拉德写给埃德蒙德·威尔逊的信，1922年1月，《书信集》，第331页。
⑤斯科特·菲茨杰拉德：《笔记本》，未标明页码，费尔斯通。

是她被拯救……开始试图和她丈夫讨论正题——但却失去了讨论的真正意义，因为她刻意找寻刺激。某个场景中，她是可怜的自然本真的泽尔达-吉玛——另外一个场景中，你就想因为她盲目自大的自私自利而拧断她的脖子。

事实上，他已经在他之前的很多作品中描写过这样的女孩了，举例说明，就像《格雷琴眨眼四十次》中标题里的人物，鲁莽妄为，四处制造麻烦；《调停者》里自私自利到无药可救的卢艾拉·亨普尔。犹如批评家弥尔顿·辛德思所指出的，几乎所有菲茨杰拉德创作的女主角，从罗莎琳德·康奈基一直到格洛丽亚·帕奇和黛西·布坎南以及妮可·戴弗，都极度地以自我为中心。[①]即使他的读者们谴责这些女人，他们的谴责也并没有受到菲茨杰拉德本人的授权，虽然她们最终都是以失败告终，但他似乎非常崇拜这些女子。

“女人的自私自利对于许多男人具有不可逆转的吸引力，这是人类关系体系中的一个弱点。”他在《调停者》中评说。这样的女人有时可能会令人恼怒，但她们真的富有魅力。“我真希望自己死去——但上帝不允许！”菲茨杰拉德在一篇1924年撰写的文章中发表了一段富有个性的评论。他接着说：“同一颗心里，我经常希望自己的目光从没落到过我妻子身上——然而我却从来都无法忍受她一次离开我的视线超过5个小时。”[②]泽尔达完全理解他的这种态度。在她给菲茨杰拉德的一封表白信中，她说起女人的一种功能，就是为男人提供“烦

---

①弥尔顿·辛德思（Milton Hindus）：《F.斯科特·菲茨杰拉德：介绍与解析》（*F.Scott Fitzgerald: An Introduction and Interpretation*），纽约，霍尔特、莱因哈特和温斯顿，1968年，第33页。

②斯科特·菲茨杰拉德：《是否每个已婚男人都曾有过瞬间的厌恶之感？》，未标明页码，《汇编》，第185—186页。

扰不安的因素”[1]。鉴于她的任性、美丽以及对冒险的渴求，她发现要保持丈夫处于不安的状态是非常容易的。

泽尔达在婚后的不久告诉他“一件糟糕的事情[2]……如果他不在身边，她可能会跟任何一个男人发生关系，而且这并不会真的影响她对于他的忠诚，或者就真的表示她对他不忠”。这个念头一直缠绕在他心中，而她继续和其他男人打情骂俏。1920年夏天，他们从纽约搬到韦斯特波特，泽尔达开始烦躁起来。“斯科特正热火朝天地写一部小说，[3]韦斯特波特则是令人无法忍受地无趣。”她邀请勒德洛·富勒来拜访的时候说，“你和我可以自己找点乐子——而且我们俩都特别想见你。”这个夏天里，跟她调情的主要是乔治·基恩·内森，却不是富勒。内森通过信件或者见面逗她开心，他也很开心：

> 亲爱的误入歧途的女人：[4]
>
> 跟很多美得不可方物的生灵一样，你展现出感觉迟钝的特点。招致丈夫关注别人写给他妻子的情书，这是精明的手段……这完全消除了怀疑。我推荐你以验证的方式，注意贝多芬、麦克莱伦和加比·戴斯里斯的例子。
>
> 周五你为什么没给我打电话？是不是你的爱意正在减退？

跟蒙哥马利的标准比起来，这就算很高调的求爱了，泽尔达感到满意，也非常开心。菲茨杰拉德可不高兴，他愤怒地跟内森断绝了朋友关系。

---

①《泽尔达》，第44页。
②斯科特·菲茨杰拉德：《笔记本》，第64页。
③泽尔达·菲茨杰拉德写给勒德洛·富勒的信，1920年8月16日，费尔斯通。
④乔治·基恩·内森写给泽尔达的信，1920年9月13日。

菲茨杰拉德一家在秋天的时候又回到了纽约，一次坐在出租车上，他们在普林斯顿的老朋友亚力克·麦凯格出于对菲茨杰拉德的忠诚，拒绝亲吻泽尔达，而且试图劝她不要再过着这么“夸张的”生活了。但他的日记[①]可以证实，虽然如此，他还是对她十分着迷。1921年4月，他写道：“毫无疑问，她是我见过的最有才华、最美丽的年轻女人。”

她怀孕3个月的时候，菲茨杰拉德夫妇决定在婴儿出生前开始他们的第一次欧洲旅行。在“阿基塔尼亚”号上，他们偶遇霍华德·麦克米伦夫妇和克劳福德·约翰斯顿夫妇，他们从明尼苏达来，正在度蜜月，朋友重聚，数度欢饮。在海上漂泊几天后，新婚的女士们有一天遇到泽尔达，她身穿睡衣，躺在轻便折椅上，看上去相当疲惫。她们温柔地说希望她快点好起来。“你们也好不到哪儿去，”泽尔达说，“如果你们晕船、怀着孕，还有宿醉的话。”[②]刚一回到圣保罗待产，她就胖了起来。“你那个胖子朋友是谁？”有人问珊德拉·卡尔曼，泽尔达永远也忘不了这件事。因为她不适应怀孕。

斯科蒂10月出生。3个月之后，泽尔达发现自己又怀孕了，虽然她和菲茨杰拉德都还想要一个男孩，但这孩子来得太快了。1922年3月，她流产了。她当时的态度也许可以从菲茨杰拉德的作品《美丽与毁灭》里格洛丽亚的日记中窥见一斑，这部作品在她流产后一个月出版。“我拒绝为后代牺牲我的生活，”虚构人物格洛丽亚写道，“人们着实应该像感谢当前的一代人一样，感谢自己不想要的孩子。这是什么样的命运啊——变得又矮又胖又丑，失去对自己的爱。”在小说后来发展的情节中，当她认为自己怀孕的时候，格洛丽亚决定流

①《泽尔达》，第80—81页。
②斯科特·唐纳森电话采访霍华德·I.麦克米伦爵士，1978年6月28日。

产，但后来发现怀孕信号不实。

犹如南希·米尔福德指出真相也可能是菲茨杰拉德在《美丽与毁灭》里试图转移他可能因为泽尔达（或者以她为原型的虚构人物）而抱有的愧疚之感。[①]他为什么会感到愧疚？他对于妻子1922年流产的态度并没有被记录下来，虽然《美丽与毁灭》里的安东尼·帕奇赞同这个做法。可菲茨杰拉德在他们结婚前几个月就弄到了引产药丸，那个时候如果想流产是可以做到的。“你觉得泽尔达几次流产跟她的病有关吗？”[②]她姐姐罗莎琳德1930年曾询问道。这个复数表达可能指的是1922年3月之前的那段时间，1924年秋天那段时间，泽尔达在罗马经历了“一次小手术”，为了使她能够受孕——用她的话说——“对于努力生孩子感到极其厌恶”。[③]她怀不上孩子，而且在那次流产之后很快遭受到不止一次的流产折磨。但是1924年那次怀孕的努力有着特别的意义，因为那时她正跟法国的海军飞行员爱德华·居赞打得火热。

无论是什么原因促使泽尔达和这位年轻的法国军官发生爱情关系，这件事标志着菲茨杰拉德夫妇婚姻关系的转折点。他们在1924年5月坐船去了欧洲，6月在圣拉斐尔住下，菲茨杰拉德在那里全身心工作，“活在那本书里”，撰写《了不起的盖茨比》。身边没人陪伴，无聊至极的泽尔达在海边和居赞一起度过了一个个漫长的下午，他身上军官的气质和硬汉外表是她丈夫所缺乏的。她在最初可能只是想随意调情而已。然而，事情的发展并不仅于此。在她1932年撰写的小说《最后的华尔兹》以及她经多年完成的《恺撒的权力》中，泽尔达用非常

① 《泽尔达》，第89—90页。

② 罗莎琳德·塞尔·史密斯写给斯科特·菲茨杰拉德的信，1930年11月21日，费尔斯通。

③ 《泽尔达》，注解第121、394页；泽尔达写给斯科特·菲茨杰拉德的信，1930年夏末秋初，《通信集》，第247页。

感性的方式再现了她的情人。“他把她的身体揽至[①]自己身上，直到她感到他的骨头刻进她自己的骨头。他的皮肤呈古铜色，浑身散发着沙子和太阳的味道；她能感受到浆洗过的亚麻衣服下，他赤裸的身体。”最终菲茨杰拉德发现了——“7月13日”那天“大危机”[②]到来——而且采取了紧急行动。“她告诉丈夫她爱这个法国军官，她丈夫把她锁进了别墅。”[③]泽尔达描述道。

根据菲茨杰拉德的日记记载，在这件事后他和泽尔达的关系更加紧密了，10月居赞离开了，一切麻烦就此扫清了。但泽尔达并没有停止为自己的损失而惋惜：“她想（从居赞身上）得到的一切都被他带走了。”[④]她的婚姻也不可能再如从前一样了。“1924年的那个9月，”[⑤]在很多年之后，菲茨杰拉德带着事后之明写道，“我知道有些事情发生，永远也修复不了了。”这标志着他们之间的关系，永远都会有一道鸿沟。“1925年她和居赞之间的恋情、1927年我和洛依斯·莫兰间的事情，都从我俩的感情中掏走了些什么，我和莫兰的韵事在某种程度上其实是一种报复。”[⑥]他在1932年给她的精神病医生的信里写道，“我们俩都不可能为此不断地给对方进行补偿。”

菲茨杰拉德并不知道事情的真相，还为此痛苦地补偿着。南希·米尔福德在筹备泽尔达的传记期间采访了居赞，居赞依然声称他和泽尔达的关系并没有发展到通奸的程度。这番否定也许是出于高卢人对女性的殷勤，或许又不是。当然，菲茨杰拉德永远也不会知道。在居赞事件的那个夏天过去11年之后，他在小说《心中的影

①《泽尔达》，第110页。
②斯科特·菲茨杰拉德：《记事本》，第178页。
③《泽尔达》，第366页。
④同上，第112页。
⑤斯科特·菲茨杰拉德：《笔记本》，第113页。
⑥《泽尔达》，第222页。

像》中与自己心中残留的疑虑交手了。汤姆是故事的男主角，马上就要和秋迪结婚了，虽然他发现她深深地爱着李卡德，是一位年轻的法国飞行员。在他们婚礼后，汤姆立刻发现在婚礼前一天，秋迪和李卡德一起乘火车出行。她告诉汤姆这不是她的主意，她非常生李卡德的气，并且提出汤姆可以为此解除婚约。但是他却接受她的说辞，而且保证不责怪她。之后他们便出发去度蜜月了，“一阵沉默，两人在沉默中各有想法。他的想法是，他永远都不会知道她深不可测的内心想着什么。也许，每个女人心中晦暗的池塘底部，都是无法猜测的。”①

很显然，男人和女人之间有很多事情是永远也无法相互了解的，无论真假的坦白，几乎很难减轻菲茨杰拉德的痛苦。并不像《心中的影像》里的秋迪，现实里的泽尔达既不否认也未承认她的不忠。他的想象力占了上风，并且编制出如此的景象，就像迪克·戴弗的罗斯玛丽在普尔曼轿车里被诱奸的情节，这些可比现实更加生动可怕。批评家兼传记作家亨利·丹·派珀1947年去拜访泽尔达，她告诉他自己非常后悔和那么多男人调情，②而且从来没有告诉菲茨杰拉德和他们发展到什么地步，任由他往最坏的程度猜想，既不否认也不纠正他的怀疑。

菲茨杰拉德倾向于将自己的妒忌之情内化，泽尔达却倾向于歇斯底里地表达自己的妒忌之情。但是他们俩作为两性战争中技术高超的对手，都知道在受伤时如何反击报复。因此，泽尔达在20世纪20年代早中期，激起了丈夫的妒忌心，他就和许多女人——根据泽尔达的

①斯科特·菲茨杰拉德:《心中的影像》，未标明页码，《价格》，第678页。
②《F.斯科特·菲茨杰拉德，一个重要人物》，1947年3月，第13—14页。

回忆——四处调情，[①]尤其是1926年下半年，他们从国外长期旅行回来之后，“我们的关系比以前更疏远”，他和年轻女演员洛依斯·莫兰（在好莱坞、特拉华以及纽约）开始谈情说爱。就在前一年，伊莎多拉·邓肯邀菲茨杰拉德去圣保罗艺术山庄跟她共进晚餐，并且开始公开求爱，泽尔达故意从一段几层的石阶上摔下来。面对丈夫迷恋17岁的洛依斯·莫兰的情形，她在浴缸里烧掉自己的衣服，从火车车窗里扔掉菲茨杰拉德追求她时送的白金和钻石手表。[②]

如此举动唤起了菲茨杰拉德的关注，但并未阻止他招引其他女人的爱慕和崇拜。在1931年11月，已经对她的状态极度不敏感，他独自去好莱坞，留下泽尔达一人应对她未痊愈的心病、父亲的疾病和怀疑心的恶魔。想到他在好莱坞“身边尽是那些漂亮女人”，她就心神不宁，而他的信件也并不能消除疑虑。“我昨晚做了一个关于你的最可怕的梦，”她给菲茨杰拉德写信，“你回到家满头白发，你说是因为担忧自己的不忠，头发突然间就变白了。”她因为这个梦生了一天的气。在另一封信里还用调侃的态度对待这件事。

> D.O.（代表“亲爱的”）如果你回来，我会让茉莉花都开放，所有的树木都开花，咱们可以沐浴在雨泡泡中，吃云团当作甜点——我会让你玩我的手枪，而且你会赢得每一场高尔夫球赛，我会用蓝色绣球花丛给你做一套西装，用山核桃壳给你做双鞋，我会用树叶给你缝制一条世界地图花纹的腰带，你永远都将是完美的。但如果你写信告诉我关于莉莉·达尔米塔和康

---

①泽尔达写给斯科特·菲茨杰拉德的信，1930年夏末秋初，《通信集》，第245—251页。

②希拉·格雷厄姆（Sheilah Graham）：《逝去三十五年之后真实的F.斯科特·菲茨杰拉德》（*The Real F.Scott Fitzgerald Thirty-Five Years Later*），纽约，格罗塞特和邓洛普，1976年，第68页；《泽尔达》：第127、129页。

斯坦斯的消息，我就去佛罗里达待上一周，花掉咱们的钱，你到家时我会让你妒忌我的克里奥尔义肢。①

他回来之后不久，泽尔达的病就复发了几次，他们乘火车北上到巴尔的摩，她住进约翰·霍普金斯大学菲普斯诊所治疗。从那时开始，他掌握了对她的控制力。在一番15分钟②“安排妥当”的谈话中，他告诉托马斯·A.C.伦尼医生，他可以再次激发她的精神错乱。“我只需要暗示我对其他的女人感兴趣。”无论这些是否值得，他赢得了他俩之间的战争，在两性关系中占据控制地位。

1928—1929年期间，斯科特酗酒现象越来越严重，泽尔达却完全投入芭蕾舞的训练和自律之中，两人之间肢体上的接触关系，实际上已经停止。她的女性魅力受到挑战，于是她便做出大量的指责。她说，他从未满足过她，他的阳具太短了。在《流动的盛宴》中，海明威恶作剧地讲述了一件事，午餐期间，菲茨杰拉德问他关于自己阳具③的事情，海明威利用卫生间的镜子、绘画以及雕塑等途径来消除菲茨杰拉德的疑虑。很多这样的逸事最后都证实是虚假的，海明威所详述的也许是事实，但没有理由怀疑菲茨杰拉德跟海明威谈论所谓的阳具尺寸不足的问题。他跟很多人说过他对此非常担忧，跟男人说过，跟女人也说过。这个问题看来只是假想出来的。希拉·格雷厄姆发现他完全正常。

泽尔达在1929年又找到一条丈夫对她缺少兴趣的原因。她判断

① 泽尔达写给斯科特·菲茨杰拉德的信，1931年11月，《通信集》，第271页；泽尔达写给斯科特·菲茨杰拉德的信，1931年秋，费尔斯通。

②《泽尔达》：第268页。

③ 欧内斯特·海明威：《流动的盛宴》，纽约，斯克里布纳，1964年，第189—193页；麦兹纳采访珊德拉·卡尔曼，1947年12月13日；麦兹纳采访埃德蒙德·威尔逊，日期不详。

说，他是同性恋。这番指控触动了一条神经，并不是因为指控是真的，而是因为他意识到自己身上有这个方向的特征——他的外表、心态性格，甚至他潜在的倾向。还是小男孩的时候，很多人就认为菲茨杰拉德“太漂亮了，[①]太女孩子气了”。他曾经在普林斯顿三角剧社的舞台剧里扮演合唱团女歌手。他曾独自一人打扮成女人参加明尼苏达大学的一场舞会。这样做只是为了好玩，可随着年纪增大，他的兴趣越来越淡。当有人告诉他，他看起来像别的人时，他在1935年悲叹道，那个别的人一般来说都是同性恋。[②]

菲茨杰拉德不仅因精致的外表看起来像女人，他的思维也经常和女人的思维相似。他曾经说道：“我有一半是女性化的[③]，至少我的思维是。”犹如《美丽与毁灭》中的安东尼·帕奇，他的思维“并非固有地遵循某一个性别的思考方式”。比方说他对性爱的态度就表现得过分拘谨。他听到普林斯顿本科生同学的谈话，感到非常震惊。[④]他也反对在小说里直白地描述性爱场景。他告诉约翰·皮尔·毕谢普，在《黑暗行动》中投入太多篇幅描述“赤裸的性爱”[⑤]。他拒绝为约翰·奥哈拉的出版商发去关于《青楼艳妓》的推荐文章：[⑥]他认为，奥哈拉应该在性的描写上更加节制一些。弗兰克·哈里斯[⑦]的《情色回忆录》让他觉得恶心。他对一个女人说：“就是你的性经历里常常遭受到的那种猥亵。”

在他的小说里，菲茨杰拉德或许旁敲侧击地描述这个话题，就

---

①劳埃德·哈克尔采访珊德拉·卡尔曼，但卡尔曼并不认同这种说法，日期不详。
②《劳拉·格斯里·赫恩杂志》：第8页。
③斯科特·菲茨杰拉德：《笔记本》，未标明页码，费尔斯通。
④《天堂彼岸》：第179页。
⑤斯科特·菲茨杰拉德写给约翰·皮尔·毕谢普的信，1935年1月30日，《书信集》，第366页。
⑥约翰·奥哈拉写给戴维·布朗的信，1961年12月9日，《约翰·奥哈拉书信选集》，马修·J.布鲁科利编辑，纽约，兰登书屋，1978年，第380页。
⑦《斯科特·菲茨杰拉德》：第69页。

像盖茨比引诱黛西的那段，或者是把性的情节寄予诱导性的暗示意义里，就像《人间天堂》中，年轻的埃默里·布莱恩突然间非常讨厌迈拉·圣克莱尔，可他刚刚才亲吻过她。他删除了《夜色温柔》中的一句“做爱以满足生殖器的渴求”。仅仅在《最后一个大亨》里，施塔尔和凯瑟琳在海滨别墅的那个片段中，他描述了成人性爱，而且结果是，这个场景被轻描淡写带过，直至希拉·格雷厄姆告诉他如何描写出这个场景的刺激性。[1]

如果说菲茨杰拉德在他的小说中避免描写异性恋之间具体行为的话，他也远远不能宽恕任何非正常的举动。《夜色温柔》中以讥讽的口吻塑造了罗亚尔·邓弗里、路易斯·坎皮恩，还有不幸的智利人弗兰西斯科，而其中一大段文字从这部小说中被删除，为了坚决地把作者和这些人物所处的世界区隔开。迪克和妮可住在一间酒店，酒店里住着“一个营的男孩子”，画面描写逼真：

> 她看到男人们[2]聚集在酒吧，有的个子高但不好看；有的个子矮却打扮得很时髦，圆肩消瘦；肩膀宽厚的男人的脸长得像尼禄和奥斯卡·王尔德，或者那些参议员们——脸上的表情突然间转变为少女般的无知，或者扭曲成邪笑——容易紧张的男子挽搭着别人，全身抽动，猛然间把眼睛睁得大大的，笑起来歇斯底里；长得帅气但被动沉默的男人，一会儿把脸转向这边，一会儿把脸转向那边；满脸粉刺、古板青涩，行为举止却优雅；朴实未经修饰的那些男人，嘴唇鲜红，身体蜷曲，他们嗓音尖锐，喋喋不休，对于正在热烈讨论的话题尖叫地嚷出他

①格雷厄姆：《真实的菲茨杰拉德》（*The Real F.Soctt Fitzgerald*），第180页。
②斯科特·菲茨杰拉德：《笔记本》，第234—235页。

们最爱的字眼“骗子”；那些自我意识过于强烈的男人，带有热切的礼貌之态，对于每一声噪音都投以愤怒的眼光；他们中有些人带着英国人的范儿，具有强烈的种族自我控制意识，有些带着巴尔干人的范儿，还有一小撮是暹罗人的风格，轻柔细语的。“我现在想，”妮可说，“我想我要睡觉了。”

“我也是。”

——再见，你们这些不幸的人。再见，三个世界酒店。

泽尔达指责丈夫是同性恋，这显然激怒了他。她甚至指名道姓说海明威是他的爱人，这让他愤怒不已。她几乎要击中要害了，因为菲茨杰拉德不但把海明威打造成为一个英雄——海明威说他很愿意放弃这个职业——而且积极地帮助推进他的事业，很明显，海明威对他的感情深厚。有关菲茨杰拉德和海明威之间友谊的故事，已经被重复够多的了，这里无须重述，但菲茨杰拉德日记里的一句话，用在这里是相当恰当的。“我真的很爱他”，[①]不过，这就像一段爱情关系一样令人疲惫。同性恋者们毁掉了一切。

1930年春天，泽尔达遭受精神崩溃被送医院治疗，在1个月的时间里，她被送进3个不同的治疗机构。在3个医院里，她讲述了同样的故事。她的丈夫是同性恋，和一个叫海明威的男人相爱。菲茨杰拉德不愿意再见她，他写信坚称，除非她不再用这个念头折磨她自己。她了解自己知道什么，泽尔达回信说。她希望他来看她，“但是说谎真的不好”。[②]

他深深受困于她的说服力，这让她所说的内容更加可信。他后

①斯科特·菲茨杰拉德：《崩溃》，第99页。

②泽尔达写给斯科特·菲茨杰拉德的信，1930年，费尔斯通。

来宣称，她搬到普昂沙之后的第一个月里，“设法让弗雷尔医生相信我是一个臭名昭著的巴黎的同性恋。”[①]她差点连菲茨杰拉德都要说服了。“我的本能反应，”他评论说，“是给《巴黎先驱报》写一封公开信，看看除了你和罗伯特·麦卡蒙（他也认为海明威是同性恋）以外，还有哪个人类认为我是同性恋。你那些恶心的指控和映射不再被反复提及后，我在瓦尔蒙特的3个星期遭遇了可怕的经历，我在大街上不能抬起眼睛，不能接触别的男人的眼神。”[②]

泽尔达对于他是同性恋的妄想，菲茨杰拉德相信，是和她自己的同性恋倾向紧密相关的。这个“想法一开始”[③]他写道“是试图暗示我，你具有自己认为的那种倾向（即多莉·王尔德事件之后1个月，你第一次指控海明威）”。她精神崩溃的一个原因就是她无法面对这种倾向。她在马尔迈松的第一个主治医生报告说：“她相信自己爱着[④]舞蹈老师（×夫人），她已经相信自己还爱上了另一个女人。”这另一个女人很可能就是指“巴黎歌剧院的一个朋友”，[⑤]泽尔达曾经承认爱她。多莉·王尔德是奥斯卡·王尔德的侄女，她放荡不羁，在巴黎公开地过着女同性恋的生活。在《夜色温柔》的一段中，她似乎就是邪恶的薇薇安·陶布。“泽尔达和多莉·王尔德”，菲茨杰拉德1929年5月的日记里写道，无论发生了什么事情，都足以让他因此斥责泽尔达，但他这样做却错了，她认为，就是因为是他最初把她带到多莉身边的，[⑥]然后又“鄙视和贬低”，带着恐惧之情，她拥有的“少数几个朋友里，她们的眼神温柔，那温柔的目光来自我所理解的事

①斯科特·菲茨杰拉德写给阿道夫·麦耶的信，1933年4月10日，《通信集》，第306页。
②斯科特·菲茨杰拉德写给泽尔达的信，1930年，费尔斯通。
③同上（未发出），费尔斯通。
④《来自马尔迈松的医生》（*From the doctor at Malmaison*），未标明页码，费尔斯通。
⑤《泽尔达》：第252、373页。
⑥泽尔达写给斯科特·菲茨杰拉德的信，1930—1931年，费尔斯通。

情”。此外，“只有多莉·王尔德一个人说，如果可以被治愈，她愿意做任何事情。”[①]多莉·王尔德是声名狼藉的娜塔莉·巴尼的特殊的朋友，1928—1929年，斯科特·菲茨杰拉德至少在娜塔莉的沙龙出现过两次。她们还被带去参观女同性恋的艺术家罗曼·布鲁克斯的工作室，[②]她的艺术作品展现的是穿着女性服饰的男人以及穿着男性服饰的女人。在一幅自画像里，画家穿戴着骑士服和大礼帽；娜塔莉·巴尼在画里挥舞着鞭子。泽尔达形容她的工作室是“玻璃隔绝的一块天堂，高高悬挂在巴黎的上空”。

×夫人就是卢博夫·叶戈罗娃，狄亚格列夫剧团芭蕾舞学校的校长。吉罗德·墨菲把叶戈罗娃作为一名杰出的教练和经验丰富的舞蹈家推荐给泽尔达。1928年夏天，在上课期间，这种吸引便开始了。9月，他们乘船回美国的期间，[③]泽尔达本来要提醒斯科特“我告诉过你，恐怕在这段关系中有些什么不对劲，但你却大笑起来”。当他们5月回到巴黎后，她“变得十分依赖”她的老师。早上是团体课，下午是个人小班上课。她每天都要在花店停留一下，给老师带去一束鲜花。泽尔达邀请老师和丈夫一起进晚餐，当菲茨杰拉德跟她的情人打情骂俏时，她就变得非常烦躁。[④]

2月，菲茨杰拉德夫妇去北非，泽尔达因为无法忘掉叶戈罗娃而感到痛苦、紧张和悲伤。当她再次回到巴黎，在芭蕾舞课上，她驱使自己筋疲力尽之后继续练习。之后，她也试图解释自己这些行为，她感到对叶戈罗娃有着“深深的爱”：

---

①泽尔达写给斯科特·菲茨杰拉德的信，1930—1931年，费尔斯通。
②安德烈·乐维：《F.斯科特·菲茨杰拉德》，纽约，道布尔迪，1983年，第235—236页。
③泽尔达写给斯科特·菲茨杰拉德的信，1930年夏末秋初，《通信集》，第248—249页，
④《泽尔达》：第147—148页。

> 我想跳好，这样她就会以我为骄傲，她将拥有另外一个象征美的手段，这个手段在她心里一闪而过，虽然很显然无法实现，但我理解她的想法。我想成为工作室里的第一名，这样她就能相信我能够理解她用语言所传递的信息……我想靠近她，因为她有魅力、皮肤雪白、美丽动人。[①]

她告诉弗雷尔医生，叶戈罗娃是她在这个世界上的最爱。叶戈罗娃“拥有她心里认为的一切美好的特征，[②]希腊庙宇的白皙、找路时遭遇的挫折、加农炮弹闪耀的金光”。她写信跟菲茨杰拉德说她睡不着，忍受着地狱般的苦难，不理解为什么上帝要对她施以如此折磨，“除了因为这是错的，我当然知道本应该爱你，却爱着我的老师。但是我并不拥有你，所以无法爱你——在我爱上她之前，已然如此。”[③]

无论泽尔达对菲茨杰拉德的指责是否准确，她的幻想并非针对她自己。1930年4月在瓦尔蒙特，她的一位护士不得不反击她“过分亲昵的”[④]举动。1930年10月在普朗沙，她产生了对“(一个)红头发女孩的迷”[⑤]。她忘不掉芭蕾舞老师的形象。她画了一幅叶戈罗娃的画像，并且1934年在她的纽约画展上展出。但她通知菲茨杰拉德，那幅画[⑥]她不卖。

①米尔福德所引用《泽尔达》的段落遗漏了：“很可能，这是邪恶的，但……”

②《泽尔达》：第175页。

③泽尔达写给斯科特·菲茨杰拉德的信，1930年夏末秋初，《通信集》，第249页。

④H.W.特鲁特曼医生，“Z.S.菲茨杰拉德夫人——1930年4月6日22点5分于瓦尔山报告”，费尔斯通。

⑤斯科特·菲茨杰拉德写给奥斯卡·弗雷尔医生的信，1931年1月29日，费尔斯通。

⑥泽尔达写给斯科特·菲茨杰拉德的信，1934年，费尔斯通。

第五章 天赋和玻璃

泽尔达年少时在艺术方面表现出早熟，但并没有表现出在艺术方面的抱负，那时无法预见她对于舞蹈的痴迷。她可能意识到，对于受过良好教育的南方女孩来说，这样的爱好并不合适。她有大量机会欣赏艺术，但并没有期待能在艺术方面有所擅长。“我希望自己从未因为雄心满满而尝试做任何事情，”①她1919年写信给菲茨杰拉德，“确定我自己可以比别人做得更好，这简直让人感觉好极了——也许我尝试了，但失败了——当然，这样的话一定会让我伤心的。”她在蒙特利尔的《神秘》舞会上扮演了“荒唐”这个主要角色，这个角色便是她青年时期的写照。

婚后的7年中，她仍然保持着这种态度。每个见到她的人都为她的魅力所惊奇，因为她是一个引人注目、令人印象深刻的人。演员路易斯·布鲁克斯曾描述她1927年在洛杉矶国宾酒店见到菲茨杰拉德夫妇的情形。“他们俩坐在沙发上，靠得非常近，就像一个戏剧团队，②最先让我感到惊讶的是他们俩看起来都很矮小。”接下来让她感到惊讶的便是泽尔达本人了。她“是来见那位天才作家的”，布鲁克斯说，

①泽尔达·塞尔写给斯科特·菲茨杰拉德的信，1919年12月，费尔斯通。

②肯尼斯·泰南（Kenneth Tynan）：《人物介绍（路易斯·布鲁克斯）》[*Profile*（*Louise Brooks*）]，未标明页码，《纽约客》，1979年6月11日，第71页。

“但泽尔达耀眼的聪颖灵性占据了整个房间……女巫的气质”。不久之后，菲茨杰拉德夫妇的婚姻关系陷入停滞。泽尔达在此时试图认真地把自己塑造为一个真正的艺术家。她已经写作且出版了一些小说(而且已经在绘画方面小试牛刀)，但她现在决定往一个并非丈夫所引导的方向去发展。27岁时，她着手将自己培养成一流的芭蕾舞演员。

“爸爸钟爱魅力，而我对于广泛的赞赏心怀尊敬。”1944年，泽尔达在给女儿的信里写道，如果她坚持在一个领域努力，她将会得到这样的赞赏。“我希望我能在一件事情上做得更好，而不是在许多方面走进死胡同。”[①]这是对于泽尔达的艺术家生涯一番精准的自我分析。她的芭蕾技术无法和那些把自己的一生都奉献于此的人相比。在文学创作方面，她缺乏语言文字组织、利用的能力。也许，作为画家她是最成功的，她奇妙的比例分配、不寻常的配色运用都和印象派的风格很搭，但她的绘画作品里，与反映内在本质的作用相比，还是传记作用更加突出。

在这三个领域中，她都达到了优秀的业余人士水平，而非一流的专业人士水准。这正是她丈夫对她表明的观点，他一次又一次地表明过，而且非常残忍地、毫无技巧地向她说明这个观点，他的这种方式正暴露了他自己的不安全感。即使是这样，到1944年，泽尔达仍然未被说服。“我一直都怀有一个理论，”她在给斯科蒂的信里继续写道，“如果一个人尽最大的努力去做一件事，他的天赋就会成功地传输给别人，其实人们并不了解天赋。”[②]

泽尔达不是布莱克或者李奥纳多。但她也未被丈夫的冷漠所摧毁。据斯科蒂说，如果认为父亲阻止母亲的事业追求，从而加速了

①泽尔达写给斯科蒂·菲茨杰拉德的信，大约1944年，《自我》，第237页。
②同上。

她精神状况的恶化，那就想错了。人们对母亲境况的关注日趋高涨，她将其归结为女性解放运动。“她们的意识觉醒了，[①]需要一个殉道者。”而泽尔达就是这个殉道者。

在芭蕾——以及叶戈罗娃——成为他妻子谈论和考虑的唯一话题之前，菲茨杰拉德并不反对她跳舞。泽尔达过于痴迷，以至于消瘦到非常危险的境地，由于练习过度，身上还留下了很多伤痕。不但如此，她的身体和心灵都伸展到要崩溃的边缘。“你练到死也没用，”[②]菲茨杰拉德表示反对，“你练不好的。”他小觑了她的进步。1929年9月，泽尔达收到一份邀请，请她加入位于那不勒斯的圣卡洛斯歌剧团的芭蕾舞公司。朱莉·塞多瓦负责管理公司，她承诺泽尔达在《阿伊达》中表演一段独舞，[③]或者在另外一部歌剧中表演处女秀。如果整个演出季她都留下来表演的话，剧院的管理层将按月给她报酬，塞多瓦指出，对泽尔达来说，在舞台上跳舞“是非常有用的”。她补充道，在那不勒斯一天花35里拉就能解决吃住。

泽尔达并没有去，也许是因为不愿意离开巴黎和叶戈罗娃，或是因为菲茨杰拉德不让她去。在《最后的华尔兹》中，大卫·奈特阻止亚拉巴马接受一个在那不勒斯相似的职位，但她还是去了，而且取得了关键性的成功。“她很有潜质，应该给予她一个更重要的角色，报纸评论说。意大利人喜欢金发碧眼的女人；他们说亚拉巴马和弗拉·安吉利科一样轻柔优雅，因为她比其他演员都瘦。”那只是虚构的故事，在现实生活中，泽尔达并不了解自己有多优秀。

---

①莱斯利·韦恩（Leslie Wayne）：《不愉快阴影之下斯科蒂的快乐童年》（*Scottie's Childhood Undimmed by Shadows of Unhappiness*），未标明页码，《费城询问报》，1974年11月21日，D版。1B—2B。

②《斯科特·菲茨杰拉德》：第191页。

③朱莉·塞多瓦写给泽尔达的信，1929年9月，费尔斯通。

1930年6月，她住院两个月后，说服菲茨杰拉德给叶戈罗娃写了封信，寻求一份关于她的舞蹈水平的专业意见。“请立刻给巴黎写封信，”[①]她请求道，并且说如果推荐信肯定她应该继续学习的话，她会去另外一所学校学舞蹈。“我知道叶戈罗娃也不想被我打扰，”她这样说以消除丈夫对她的疑虑。叶戈罗娃在7月9日写下了评语。泽尔达永远也无法成为一流的舞者。她开始学习的时间太晚了，无法成为涅穆钦诺娃那样的明星。然而她一直很棒，是个奋发努力的学生，可以在纽约的马辛芭蕾舞团成功担任重要的角色。在信的结尾，叶戈罗娃还向菲茨杰拉德致以她和她丈夫的问候，并真诚希望泽尔达早日康复，“我温柔的拥抱”。[②]

鉴于菲茨杰拉德对于泽尔达学习舞蹈情况的了解，很难解释他为什么要贬低她所取得的成绩。他对哈罗德·奥博诋毁泽尔达，比如说会编造一个故事，说她以为到叶戈罗娃的工作室来拜访的人是要找她出演狄亚格列夫，他说实际上来见她是因为要给女神游艺厅找一个“会摇摆的舞者”。[③]菲茨杰拉德已经告诉她，她永远也不可能成为优秀的舞蹈家；他可能并没有经过逻辑推理便评论她从来就不是一位优秀的舞者。用这种方式证明自己比对方更优秀，这样非常残酷。关于泽尔达的写作，菲茨杰拉德则更加残忍。

在恋爱期间，泽尔达写信给菲茨杰拉德，希望能够帮助他写作。她做到了。从一开始就为他提供一些小说故事的想法，比如说《冰宫》。甚至有时候，他不但盗用她的想法，还侵占她写下的作品。在一次半开玩笑的访谈中，泽尔达说，在《美丽与毁灭》里，她“认出

---

①泽尔达写给斯科特·菲茨杰拉德的信，1930年6月，《通信集》，第237页。
②卢博夫·叶戈罗娃写给斯科特·菲茨杰拉德的信，1930年7月9日，费尔斯通。
③斯科特·菲茨杰拉德写给哈罗德·奥博的信，1936年2月8日，《书信集》，第402页。

一部分旧时的日记……”这些日记“在结婚之后不久”便神秘地消失了，“还有”一些信件的片段……听起来……模模糊糊似乎很熟悉。菲茨杰拉德先生——我相信他就是这么写自己的名字的——她似乎相信剽窃是从家里开始的。[①]他显然把他们共同经历的一切，包括泽尔达的经历，都看作他的虚构作品磨坊里的谷物。

从经济角度来看，他有个更加可疑的习惯，即用他自己的名字，或者两人联合署名出版她撰写的小说或者文章。她在1923年写出自己的第一部小说《我们自己的电影皇后》，或者说她写出了三分之二的内容，然后菲茨杰拉德为小说添加了高潮部分，并予以修订。那么这部小说最后就会以他的名字出版，赚了900美金。在20世纪20年代后期，她又写出了一些小说，在《学院幽默》上发表，价格在500—800美金。其中一部小说《百万富翁的女朋友》以他而非她的名义寄给《星期六晚邮报》，价格攀升到4000美金。在这一阶段，菲茨杰拉德根本不反对她写作，这些不仅仅是因为经济原因。[②]

《百万富翁的女朋友》刊登在1930年5月17日的《星期六晚邮报》上。泽尔达住在疗养院的时候，菲茨杰拉德试着引起斯克里布纳出版社的兴趣，出版一本她的短篇故事集，以便转移她对芭蕾的兴趣，并且给她一份成就感。他还给马克斯韦尔·珀金斯发去她写的三个“让人难忘、能够引起共鸣的”故事，是她在“精神崩溃的黑暗时期中”[③]写出来的，看是否能够在斯克里布纳的杂志上发表。

1931年，他们刚回到美国时，泽尔达便放弃了芭蕾，转而继续写小说。她还用谦卑的语气对待菲茨杰拉德，他们的关系似乎有了

---

①泽尔达：《朋友丈夫的最新故事》(*Friend Husband's Latest*)，未标明页码，《汇编》，第333页。

②有关斯科特·菲茨杰拉德这方面的情况总结，可参考W.R.安德森的《竞争与合作：泽尔达·塞尔·菲茨杰拉德的短篇小说》，未标明页码，《海明威/菲茨杰拉德年鉴，1977》，第19—42页。

③《斯科特·菲茨杰拉德》：第194页。

新的感觉。“我希望你能教我写作，”她恳求道，“我希望有一天能像你一样写作……我想做一切事情时都像你那样。”[①]然而，在几个月后，她遭受了第二次精神崩溃，1932年年初，在巴尔的摩的菲普斯医院治疗期间，她突然一阵能量爆发，写出了《最后的华尔兹》。从这件事开始，菲茨杰拉德不再以包容态度对待她的写作。

首先，她直接把小说寄给了珀金斯，并没有征得导师菲茨杰拉德的意见。她企图绕过他，这让他十分恼火，他对她特别要求过，任何人审阅这本书之前，由他先读。正如菲普斯医院的米尔德里德·斯夸尔斯医生在一封电报里所说，那本小说最初的寄送地址是菲茨杰拉德，“但是，病人在最后一刻改写了地址。”[②]

手稿是1932年3月9日寄出发给珀金斯的。就在同一天，泽尔达给菲茨杰拉德写信，说她知道斯克里布纳不会要这本书，但她认为科诺夫特出版社也许会要。她一旦知道第一份手稿安全到达纽约，她周一就立刻给菲茨杰拉德发去了另一份。无论她的手稿最后被如何处理，她这样做是为了寻求在写作方面事业的发展。“请让我在报社或者别的地方托人找个工作，”[③]她在信的结尾说。

为什么她不最先把手稿寄给菲茨杰拉德呢？也许她想听听珀金斯对作品的看法，而不借助于丈夫的修改或者评论。正如她向菲茨杰拉德解释自己的行为，“因为我的状态并不稳定，并不确定这部作品的质量如何，我不想听到毫不留情的批评，[④]如同你曾经残忍地做出评价——假使这是我最后的作品，为了我好吧，我可怜的小说。”但可以肯定的主要原因是因为她写到了她和菲茨杰拉德的情况，他

①泽尔达写给斯科特·菲茨杰拉德的信，1931年秋（两封信），费尔斯通。

②米尔德里德·T.斯夸尔斯医生写给斯科特·菲茨杰拉德的信，1932年3月17日，费尔斯通。

③泽尔达写给斯科特·菲茨杰拉德的信，1932年3月9日，《通信集》，第288页。

④《泽尔达》：第220页。

认为这些素材是独属于他的，而且她写出的这些内容是从不利于他的角度来描写他的。在创作初期“你会喜欢它的”，她预言道，“它是典型的菲茨杰拉德派作品，[①]只是比你的作品更狂热。”但这部作品太过于追求菲茨杰拉德的风格，并不符合他的喜好。

当他3月14日读到这部小说的时候，怒不可遏，连发了很多封信，要求删除一些章节，还有一些章节要进行修改。比如说，“埃默里·布莱恩”这个名字要消除。泽尔达不但剽窃了他的《人间天堂》男主角的名字，而且她小说里“整整一个章节”[②]都模仿了他未能完成的一本书的内容，之所以未能完成这本书，“是因为要照顾供养泽尔达住疗养院。”他写信给斯夸尔斯医生。

泽尔达相当愤怒，回信说她可以做一些改动，但只从审美的角度修改。很明显他还指责她纠结于他们的过去。如果是这样的话，她回答道，她的渔网，

> ……是轻薄的珍珠制品，[③]网捞海里的片片金光、漂浮不定的海草所吹拂的清风，还有拂晓时分的水泡泡。如果一只螃蟹溜进了网，钳坏了网线；一只章鱼停滞不前，黏合起精细的渔网接头；许多只墨鱼射出墨汁，墨汁穿透光闪闪的渔网；鲱鱼一排排舒适地躺在薄薄的渔网上，渔网几乎立刻就修复了，我试图网捞的东西仍然在海中盛开。顺便问问，你用什么钓鱼？这么问真是让我的渔网蒙羞，我严重怀疑你是否见过我的渔网，上等人——

---

①泽尔达写给斯科特·菲茨杰拉德的信，1932年3月初，《通信集》，第286页。
②《泽尔达》：第216页。
③泽尔达写给斯科特·菲茨杰拉德的信，1932年4月，《通信集》，第291页。

他不得不中断小说创作，从而写一些短篇小说以赚取供她治疗的费用，也正是在治疗期间，她才有时间写出这部小说，但她对此丝毫没有负罪感。她无法控制自己的病情，况且，他也不希望她在长久的无所事事的时间里收手不再写作。[1]她悲伤地补充说："我希望你会喜欢我的书——或者我某时做的某件事……"[2]

只要他能够掌控她作品的方向，他还是愿意喜欢她的作品的。一旦他开始把控《最后的华尔兹》，通过他对作品的修订来引导泽尔达，他自己和珀金斯进行谈判协商，菲茨杰拉德就变成这部作品的代言人。"如果你喜欢它"，他指导珀金斯，"不要给她发电报祝贺她，请把你的赞赏留到你认为合适的正式场合。我是说，你自然而然会对病人给予更多鼓励和赞赏，切勿如此。"此外，他还警告编辑说，"除非我已经跟你谈过合同内容，否则不要直接跟她讨论合同。"5月中旬，他把修改过的书稿寄送到纽约，这是获得他认可的稿件。"它现在是一部优秀的小说，或许可以说是一部非常优秀的小说——我差一点就要这么说了。"如果珀金斯决定拒绝这部小说的话，他应该直接给菲茨杰拉德写信。如果他准备接受这部小说，他可以直接写信给泽尔达，而且菲茨杰拉德撤回对于赞赏的"全面抑制"。[3]斯克里布纳出版社决定出版《最后的华尔兹》，合同规定：本书一半的版税将用于抵扣"菲茨杰拉德的欠债"，高达5 000美金。[4]可泽尔达的小说只卖出去很少几本，对于丈夫欠斯克里布纳出版社的债

①泽尔达写给斯科特·菲茨杰拉德的信，1932年春，《通信集》，第293—294页。

②同上，1932年，费尔斯通。

③斯科特·菲茨杰拉德写给马克斯韦尔·珀金斯的信，1932年5月2日之前以及大约1932年5月14日，《书信集》，第226—229页。

④《泽尔达》：第226页。

务没有任何帮助。

他在小说作品中融入了很多自传式的素材，对于这些素材被侵占的现象，他能够敏锐地感觉到，并且非常敏感。完成《最后的华尔兹》一年之后，泽尔达开始准备写一本关于精神失常的小说，从菲茨杰拉德的角度看来，她似乎要使用一些和《夜色温柔》相同的背景素材，以此为她自己辩护，并使他感到难堪。“如果我们从未相识，也许她会成为一个天才。”[①]1933年4月，他在给阿道夫·麦耶医生的信里承认。她持续入侵他的写作和他的领域，不断伤害他和他的作品，事实如铁。5月28日的治疗由迈耶医生的同事托马斯·A.C.伦尼组织，这次会诊促使这个问题进入白热化阶段。会诊的表面目的是为了谈论两人之间的不同观点。而菲茨杰拉德的真实意图是让泽尔达停止写作，把她的能量转移到其他的领域。

在正面对抗[②]之前，他准备通过有说服力但克制的方式表明态度。他甚至设计了一个精细的策略[③]——“外表上要准备充分，”他提醒自己，“一开始要为反复强调自己的观点而道歉”等，然后写出辩论纲要，列出了7点论据——但是当他们见了面，讨论就变得激烈起来。

“你是个三流作家、三流芭蕾舞者，”斯科特跟泽尔达说，“而他自己是专业作家，读者群体广大……世界上稿酬最高的短篇小说作家。”

“我看，”她回应说，“那么，你正相当暴力地攻击一个三流天才。”为什么他那么担心泽尔达所写的内容呢？

因为，他说，“她一直都在提及（他的）素材”，她一直在捡他掉在

---

①斯科特·菲茨杰拉德写给阿道夫·麦耶医生的信，1933年4月10日，《通信集》，第308页。

②关于这次会见的记录见马修·J.布鲁科利的《犹如史诗般壮丽：F.斯科特·菲茨杰拉德生平》，纽约，哈考特·布雷斯·约万诺维奇，1981年，第349—353页。（以下简称《壮丽》）

③斯科特·菲茨杰拉德：《笔记本》，未标明页码，费尔斯通。

桌子上的面包屑，把它们写进书里。写一本关于精神失常的小说，对她来说没有好处（伦尼医生同意这一点），而且对他也并无益处，因为作为这个家庭里的专业作家，这是他的素材，他要用在《夜色温柔》里的素材。

她丈夫自从8年前完成《了不起的盖茨比》之后，间歇地从事这部小说的写作，延迟了很久还没完成，泽尔达这个时候反击，给他造成了最严重的伤害。她说，如果他完成了这部小说，他就不会“觉得所有人都这么卑鄙、多疑和刻薄了”。他“倍感自责”，他居然厚着脸皮指责她。

菲茨杰拉德夫妇那天下午的对话无法轻易复述。两人都坚持说，如果不改变他们的关系，无法忍受一起生活。泽尔达详述了去年秋天菲茨杰拉德醉醺醺地从纽约回来的情形：“你坐下就不停地哭呀哭……你说我毁了你的人生，说你不爱我，说你厌烦我，说你希望能够脱身。”泽尔达说，她无法在这种情况下生活；她说宁愿生活在疯人院。她坚称，最基本的麻烦在于他的酗酒问题。他坚称，最基本的问题在于她蔑视以及挑战他的小说作品。他透露，他们已经三四个月没有性生活了，虽然此前他们之间的关系还是令人愉快的。随后他提出了残酷的问题：“你愿意诉诸法律吗？”她回答说愿意，而且她认为“唯一能做的只有离婚，因为你心中只有恶意和怀疑”。这也许并不是他所期待的回答，因为直至那天下午他们长久的对抗接近尾声时，他都不再提离婚的话题了。最后，他开出最终的条件。泽尔达必须停止以任何形式描写关于他们生活内容的写作。“如果你写作一部戏剧，这部戏剧不能与精神病学有关，这部戏剧不能以里维埃拉为背景，不能以瑞士为背景，无论内容是什么，都要交我审阅。”泽尔达不情愿地同意了，在他完成他的小说之前，她暂时停止写作。她说："我想，我们最好还是离婚，你所做的任何关于我的决定都是对的，但我无法按照这些条款生活，我无法接受它们。"

这次治疗之后不久，菲茨杰拉德就咨询了埃德加·爱伦·坡在巴尔的摩的律师，爱伦·坡解释说，有16个州允许在一方患有精神病的情况下离婚，内华达的相关法律规定是最宽松的。[①]菲茨杰拉德还考虑到了抚养权的问题，他针对自己的案子列出了一些要点提纲，很明显这个提纲和抚养权的法律论据相关（"保持冷静和坚决"[②]的字样用红色大写字母写满第一页纸）：

> 当我的感觉每况愈下，泽尔达的精神状况则越来越好，但在我看来，随着她精神状况渐好，她正得出这个与我相关的结论，即如果我破产，则可证明她的生活之合理性——你自己的妻子居然怀有这样的想法，跟她生活在一起实在不健康……终于，我在4天前坦白且愤怒地告诉她，用我的健康交换她的精神正常是一件极糟糕的交易，从现在开始，我仅仅关注我自己和斯科蒂，让她去精神病院吧，我不在乎。

"要么她完全放弃这样的态度，"备忘录里继续写道，"要么我要寻求法律的帮助，得到斯科蒂的监护权。"最终他们未离婚，虽然菲茨杰拉德——也可能是泽尔达——反复考虑这个主意，也没有因为抚养权而产生争执。

他还考虑到至少用另一种方式对待他所认为的两人之间致命的竞

---

①E.A.坡写给斯科特·菲茨杰拉德的信，1933年6月1日，费尔斯通。

②斯科特·菲茨杰拉德：《笔记本》，未标明页码，费尔斯通。

赛。普林斯顿收藏的菲茨杰拉德的文件中，包含以下这份让人感到恐怖的文件。[1]可能是在1933年年末或者1934年年初写的。

> 计划——全面出击
>
> 戏剧（制止）、小说（拖延）、画画（制止）、人物角色（大量的）、孩子（分离）、日程（迷惑，制造麻烦）不打印出来
>
> 可能造成的后果——再次精神崩溃
>
> 对斯科蒂来说是危险（？）
>
> 对她自己危险（？）
>
> 这些都要保密

大概他没有实施这个残忍的计划。虽然她被制止撰写和他的小说进度有任何关系的内容，泽尔达还有其他的事情可做。他为与伦尼医生的面谈列出了一些要点，其中菲茨杰拉德给出了以下两个选择：[2]

> 试着写一系列对于事物和事实以及被观察事物的观察评价，而不是写一些为自己辩护的内容（一直按照日常工作），如果她想，她写的这些内容可以售卖赚钱。
>
> 去上艺术学校或者学习商业艺术设计，试着把艺术才华运用在某些领域？比如说卡通，还有，把我的领域留给我。

事实上，她转向了艺术领域——油画、水彩和素描，而非卡通。

①斯科特·菲茨杰拉德：《笔记本》，未标明页码，费尔斯通。
②同上。

“我并不是要把自己变成一个伟大的画家或者任何伟大的什么，”①她1934年3月写信给菲茨杰拉德说。并非受到想要变强大的意志或者关于强烈的野心驱使，而是受到其他的“动机”激发。她并没有说这些动机因素是什么，隐藏不说的理由非常充分。她对艺术的追求填补了他们婚姻瓦解所留下的巨大空缺，但她的丈夫根本不想知道这些。他也完全不能容忍任何“自我表达”②的说法，因为他相信在艺术的范畴里并没有这回事。他在这方面的观点和泽尔达的医生们的观点相反。“我认为，不做创造性的工作，她不会开心，”③1932年3月，斯夸尔斯医生在给他的信里写道。绘画提供了一个创造性的发泄渠道，而且不会像她跳舞或者像她写作，入侵菲茨杰拉德的领地，从而把她带入危险的深度之中。如同她尝试过的一切，泽尔达立即展现出相当的天赋，全身心投入到画布上。

1934年3月29—4月30日，她的绘画作品在纽约的卡里·罗斯工作室展出，这一次，菲茨杰拉德再一次负责料理一切相关事宜。5月4日，罗斯向他汇报说销售额达到328.75美金。④买家包括杰拉德·墨菲、多罗茜·帕克、托马斯·丹尼尔斯太太、汤米·希区柯克、阿黛尔·洛维特、穆里尔·德雷珀，还有马克斯韦尔·珀金斯，这些人都是他们的朋友，或者本身就是杰出的艺术家。另外一位著名的艺术家，梅布尔·道奇·卢汉，从新墨西哥城写信来，说自己对油画《荆棘中的肖像》很感兴趣，但泽尔达不想卖这幅画。

在这场画展举办之前，泽尔达来到纽约，并且在美国园地看到

---

①泽尔达写给斯科特·菲茨杰拉德的信，1934年3月，《通信集》，第334页。

②斯科特·菲茨杰拉德写给泽尔达的信，1932年，《通信集》，第300页。

③米尔德里德·T.斯夸尔斯医生写给斯科特·菲茨杰拉德的信，1932年3月9日，费尔斯通。

④《泽尔达》：第289—290页；卡里·罗斯写给斯科特·菲茨杰拉德的信，1934年5月4日，《通信集》，第359—360页。

佐治亚·奥基弗的画作，她当时非常兴奋，但她“后来非常讨厌”。她很爱奥基弗“富有韵律的白色树木在深绿色树木周围，发自内心地舞动”，还有“微弱的蓝色火焰形状的花朵在树下肆意生长，树干的身影婀娜多姿，非常性感”。狄亚格列夫的理论是，成功的艺术家应该能够带来情感上的震动，泽尔达写道，而这种情况发生在她身上；“没人能够在这个展览上漫步一周，还保持情绪平稳。”①她认为，奥基弗是她见过的“最让人感动、悟性最好的画家”。泽尔达理应是受到了奥基弗的绘画的影响，因为她自己的作品中，对于大自然，尤其是花朵的处理，也运用了相似的夸张的处理方法。

泽尔达之后再没办作品展，但是伦尼和罗伯特·S.卡罗尔两位医生都鼓励她继续将画画当作一种治疗手段。1936年之后，她大部分时光都是在阿什维尔附近的医院度过的，卡罗尔医生就是这家医院的院长。为了让她能够挣些钱，卡罗尔医生雇用她为病人卧室画屏风。她认为这个项目浪费了她的天分，她并不开心，“经年累月付出的努力、热情、心碎的经历……从社会功能角度来看，你认为我有义务为这个医院的每个房间的3块板子画一幅油画吗？”她问斯科特。她用蛋彩画颜料画了那些屏风，她对自己的要求没有那么严苛，但还是满心怨气。②

直至菲茨杰拉德去世之后，泽尔达才回归写作，但那时，她已经不能写出前后连贯一致的小说了。她努力的结果是一部杂乱无章的手稿《恺撒的权力》，里面涵盖了《最后的华尔兹》里面自传式的素材，这些素材和宗教视角通过幻想被混合在一起。这是一个碎片化的思维性的作品。

---

①泽尔达关于纽约奥基弗画展的信件，1934年2—3月，费尔斯通。

②泽尔达写给斯科特·菲茨杰拉德的信，1939—1940年冬（两封信），费尔斯通。

泽尔达的医生通过各种方式将她的病症描述为精神分裂和精神分裂症。无论技术性的诊断是什么，菲茨杰拉德夫妇俩都把她混乱不堪的思维比作一栋脆弱的房屋，这栋房屋由薄薄的玻璃纤维或者碎蛋壳搭成。比如说，在《最后的华尔兹》里，亚拉巴马感觉到“她自己的内在本质被拉扯得越来越细小，就像一束束的玻璃纤维，纤维拉拽着，直至剩下一点点闪亮的幻觉”。一旦玻璃房子，或者鸡蛋壳房子出现裂纹，重建的工作将非常困难。正如菲茨杰拉德1930年12月给塞尔一家的信里写的，“矮胖子从墙上摔下来，我们希望国王拥有的全部马匹能够把易碎的蛋壳拼接起来。”[①]医生们试图修补破碎的房屋，但失败了。泽尔达在1932年写道，他们给她“一片他们伪造的小东西，这片东西掉到了通往医院外的（那条）道路上，很幸运，它摔成了稀巴烂，病人们很高兴能够摆脱他们的奖品”。她的描写有些夸张，被用作修复的外壳一般不会那么快碎掉。但它最终会碎掉，而且每次黏合的时候，难度都会加大。当大多数修补完成时，幸存者都想知道罪魁祸首是谁。

“信里请不要跟我讨论过失，”[②]泽尔达待在普朗沙时非常理智地请求菲茨杰拉德。她过去都无半点负罪感，现在怎么能够接受指责呢？“无论如何，指责并没有用。重要的是，利用仅有的一点资源，把生活变成有序合理的存在。”然而，菲茨杰拉德还是无法放弃这个话题，在给她父母的那封运用了矮胖子比喻的信里，他特别提到这个话题，还引用保罗·布洛伊勒医生的话，布洛伊勒医生是他请来

①《泽尔达》：第232—233页；斯科特·菲茨杰拉德写给塞尔法官以及A.D.塞尔夫人的信，1930年12月1日，《通信集》，第254页；斯科特·菲茨杰拉德写给罗莎琳德·塞尔·史密斯的信，1934年7月19日，《通信集》，第373页；《天堂彼岸》：第254页。

②泽尔达写给斯科特·菲茨杰拉德的信，1930年下半年，《通信集》，第238页。

检查妻子病情的一位主要医生。“停止责怪你自己，”[1]布洛伊勒医生对他说，“你也许妨碍了她的治愈，但你并不能阻止她生病。”菲茨杰拉德需要这样的安慰，因为他怕自己在巴黎放浪形骸的生活——经常喝得大醉，几乎没有照顾妻子——使她的病情恶化。他永远也不知道，她能陷入这样的境况，他有多大的责任。[2]泽尔达的姐姐罗莎琳德认为，他几乎应付百分之百的责任。

从菲茨杰拉德夫妇在圣帕特里克教堂结婚那刻起，他们俩就互相厌恶。罗莎琳德和纽曼出席了婚礼——非常小的婚礼，只有家人和一两个朋友参加——代表塞尔一家人，参加的还有泽尔达的另外两个姐姐玛乔里和克洛蒂尔德。当克洛蒂尔德和丈夫约翰·帕默还在去往教堂的路上时，菲茨杰拉德却坚持举行婚礼，虽然他俩还未到。简短的仪式之后，他说了声再见，就带着泽尔达匆匆离场，留下宾客站在婚礼场地，包括来晚的帕默一家，连一杯香槟都没喝。[3]罗莎琳德感到他这样做，是对家族的冷落，使她愤怒不已。

1928年2月，在埃勒斯利拜访期间，她对菲茨杰拉德的看法更差了。菲茨杰拉德从普林斯顿回来，喝得大醉，号啕大哭。在争吵中，他把泽尔达最爱的一只花瓶扔进了火堆。当泽尔达轻蔑地说他父亲是一位巡街的爱尔兰警察时，他狠狠扇了她一耳光，打得她鼻子都流血了。[4]罗莎琳德亲眼看到这一幕，义愤填膺，第二天早上她就离开了，而且极力规劝泽尔达也离开这里。但事实上，泽尔达却只让姐姐管好自己的事情。

①斯科特·菲茨杰拉德写给塞尔法官和A.D.塞尔夫人的信，1930年12月1日，《通信集》，第255页。

②《劳拉·格斯里·赫恩杂志》：第114页。

③斯科特·唐纳森访问斯科蒂·菲茨杰拉德，1978年5月21日。

④《泽尔达》：第140页。

这一幕深深地印在罗莎琳德的心中，她认定菲茨杰拉德对泽尔达非常差，泽尔达精神崩溃之后，她给他写了一封相当严厉的信。“我宁可她死了，”[1]罗莎琳德声称，“也不希望她仅仅能做的就是，回到你和她为你们自己创造的那个疯狂的世界里。”菲茨杰拉德回信说，没收到这样的信件之前，情况已经够糟糕的了。他知道罗莎琳德讨厌他，而且不赞成他们的生活方式，但现在他要照顾泽尔达和斯科蒂，不能“再承受更多的烦恼和痛苦了”。[2]随着时间的推进，他认为罗莎琳德话中有话，暗指他逼疯了泽尔达。实际上，这已经非常接近她的想法了。

他在小说和别的地方发泄对泽尔达姐姐的痛恨。最遭受谴责的人物形象出现在菲茨杰拉德1931年的作品《重返巴比伦》中，小说中玛里恩·皮特斯（以罗莎琳德为原型）阻止查理·威尔士恢复对女儿的监护权。雷诺丽娅的妈妈去世后，皮特斯一家开始监护她，雷诺丽娅的妈妈是玛里恩的妹妹——监护关系产生之前，查理20多岁在巴黎度过了很长一段时间花天酒地的奢靡生活。虽然查理如今已经洗心革面，但玛里恩对他仍有恶意，不愿意放手把雷诺丽娅交给他。故事发展的一个情节中，皮特斯太太所说的话跟罗莎琳德给菲茨杰拉德信里的话一模一样。“我想，如果她是我的孩子，我宁愿看她——”她的话开头是这样说的，然后就突然停止不语了，可与之在现实生活中对照的那个人物，可并未就此打住。而且，玛里恩·皮特斯代表了菲茨杰拉德的虚幻世界中最丑陋的女人：心胸狭窄、脾气暴躁、厌恶生活、报复心强。

---

①罗莎琳德·塞尔·史密斯写给斯科特·菲茨杰拉德的信，1930年6月8日。

②斯科特·菲茨杰拉德写给罗莎琳德·塞尔·史密斯的信，1930年6月8日之后，《通信集》，第236页；斯科特·菲茨杰拉德写给玛乔里·塞尔·布林森的信，1938年12月（信未发出），费尔斯通。

菲茨杰拉德在信件和日记里进一步诋毁他的大姨子，说她是“假惺惺的坏人，[1]总是躲在衣柜里，[2]直到架打完了，她才跑出来说‘我早跟你说过’”。在两篇日记里，他还贬低她的智商。其中一篇日记写道：“罗莎琳德说出的音节比自己脑子里想说的多，”另外一篇里写着：“罗莎琳德在内战和大萧条期间的某个时候，就停止思考了，我如果想告诉她什么，就要跟她说20多遍，直到她开始机械地重复我的话，就好像说出她自己的想法一样。”[3]考虑到他俩之间水火不容的关系，但1938年菲茨杰拉德却向纽曼借钱，以供斯科蒂去瓦萨尔上大学，可见他当时的境况多么窘困。他的请求被拒绝了，对方还附以伪善的劝告。“我想，纽曼的本能是要做体面事的，”菲茨杰拉德愤怒地写信给罗莎琳德，“但你世故圆滑的外衣之下包括少之又少的人性，所以我并不怀疑，你阻止了他。”[4]

菲茨杰拉德和泽尔达母亲之间的关系从来没有那么差，但他俩之间的关系也不算好。塞尔太太——几乎每个人都叫她“塞尔妈妈”——担心菲茨杰拉德酗酒的问题以及他对其他女人的兴趣，而且认为他给泽尔达带去了非常坏的影响。菲茨杰拉德怨恨她太过于溺爱泽尔达以及她盲目乐观地试图平息和掩盖她家里面精神不稳定的案例。这是塞尔一家面对外部世界的态度。后来被证明，他们也是用这种态度对待泽尔达的医生的。泽尔达第一次住进普朗沙时，罗莎琳德给弗雷尔医生去了封信，[5]信里讲述了她在少女时代所生活的家庭里的简单生活，还说这个家庭里没有精神失常的病史。这个信

①斯科特·菲茨杰拉德写给斯科蒂·菲茨杰拉德的信，1939年7月，《书信集》，第61页。
②斯科特·菲茨杰拉德：《笔记本》，未标明页码，费尔斯通。
③同上，第88、151页。
④斯科特·菲茨杰拉德写给罗莎琳德·塞尔·史密斯的信，1938年（未发出），费尔斯通。
⑤《泽尔达》，第162页。

息和现实相抵触。

塞尔太太对于病发当天的委婉说法是“神经衰弱”，自从泽尔达受到这个疾病的折磨，她在1930年7月就告诉菲茨杰拉德说，她恢复起来会很慢，他需要跟病症复发的情况作斗争。她知道这些，是因为她已经有经验了。玛乔里（泽尔达的大姐）曾经两年无力动弹……塞尔法官曾有9个月停止工作。她说，他们的这些情况多少都和精神方面的状况有关，而且有精神抑郁的倾向。[①]她想预先提醒菲茨杰拉德，但她不愿意再说更多了。她并没有告诉他，关于她母亲和姐姐自杀的情况。泽尔达的哥哥安东尼在1933年夏天去世，她也并没有告知他相关真相。她告诉菲茨杰拉德最终致命的病因，是肝病。事实上，他做噩梦梦到自己会杀了母亲，于是选择自杀。[②]此外，当她真的承认家族里有“精神疲竭”的病史，她将此追溯至丈夫家族“摩根家的血统”，[③]而非她自己家族的。当一部分真相显露时，菲茨杰拉德自然感到被骗了。“自行车轮子往后转之前，我所相信的一切都是泽尔达所了解的她家的情况。”[④]

塞尔妈妈事实上没有跟任何人提到过去的事情，而是试图将问题归咎于别处。她辩护说，她的孩子们在她的照顾下，都茁壮成长。他们跟着北方佬作家跑了，跟着俄罗斯芭蕾舞老师学跳舞，之后发生的事情她不该负责。俄罗斯像法国一样，是让人讨厌的负担，俄罗斯“腐化的文学适合万物在其中腐朽。”[⑤]菲茨杰拉德“是个英俊的人”，她老年接受采访时说，“但他并不适合我女儿，他给了她不应该接触

---

①A.D.塞尔太太写给斯科特・菲茨杰拉德的信，1930年7月16日，费尔斯通。

②同上，1934年2月26日；《泽尔达》，第280页。

③同上，1933年7月31日，费尔斯通。

④斯科特・菲茨杰拉德：《笔记本》，第205页。

⑤A.D.塞尔太太写给斯科特・菲茨杰拉德的信，1939年1月18日，费尔斯通。

到的东西。”[①]贯穿泽尔达在疗养院和医院的漫长时光，塞尔妈妈一直相信，如果她的宝贝儿在家的话，身体一定会很好的。甚至指责菲茨杰拉德在1932年把泽尔达关进公共机构是为了“不可告人的动机”，[②]这个指控在1938—1939年一定深深地印在他的脑子里，那时他和希拉·格雷厄姆一起住在好莱坞，而塞尔一家试图劝说他把泽尔达从阿什维尔的高地医院放出来。

“泽尔达的病况毁了我们的生活，但更重要的是，它给塞尔太太的生活带来了阴影。”[③]他在日记里讽刺地评价。看起来这个家庭的关注点，更多在于抚平一位80岁老太太的愿望，即最终让她的宝贝儿回到她身边，而非泽尔达的身体健康。“我看书上说，患了她这个病的人，一般只能活到40岁左右，”1939年6月，她写信给菲茨杰拉德说，“如果这是真的，她几乎马上就能脱离监狱和沮丧了，我们可以手牵着手一起离开人世。”[④]最终，她比菲茨杰拉德和泽尔达都活得长。

罗莎琳德和她母亲不仅把泽尔达大多数的麻烦归咎于菲茨杰拉德，而且还认为他心理不平衡。泽尔达在1932年给丈夫的信里打趣说，“我肯定，我家人觉得你才是疯了的那个人。”[⑤]当这样的想法越来越公开，事情就没这么有趣了，而且泽尔达本人也开始相信这种想法。不但如此，几乎为她诊治的每一位医生都倾向于，认为他们的问题是两人共同造成的，[⑥]因为菲茨杰拉德酗酒过量的行为，表明他存

① 海伦·F.布莱克希尔（Helen F.Blackshear）：《塞尔妈妈，斯科特·菲茨杰拉德的丈母娘》（*Mama Sayre,Scott Fitzgerald's Mother-in-Law*），未标明页码，《佐治亚评论》，第19期，1965年冬，第467页。

② 斯科特·菲茨杰拉德写给玛乔里·塞尔·布林森的信，1938年12月（未发出），费尔斯通。

③ 斯科特·菲茨杰拉德：《笔记本》，第203页。

④ A.D.塞尔太太写给斯科特·菲茨杰拉德的信，1939年6月13日，费尔斯通。

⑤ 泽尔达写给斯科特·菲茨杰拉德的信，1932年，费尔斯通。

⑥《泽尔达》：第302—303页；西尔玛·内森（Thelma Nason）：《一位作家的午后（以及傍晚）》[*Afternoon (and Evening) of an Author*]，第21页；《约翰·霍普金斯杂志》（*Johns Hopkins Magazine*），1970年2月，第12页。

在内心的不稳定症状。泽尔达在巴尔的摩的谢帕德·普拉特医院治疗时，一些精神病医生觉得，菲茨杰拉德从治疗中受到的益处比她多。泽尔达总是固执地保持沉默，拒绝袒露自己的想法和情绪。但菲茨杰拉德来了就随意地谈论自己的问题，包括他的负罪感。

但菲茨杰拉德可以在这个世界生活，无论有多么不稳定，可是泽尔达不能。这点区别是泽尔达尽力想要抹去的。1932年，她请来迪安·克拉克医生(他不是精神病医生)，他到达时，菲茨杰拉德正在发表一连串激烈的指责。克拉克说，他可以向他倾吐，但菲茨杰拉德躲进了酒精里，坚持说医生“能够在一个周六晚上轻易地让门肯和一半波罗的海人相信他”。[①]泽尔达用同样的方法糊弄了斯夸尔斯医生，她还试图劝说麦耶和伦尼医生，说他们弄错了谁才是病人。“我可能最终会被4个强壮的保安抬走，”[②]他1933年4月写信给麦耶医生，“我疯狂地尖叫着说我最终才是对的，她是错的，可泽尔达此时正往家里去，坐在堆满鲜花的汽车里，身后跟着一大群爱慕她的人，还收到了一份杂耍表演的演出合同。”

泽尔达并没有康复，她仍然在玩自我辩护的游戏。1938年春天，菲茨杰拉德带她和斯科蒂去弗吉尼亚海滩，这是一趟灾难性的旅程。他喝醉了，泽尔达想办法让他们住的酒店过道里的所有人相信，他是“诗歌疯子”。[③]这件事证明，他再也不适合照顾她了。或者当泽尔达在他身边时，他连自己都照顾不好。第二年，1939年秋天，在另外一次丈夫和妻子的“度假”中，他醉得住进了纽约的医院。“我希望，”卡罗尔医生事后写信给他，“我们当时把你拉回到了

---

①斯科特·菲茨杰拉德：《笔记本》，未标明页码，费尔斯通。

②《泽尔达》：第270页。

③斯科特·菲茨杰拉德写给罗伯特·S.卡罗尔医生和R.博克·苏特医生的信，1938年4月7日，《通信集》，第492页。

我们医院的病床上。”①

他们俩在一起的时候就变成一场具有毁灭性的角逐，无论是菲茨杰拉德还是泽尔达，谁也忘不了对方曾经对于自己的意义。他们曾经在旅途中骑着双人自行车走了很长一段路——甚至在1920年开着“滚动的垃圾”旅行时，他们共用一把牙刷——回首往事，那些争论一点也不重要。

你是否还记得，②钥匙在车锁里还未旋扭，
那时生活是一幅大特写，并非偶尔写出的一封信，
我讨厌在礁石里裸泳
而这无疑却是你的最爱

你是否还记得，许多酒店的书桌
只有三层抽屉？唯一的难题是
我们俩都固执而疯狂地争论
试图把第三层留给对方

东边、西边，小汽车转向各个方向，但常常都出错
开上了一座错误的阿尔卑斯山，开过地图上未标出的萨沃伊河
我们互相责怪，我们言辞激烈
可不到一小时，我们大笑起来，说这样更精彩

① 罗伯特·S.卡罗尔医生写给斯科特·菲茨杰拉德的信，1939年9月30日，费尔斯通。
② 斯科特·菲茨杰拉德：《冬日灯光》，未标明页码，《纽约客》，1935年3月23日，《诗歌》，第95页。

虽然结果冷酷暗淡：

翻过6月的日历，发现下一页就是12月了；

多蠢啊，忧伤地，我发现我只记得咱们为这些争吵过。

菲茨杰拉德的这首诗发表于1935年3月，真的很动人。但关于一场通往失落的辛酸旅程，没有什么可以和泽尔达治疗期间写给丈夫的信件相比。不过这些信件几乎都未能明朗地表达观点：她每一次表达蔑视，都伴随着10次对他哀怜的答谢。在她写给他的这300多封信里，有46封信的开头是"谢谢"或者"谢谢你"。这谢意经常是因为钱而表达。她是恳求者，而他是供给者。而且她真心后悔，后悔自己的所作所为伤害了他们俩。"我说对不起，你从来不会相信的——但我确实是真心的。"①

按照日期顺序读这些信件，可以发现其中剧痛的情感。最初，泽尔达思忖着达到全面和解，在温顺的虚情假意之下，向菲茨杰拉德提出牺牲自我。热吻飞溅在他的阳台上，在1930年的一封信里她对他说，"这亲吻来自一位女士，她曾经分别在另外3封信中，声称是被锁在白色高塔里的公主，她从未忘记自己在生活中高尚的地位，再一次等待着她高贵的爱人。"②但他来探望她的时候，发现她又变了一个人，但仍然充满爱意：

我们这儿有个怪人，好像因为你而被变态的情欲激发。③除此之外，她性格特别随和，愿意边学习边劳作，可以接受最低

①泽尔达写给斯科特·菲茨杰拉德的信，1935年，费尔斯通。

②同上，1930—1931年，费尔斯通。

③泽尔达写给斯科特·菲茨杰拉德的信，1930—1931年，《通信集》，第257页。

的薪水，皮肤白皙，眼睛是绿色的，喜欢和形象与你一样举止优雅，而且有结婚意愿的年轻男子通信。过往经验均属多余。非常喜欢家庭生活，家里如果养只宠物就太棒了。她左耳后面有个标记，标志她有轻微精神分裂倾向。

这些信是从普朗沙寄出来的。1931年下半年，当菲茨杰拉德在好莱坞，她在蒙特利尔，泽尔达呈现为一个更加凄惨的非人化的角色。“很久以前，一个孤独的农民老太太独自一人生活，或者是忠贞的圣伯纳，”[①]她在给他的信里写道。

无论是什么，就是一个非常孤独的事物……也很难把它的思想推挤出来，以便它们能够趁新鲜时到达加利福尼亚。这些思想只是些愚蠢的小东西，没有意义。它们几乎全是“我爱你”，有一天，11月13日，它们在森林里散步，遇到了一个强壮的邮差，邮差给了它们一封来自艾尔帕索的信件，它们都回了家，和杜多结了婚，从此以后，在玫瑰国王的口袋里永远、永远、永远愉快地相爱。

1932年年初，病情复发之后，她开始把自己的境况看作在菲普斯看到的那些“疯子”的处境[②]：“一个女人的兄弟来看她，我想，这是多么难过和辛酸啊——那具瘦骨嶙峋的空壳子里，没有任何东西是这男人曾经爱过的，他说，他希望她重新回到家里。这让我感到非常遗憾。我认为他在对他的过去说话，”经过反复的发泄和住院治

①泽尔达写给斯科特·菲茨杰拉德的信，1931年11月，费尔斯通。
②同上，1932年，费尔斯通。

疗，她逐渐意识到那个女人很像她自己。“除了希望，我什么都不需要，可我无论向前看还是向后看，都看不到希望，”[①]在这一疗程的某次治疗开始时，她写信给菲茨杰拉德，“所以，我该做的就是闭上眼睛。”

闭上眼睛，她至少可以解放她的想象力。在阿什维尔附近的高地医院，她给菲茨杰拉德写去了一系列“我希望”的信件。大多数信件里，她希望得到的是两种截然不同的东西：一场去远方的旅行或者一个自己的家。她经常读完礼拜天报纸的旅游版之后，写信请求出去旅行——去古巴、危地马拉或者墨西哥城，去法国、希腊或者意大利——从某种程度上说，这总是跟过去的经历搅在一起：

> 我希望咱们今天在海边度过，[②]潜进水下，感受到海水浸湿的重重的头发漂在我们身后。我希望咱们最大的麻烦是夏天叮人的小虫子。我希望咱们渴望热狗和兴奋剂，如果能闻到夏天浆洗过的亚麻的味道，还有酷热的澡堂里淡淡的滑石粉的臭味，那该多好啊……咱们可以躺在瑞昂莱潘的海滨上，沐浴在5点钟长长的柠檬色的阳光中，咱们可以听到海浪激荡出的鼓声和钢琴声。亚拉巴马的灰尘和紫苜蓿，安提比斯的松树和食盐，夏天城市里大街上致命的味道，涂了黄油的爆米花，科尼岛和弗吉尼亚沙滩上的车轴润滑油的味道——还有夜晚古老花园里甜腻腻的味道，马鞭草和夹竹桃，或者夜间开花的树干——咱们可以去看看它们是否都还在。

①泽尔达写给斯科特·菲茨杰拉德的信，1936年。
②同上。

如果他们无法回到过去如游牧人一般生活，她恳求他，难道不能有一个他们自己的家吗？终其一生，菲茨杰拉德从未拥有过一栋房子，或者在某处稳定居住超过一年或者两年。他甚至为了“迟迟未回复”[①]的信件，制定出一份信函模板，因为“就在我搬家之前，一堆信件被混进了已经回复的那堆信里”。这借口当然是假的，但搬家这个理由却常常是真的。他就是这么长大的，父母过着迁居生活，经常从一栋房子搬到另一套租来的公寓里。相反，泽尔达的成长过程带给她很强的属地感，对于游牧般的生活适应力并没有那么强。

毫无疑问，在最初，她并不想“在家里置办地毯和柳条编的家具”，因为它们很碍事儿。“房间里如果没有开着盖儿的旅行箱，我就不开心，”[②]她说，“那样的房间看起来太稳定了。”但在1927年，当她眼看着丈夫对洛依斯·莫兰产生越来越浓烈的爱恋，她“疯狂地想拥有一栋房子”，房子里有一间房间是给斯科蒂的，“一间日式房间，房里放上粉红的樱花”，还要有一个花园，花园里种上丁香树，“就像在法国，人们种的那种树。”然而她的热情减淡了，她告诉女儿，“爸爸说咱们必须先租房子住……看看咱们是不是会喜欢美国。”[③]他们租的房子是南北战争之前修建的埃勒斯利大宅，在特拉华的威尔明顿附近，比起家庭住房，这栋宅子的功能更多是周末举办聚会。

他们在埃勒斯利并没扎下根，但泽尔达并未放弃希望。买栋房子的愿景甚至在她1930年精神崩溃时，都为她带来一线希望。她写道，“整场可耻的混乱情形”是值得的，如果他们不再喝酒，因为只有这样菲茨杰拉德就能完成他的小说，他们就可以“买一个房子，有

①斯科特·菲茨杰拉德：《信件模板II》，未标明页码，《通信集》，第621页。

②莎拉·梅菲尔德（Sara Mayfield）：《被放逐天堂以外：泽尔达和斯科特·菲茨杰拉德》（*Exiles from Paradise: Zelda and Scott FItzgerald*），纽约，德拉科特，1971年，第99页。

③泽尔达写给斯科蒂·菲茨杰拉德的信，1927年，费尔斯通。

画画和写作的专用房间，斯科蒂和朋友们可以在里面玩，礼拜一和礼拜日的生活就会不一样”。[①]1931年，当菲茨杰拉德从好莱坞写信来，说如果他的电影剧本被拍成电影，他将赚得75 000美金，泽尔达立刻回信，“75 000美金！[②]天哪，我为了这笔钱愿意做任何事情！咱们可以用多余的钱建一栋房子。”她甚至想好了房子的样式[③]：“平整干净的院子，”房子“整个刷成黄色，内部墙上装上星星形状的灯”。

随着她康复的希望越来越渺茫，这份精密的房屋图景也变得越来越伤感。“我希望你有一个小房子，房子里有蜀葵和悬铃木树，午后的阳光把自己镶嵌在银质的茶壶上。”1935年，她写信跟菲茨杰拉德说，“斯科蒂穿着白色的衣服在房子的某处跑着玩，房子位于雷诺阿，你可以在里面写下许多作品。虽然屋子不在格兰切斯科特，但还是有蜂蜜伴茶饮。”但房子或者庭院的样子并不重要。“有很多房子，我都愿意跟你一起住进去，”她接着说。他们难道不能买栋房子吗？“我不知道怎么买到房子，但我想，如果我们攒下大量的物品——邮票和雪茄商标箍带，肥皂包装纸和顶箱，我们有办法保存它们。”[④]

和菲茨杰拉德的小说《长路漫漫》中的那个女人一样，她最终愿意放弃这个梦想，那女人每天都在等丈夫来看她，但他永远都没来，泽尔达深有同感。在她从高地医院发出的一封信里，她描述了一个被困于室内的人眼中的外部世界，她描写了一个雨落不停的午后，“被抛弃的天空的景象反映在道路上，”银色的背景里刻画着许多房子。接着雨变作雪，“轻轻压着树枝，在这个礼拜天，世界是蓬

---

①泽尔达写给斯科特·菲茨杰拉德的信，1930年夏，费尔斯通。
②泽尔达写给斯科特·菲茨杰拉德的信，1931年11月，《书信集》，第277页。
③同上，1931年11月和1932年2月，《书信集》，第277、283页。
④同上，1935年6月，《书信集》，第414页。

松的，被保护了起来。白雪所覆盖的都是家的范围，世界就是精致的白色卧房；这世界有人料理，非常昂贵。我一直都希望你能早些在这儿出现。”[①]大雪落下，也让她想起自己所渴望却未得到的一切：家、闺房、被爱人关注、金钱、丈夫。但那些全是幻想。除非他们相互把对方撕碎，否则他们无法生活在一起，随着时间的推移，她明白了这一点。“我希望你快乐，”她写信告诉菲茨杰拉德。如果世上还有公正，他必将快乐。她在信的结尾署名：

> 噢，真的——真的[②]
> 真的——真的——
> 无论怎样，我爱你——
> 即使我不存在或者爱不存在或者生命不存在
> 我爱你

①泽尔达写给斯科特·菲茨杰拉德的信，20世纪30年代末，费尔斯通。
②同上。

第六章
闪光物

爱情虽然为菲茨杰拉德带来生活中的情感危机，但也为他的小说提供了原始素材。这个主题和美国的主流文学并不接近。在他的前辈中，有两位截然不同的作家脱颖而出。西奥多·德莱赛，文学才华并非稳定，但是，因为《美国悲剧》在这片领域有所建树。而菲茨杰拉德将更深刻地挖掘这个主题。亨利·詹姆斯，意识流和精细写作的大师，早已经在这个领域独树一帜。菲茨杰拉德认识到自己和詹姆斯之间的相似之处。他1925年写信给范·怀克·布鲁克斯说，他们俩都“不得不把爱作为我们主要的关注点，因为1916—1921年的生活经历决定了我们的兴趣点，在于为经济利益奋斗或者生活在暴力之外”。[①]他没能说出来的是詹姆斯和他自己，还有德莱赛都对浪漫爱情感兴趣，是因为现有的社会以及经济情况将爱情变得复杂，将爱情变成了一种妥协。从这个角度说，简·奥斯汀不能算作这3位作家的先辈。“我的写作对象是爱情和金钱。除此之外，还有什么值得写的呢？”奥斯汀曾经说，“世间万物，不是爱情就是金钱，”菲茨杰拉德称，“再没什么比它们更有意义了。”[②]

大多数作家持续不断地重复自己所写的内容，菲茨杰拉德知道。

①斯科特·菲茨杰拉德写给范·怀克·布鲁克斯的信，1925年6月13日，《通信集》，第170页。
②《劳拉·格斯里·赫恩杂志》：第140页。

“我们的生活中有两三段伟大动人的经历，”[①]他评论说，在这些经历的基础上，“我们讲述这两三个故事——每次都在新的外表掩盖之下讲述这些故事——只要有人听，也许讲10次，也许讲100次。”菲茨杰拉德所讲的那两三个故事中的一个，就是关于穷小子怎么通过奋斗赢取富家女的故事。这也是他自己本身的境遇。他就是“富裕小镇上长大的穷孩子；富家子弟学校里的穷孩子；普林斯顿富人俱乐部里的穷小子”，最重要的是，他是个爱上富家女的穷小子。“这个主题一次又一次被提出来，”他说，“因为这些曾是我的生活。”[②]

坐在他后面一排椅子上的珍妮·布拉迪可能注意到，《赦免》中的鲁道夫·米勒没有钱币投入教堂的募捐箱，这让他感到羞耻“愤怒”。鲁道夫的感受，就是菲茨杰拉德小时候的感受：“他身无分文贡献给教堂的捐献箱，就因为这一点，一个小女孩让他感到极度尴尬。”与大富大贵的妮可结婚之前，《夜色温柔》中的迪克·戴弗在童年时期也遭遇过相似的经历，如果你没钱，而又被那个姑娘发现了，该怎么办？最糟的情况是：没钱，没爱情。在《五一节》里，飞利浦·迪安指导无助的戈登·斯特雷特说：“你最好投身于工作，远离女人。”

斯特雷特是一个软弱的人，当他酒醉醒来后发现，曾经深爱他的富家女下嫁给一个社会阶层较低的犹太人，斯特雷特随后自杀。他是菲茨杰拉德的小说中唯一一个如此极端的主角。在其他的故事里，穷小子身陷和富有的对手之间不公平的竞争中。“记着，”早熟的菲茨杰拉德在19岁时写道，“在社会各阶层，10个姑娘里有9个为了金

---

①斯科特·菲茨杰拉德：《一百个伪造的开端》，未标明页码，《所有悲伤的年轻人》，纽约，斯克里布纳，1926年，第65页。

②《斯科特·菲茨杰拉德》：第150页。

钱而结婚，[1]而10个男人里有9个男人是傻瓜。”从任何方面来讲，他都绝对不是穷小子，但这并不重要。在赢得漂亮富家女的竞争中，他认为自己确实非常贫穷。

那些有钱的色鬼[2]
穿着浣熊皮衣
会把你从我身边抢跑

他在一首诗里这样抱怨。如此欠考虑的诗句还是很少见的。他应该是被深深地伤害了。“那段爱情因为缺少金钱，而注定成为悲剧……从那之后的这么多年来，我一直忍不住想知道那些朋友从哪儿弄来的钱，还忍不住想到是否曾经实行过初夜权，以至于我的姑娘不得不被送给他们其中的一位。”[3]

菲茨杰拉德在他最优秀的3部长篇小说和几十个短篇小说中，用不同的变体书写这个话题。这些作品有时候是松散的，有时候几乎准确地基于他追求吉妮芙拉·金和泽尔达的事实之上。他的虚构作品反复探究相关的，但又有些不同的关系：穷小子被富家女蔑视；不那么富有的女孩搪塞穷小子，直至他展现出自己的致富能力。

他写书赚钱是为了赢得姑娘的芳心。他写出的这些故事于1919年和1920年发表在《星期六晚邮报》上，几乎讲述的都是上层社会年轻人的爱情故事。在1920年新年前夜，他对珀金斯抱怨说，他就要“疯了，我非得再写一部关于社交名媛的小说，[4]他们就想要这样

①斯科特·菲茨杰拉德：《早期》，第126页。
②斯科特·菲茨杰拉德：《笔记本》，第135页。
③斯科特·菲茨杰拉德：《崩溃》，第77页。
④斯科特·菲茨杰拉德写给马克斯韦尔·珀金斯的信，1920年12月31日，《书信集》，第145页。

的故事”。读者们刚开始读菲茨杰拉德的小说时，通常并不确定结局是否皆大欢喜，但他们相信他一定能够给他们展示上层社会辉煌生活的一角，因为他们之中没几个人体会过那样的生活。所以插画师附上的插画，往往也都呈现出僵化的社会背景，画中的角色非常英俊，如幽灵一般，穿着全套的晚礼服，虽然按照剧情来看，故事里的人物并没有理由要穿得这么华丽。在《碗》这部小说里，男主角被描述成穿着量身定制的棕色或者浅灰色西装，打着黑色领结。而在插画里，他却身穿燕尾服。

金钱的香味飘散在这些早期的爱情故事里，这些故事一般分为两类。一类故事里描述穷小子成功，或者看似成功，追求到富家女。另一类故事里，年轻人的求爱被拒绝，而后失望万分。

第一类故事的问题在于，它们并没有说服力。至少在潜意识里，菲茨杰拉德肯定意识到了这一点，因为他经常用幻想或者反常的质疑，来挑战读者的怀疑。《离岸海盗》就是一个例子。这部小说讲述了——正如本段第一句话所说——一个“不太可能发生的故事”，男主角赢得了阿迪塔·法纳姆的芳心，这个姑娘一头金色头发，代表着那些黄金女孩。阿迪塔已经厌倦了身边毫无惊喜可言的社交圈，她很渴望把自己的命运交付给任何一个能够展示出一些想象力的人。那个人就是托比·莫兰德，一个伪装成穷人的富家子弟。他假装自己是个音乐家，首先靠着自己的天分获得了财富，然后靠着偷盗上层社会主妇们的珠宝首饰致富，他就这样成功地吸引了她的注意力。他强占阿迪塔的快艇，她却没有制止他。“你能给我什么样的生活？我提这个问题并没有恶意，我是很严肃的。如果追求那两万美金悬赏的人抓住了你，我该怎么办？”

如果她是“一个在养牛的乡下，穷人家的姑娘，倚着围栏做梦的话”，情况就不同了。而他用非法手段致富的新贵，对她施以慷慨赠予，这些行为让她非常惊奇。她盯着珠宝商店的窗户，想要“那块椭圆形的白金手表，手表边缘都镶着钻石”，但她觉得“那块表太贵了，选了一块100美金的白金表。”他说：“贵吗？要我说可不贵！”紧接着“那块白金手表就闪亮亮地”戴在她的手腕上了。她希望事情如上述方式发展，但并没有。所以阿迪塔拒绝了她的追求者，直到他的身份最终暴露，让她感到宽慰的是，他不但想象力丰富，而且品行端正。

有钱人家的男孩可以假装自己很穷，来吸引自己喜欢的姑娘，就像托比·莫兰德，还有《说不出话的蛋》里的乔治·范·泰恩，他假扮成胡子拉碴、蓬头垢面的码头工人，追上了他的菲菲。当然，如果情况反过来的话，就不可能成功了。

和那些想当然的真爱战胜一切的故事比起来，菲茨杰拉德所写的关于拒绝和失望的故事，更加深入人心，也更加贴近生活。关于拒绝的故事也展示出他的人生观点逐渐发展成熟，展示出那种会令他不安的意识，即追求或者得到那个黄金女孩，真的不值得经历过多的麻烦和心痛。当他写《人间天堂》的时候，他还没有这方面哲学层面的感受。书中有一个名为“社交名媛”的章节——以短剧的形式写出一篇短篇小说，其中包含对话以及舞蹈指导——痛苦地再现了吉妮芙拉·金拒绝菲茨杰拉德的情形。

当埃默里·布莱恩第一次见到罗莎琳德·康奈基时，她像描述一件商品一样描述自己：“‘罗莎琳德，无限量的。’50一股，名称，亲善的，每年花费25 000美金。”即使在他们见面之前，她就已经打听过他的经济情况了。即使埃默里每周只赚取微不足道的35美金，他们还是相爱了，而她也同意嫁给他。

“埃默里，”她轻声说，“你准备好了我就嫁给你。”

“咱们一开始没有太多钱。”

“别这么说！”她大叫道，“你为自己所不能给我的而自责，我特别伤心！我已经得到了你这个人——对我来说就够了。”

康奈基太太及时制止了他们的结合。“你已经在一个只会理论的人身上浪费了两个月的时间，他名下一分钱也没有，”她讥讽罗莎琳德说，“你继续吧，把你的一辈子都浪费在他身上。我肯定不会干涉。”母女俩都知道罗莎琳德挥霍无度，而埃默里的收入甚至不够给她买衣服的，所以富家女失信了。“埃默里，我不能，我不能被关在小公寓里，远离花草树木，等着你回家。”而且“我不想操心柴米油盐酱醋茶。我想考虑的问题是，我夏天游泳的时候，腿会不会变光滑，会不会被晒黑”。她嫁给了富有的理查·莱德。她的自私自利也许让人恼怒，但菲茨杰拉德并没有谴责她。事实上，在最后一幕的舞台指导里，菲茨杰拉德赋予她一种想象的能力，以便她能感受到他自己的感觉（隐隐作痛的伤感会随着时间而消失，但在这种伤感之下，罗莎琳德感到自己失去了些什么，她不知道失去的是什么，也不知道为什么）。

菲茨杰拉德在20世纪20年代撰写的小说逐渐弱化黄金女孩的浪漫气息，也弱化求爱过程的辉煌。起初，菲茨杰拉德笔下的年轻人，把所有的驱动力和野心仅仅放在一个目标上。就像《冬天的梦》里的泰克斯特·格林，这些年轻人立志于不仅仅得到漂亮的富家女，而且要得到她所代表的一切。泰克斯特“不仅仅想要和那些闪光的物和闪光的人建立关联——他还想得到闪光的一切”。

为了证明自己的价值，这些年轻人不得不走出去，取得经济上的成功。泰克斯特赚钱的能力，戏剧性地改变了他和朱迪·琼斯之间的关系。在他们第一次晚餐约会的时候，她坦言说“她那天下午过得很糟糕，今天下午一个我关注的人突然间告诉我，他穷得分文没有”。她对于他的兴趣，还不足以抵抗这个让人震惊的消息。所以就有了下面这番对话：

“让咱们开始有意义的交谈吧，”她突然间中断了自己的话，“那么，你是谁？”

泰克斯特犹豫了一下。接着说：

“我是个微不足道的人。”他说，“我的工作大部分和期货相关。”

“你穷吗？”

“不，”他坦率地说，“我可能比西北部所有与我同龄的男人赚得都多。我知道我这么说让人讨厌，但你建议说咱们的交谈要有意义。”

一顿暂停。接着，她微笑起来，嘴角下垂，随着一个令人察觉不到的摇摆，她离他更近了，抬起头凝视他的双眼。

他们开始接吻，她的吻“就像是施舍，完全地给予，让人想要得到更多”。然而泰克斯特最终也没有得到这个姑娘。几年之后，当他听朱迪说自己的丈夫“身体走下坡路”而且“有点老”的时候，他知道自己失去了珍贵的东西。“即使是他生出的悲痛之情也被留在了幻想、青春和多彩生活的国度，在那个国度里，他的冬天之梦曾盎然活跃。”

浪漫幻想的丢失，成为这一时期其他故事的主题。在《明智的事》一书中，琼基尔·凯直到约翰·欧凯利为她“准备”好了，才接受他的求婚。用这个委婉说法——罗莎琳德·康奈基对埃默里·布莱恩，泽尔达对菲茨杰拉德也都用过——琼基尔想表达的是，她的追求者必须先在经济上具备雄厚的实力。在他具备这个实力之前，她都对婚姻的前景感到“紧张”（现实中的泽尔达和虚构的琼基尔都用过的另外一个委婉说法）。心怀壮志的欧凯利去到南美闯天下，赚了大钱，回来迎娶这个姑娘。但爱本质上的魔力已经消失殆尽了。“他知道，当他亲吻她时，虽然他追求永恒，可他知道，那4月间的岁月永远也寻不回来了…… 世间上的爱有千万种，但没有任何一种爱可以同样地出现两次。”

这些元素——不成功的追求、丧失幻想——菲茨杰拉德把它们融入自己的小说中。“盖茨比整本小说的想法，”[①]他说，“就是关于贫穷的年轻男子无法和有钱姑娘结婚的不公平现象。”盖茨比真的是穷人家的孩子。吉米·盖茨家境贫困，伴着霍雷肖·阿尔杰式的获取财富、幸福和黄金女孩的幻想而长大，而菲茨杰拉德理智的自我，尼克·凯洛威，对黄金女孩只抱着嗤之以鼻的态度。他还轻信只要获取了财富，就能让他跨越中产阶级，得到显赫的社会地位。他并没看清——也永远看不清——他不属于汤姆和黛西·布坎南的世界。但是菲茨杰拉德看清了，这很好。他和尼克一样，出身于社会中产阶层，俯视盖茨比，而仰视布坎南一家，无论俯视还是仰视，他都带着反对与羡慕交杂的心情。

视角起到关键性的作用。正如亨利·丹·派珀所提出来的，菲茨杰拉德永远都用中产阶级的视角来看富人。如果他的作品里面全部涉及金钱话题，那是因为他认为金钱就是中产阶级关注的焦点。

①《斯科特·菲茨杰拉德》，第150页。

菲茨杰拉德站在舞厅窗户的外面，将鼻子挤压在窗户玻璃上，里面的人跳舞旋转。但这并非洗衣女工斯特拉·达拉斯看着自己的女儿嫁入豪门。因为菲茨杰拉德已经进过那个舞厅，他还想再进去，只是没有被邀请参加。然后他进了城，嘲笑那些下层社会的人，他们身上味道难闻，言谈滑稽，有了点钱就装腔作势。这种对穷人嗤之以鼻的态度，在菲茨杰拉德最初的两部小说里体现得最为明显，在《了不起的盖茨比》里，通过尼克势利的言语也得到体现。

《了不起的盖茨比》做得很好的一点，就是展示出爱情在美国受到社会阶层的影响。早期的一位评论家抱怨说，菲茨杰拉德把盖茨比对黛西的爱恋归结为她拥有的上层社会地位，这想法非常荒唐，那位批评家抗议说："黛西或许是个爱钱的女孩儿，或许是个纺织女工，但她给人留下了深深的印记，又是一出卡门与何塞的戏。"

但是，这部小说不是戏剧，菲茨杰拉德的小说给我们上的一课是，当爱情超越阶级界限太遥远时，就变得有辱人格了。让我们放下围栏，上帝才知道谁会爱上谁。布坎南对默特尔残忍无情，加上她可怜地想要模仿上流社会的语言和行为，使他们的酒会和私情变得几乎是卑鄙、肮脏的。反过来看，在表面上盖茨比和黛西也处于同样的境况中。相别近5年，在他们第一次重聚那天，盖茨比带黛西参观了他浮华艳丽的大宅子，还请住家钢琴师克利普斯普林格弹奏了一段钢琴曲，为他们的下午时光助兴。为了加速即兴性爱的到来，克利普斯普林格首先弹奏了《爱巢》，接着是《我们不快乐吗？》，然而他会错了意。两段私情之间的区别在于，盖茨比的想象力。可以肯定地说，他是暴发新贵，而且可能像尼克所说，他没有权力要求和黛西发生关系，虽然他让她觉得他"和她自己来自同一个阶层"，但与此同时，他把黛西太过理想化，使他们的关系看上去几乎不掺杂性爱因素。

她叫黛西·费，她就是一个仙女。她和朋友乔登·贝克甚至不遵循重力规律。她们首次出场时，是在布坎南家起居室的超级大沙发上，“飘在上面，就好像飘在一个被固定住的气球上。”她们身着白衣，似乎一直在微风中不断起伏飘扬，直到房门关上，风停之后，气球和它的乘客才安稳落地。金钱就是这样飘在空中。

对于黛西的描述是这样的：“她的脸庞忧伤却可爱，其中透着明快的感觉，善良的眸子，鲜活热情的嘴唇，从她的声音中可以听出令人激动的心情，关注她的男人很难忘掉这种激动之情”。尼克·凯洛威一次又一次地想要抓住她“低沉的、令人兴奋的声音”中的实质，这把“带着高低起伏、令人兴奋的热情”的声音，在这么多年来一直抓着盖茨比的心，“因为它是梦想的极限。”最终，盖茨比对他说明：

> “她的声音听起来不够慎重，”我评论说，“充满了——”我迟疑起来。
>
> “她的声音充满钱币的响声。”他突然间说。
>
> 是这样的。我之前从未理解这一点。充满了钱币的响声——这就是她声音中起起伏伏、无穷无尽的魅力，金钱的叮当声，金钱的铙钹之歌……白色宫殿里国王的女儿高声歌唱，那个黄金女孩……

黛西摆出优雅的姿势，用“她声音中温暖的人性魔力”做些什么呢？她说的一切内容都毫无意义，最重要的是，她调情——甚至跟表弟尼克调情。“我特别喜欢你来跟我们用餐，尼克。你让我想起一朵——一朵玫瑰，绝对是一朵玫瑰。”某种程度上缺乏想象力的尼克反对说，他一点儿也不像一朵玫瑰。黛西“只是即兴说出此话，但一阵令人心潮澎湃的暖意从她心中升起，就好像她的心隐藏在这些令人喘不过气、令人兴奋的词语中，正试图跳出来奔向你”。

当尼克打电话请她一起喝下午茶，她决定当作完成任务一样和他见面。

> “别带汤姆来。”我提醒她。
>
> “什么？”
>
> “别带汤姆。”
>
> “谁是‘汤姆’？”她无辜地问。

她一到约会地点就用带着“令人振奋的波动”的声音问，“这就是你住的地方，我最亲爱的？”然后会在他耳边低语，“你是爱上我了吗，要不为什么要我自己来？”后来在盖茨比的宴会上，她告诉尼克，她的声音“在喉咙里玩弄着千万种伎俩”，说如果当晚任何时候他想吻她的话，她愿意安排。“只要提一下我的名字，”她提议说，“或者出示一张绿卡。我给出的是绿色的——”

黛西对尼克并没有特别的感觉。只不过调情已经成为她的第二自然属性。当盖茨比用崇拜的眼神凝望着长岛海峡对岸发出的绿色灯光时，她发出绿色的卡片，或者假装这么做。尼克在布坎南家探访的第一晚，就发现了黛西身上最基本的不安全感，她做作地赞颂道，“世故——天哪，我很世故！”总体来说，黛西一直保持冷静的态度，保护自己的情绪不外露。在盖茨比的宴会上，一个电影导演慢慢地向他的明星演员，俯身探下去，在她的脸颊上亲了一下，她感到被冒犯了——她被冒犯“因为这不是一种姿态，而是一种情感”。就是因为盖茨比怀有的爱意如此强烈，才能够劝服黛西考虑离开汤姆。但是当事情进展到将要变为现实那一步，要超越的仅仅是姿态的程度时，她就溜回到财富和地位的蚕茧之中。那天在广场酒店，汤姆在非常激烈的争论中详述盖茨比财富的来源，黛西放弃了所有的决心。只听得到“那贯穿整个屋子的不知所措的声音”，请求汤姆不要再说下去，请求结束这场冲突。

黛西很明显就是以吉妮芙拉·金为原型塑造的，菲茨杰拉德最初是以在大颈区认识的一位股票操盘手为原型塑造盖茨比的，然后逐渐让这个角色慢慢变成了自己的写照。“在我眼里，盖茨比从不是真实的人物，”他承认说，“他最初的外表形象已经很漂亮了，到了小说中部，他变得瘦了些，而且我开始向他倾注更多我的情感生活。”[①]

菲茨杰拉德并不知道早期的盖茨比的原型是谁，实际生活中的或是想象中的，而且直到小说第47页，也就是故事发展到四分之一多的时候，盖茨比才进入舞台的中央。他出现之前，盖茨比的形象是靠谣言塑造的。他是德国皇帝的侄子，大家以为他在战争里做过德国间谍。一个姑娘听说盖茨比在牛津上过学，但是怀疑事情的真实性。另一个姑娘听说他杀过人，但是相信这个传言。很自然，大家后来有点失望，当发现这个人——刚开始看来是这样的——又是个暴发户，开着一辆过于华丽、奶油色的“马戏团大篷车”，穿粉红色衬衫，而且似乎特别以自己衬衫的数量和款式而骄傲。他还跟尼克讲了他经过修饰的出身和绚烂多彩的过往，这些故事的真实性非常小，故事包括，他说，“像一个年轻的王宫贵族在欧洲各个国家的首都”生活，收集红宝石，“大规模狩猎，也画点画…… 试图忘记很久以前发生在我身上的

①斯科特·菲茨杰拉德:《了不起的盖茨比》献词，见马修·J.布鲁科利的《F.斯科特·菲茨杰拉德: 描述性传记》，匹兹堡大学出版社，1972年，第255页。

忧伤往事。”尼克所能做的就是忍住不笑，但是他继续讲故事。盖茨比参军打仗去了，他“费尽努力”想在战争中死去，但是相反，他英勇作战，受到了“每一个盟军政府”授予的奖章。

这个盖茨比却完全没有能力处理实际社会交往问题。他盛大奢侈的派对是粗俗品位和炫耀财物的典型场合；他以为这些派对上集合了最好的和最耀眼的人和物。不但如此，他并不能体会到什么时候不受欢迎。汤姆·布坎南、斯隆先生还有一位女性朋友，有一天骑马在他的宅邸逗留休憩，那位女士邀请盖茨比和尼克当晚共享晚宴。尼克马上就发现斯隆先生反对这个邀请，并且礼貌地谢绝了，然而盖茨比急切地想和这些富豪打成一片，便接受了邀请。趁他在楼上换衣服的时候，那些人离开了。

尼克说，这个盖茨比“代表了”，他“自然而然所鄙视的一切”。即使在他们最后一次见面时，他告诉盖茨比“他比所有那些家伙加在一起都要棒”，可尼克在社交层面仍然不赞成他的做派。菲茨杰拉德也是这样，然而，盖茨比身上其他的品质可以起到弥补作用（如果他没有这些弥补性的品质，那么这部作品无非就成为一部讽刺小说了）。他所讲述的充满幻想的故事有一部分是真的。他曾经是战争英雄，拥有黑山共和国所颁发的勋章作为证明。他曾经在牛津上过学——上了5个月，作为在部队服役的战后奖励，而且他有照片为证。最重要的是，他对于黛西的梦想绝无半点欺骗和虚伪。

盖茨比的想象力使他成为一个异乎寻常的角色。他虽然是一个暴发新贵，但他拥有“内心充满希望的卓绝天赋，充满幻想的乐天意愿”，这些品质是尼克在其他人身上所找不到的。他甚至把自己的一些梦想带入了生活。“真实的情况是，长岛西艾格的杰·盖茨比是他自己柏拉图式概念的产物。”17岁的詹姆斯·盖茨比想象出了杰·盖茨比，这是寒冷的苏必利尔湖边一个穷孩子所能想象出的形象：拥有可观的财富，就像那个丹·科迪，那个把他从湖里救出来、带他上自己游艇的人。通过为科迪和各路财神服务以及通过这种不正当的手段，盖茨比获取了财富。实现他梦想的最后一步就是获取黄金女孩的芳心，他心中理想化的国王的女儿(金家的女儿)。战争期间，他已经离梦想很近了，但黛西已经嫁给了布坎南(还生下一个小女儿，盖茨比几乎无法说服自己相信这个小女孩的存在，直至他亲眼见到她)，这玷污了梦想的纯洁性。

为了修复他的完美梦想，他试图消除时间的作用，回到当年，他在路易斯维尔的那个时刻，他亲吻了“黛西，她像鲜花一样为他盛放，是完美的化身”。尼克警告盖茨比，他无法复制过去，但他根本不相信，大叫道：“为什么，你当然可以！”只需要黛西告诉汤姆，她从来没有爱过他，除了盖茨比以外，她从来没有爱过任何人。这样，不洁就会被洗刷，他们就可以“回到路易斯维尔”，从她家里迎娶她——就好像5年前一样。“但黛西让他失望了。”在广场大酒店发生冲突的场景中，她无法完全抗拒汤姆。

> “噢，你想要的太多了！”她对盖茨比哭喊道，“我现在很爱你——这还不够吗？我对过去发生的一切无能为力。”她开始无助地啜泣，“我确实曾经一度爱过他——可我也爱你啊。”
>
> 盖茨比的眼睛张开又合上。
>
> “你也爱我？”他重复了一句。

即使到了这个时候，盖茨比还是不愿放弃自己的梦想。“我觉得她并没有爱过他。”他第二天对尼克说，汤姆逼迫她说曾经爱过他。或者他退一步说，她确实“爱过他一分钟，在他们刚刚结婚的时候——但爱我更多，你说呢”？不管怎么说，盖茨比说，“这都是很私人的事情”。

对于盖茨比来说，梦想本身比现实承载梦想实现的那个人更加重要。接近小说结尾处，尼克坚持说盖茨比一定已经放弃了梦想，但并没有证据证明这一点。当住灰堆的那个男人来找他时，他仍然在等待黛西打来电话。

菲茨杰拉德往盖茨比的身上转移了自己的情感经历——追求黄金女孩儿而不得以及他对于这种追求的态度。就像盖茨比以及他最优秀的爱情故事里，忧伤的年轻人一样，菲茨杰拉德的想象力具有“强大的生命力”，因而他特别引人注目。“我一直在寻找完美的爱情，”[①]他在1935年曾告诉劳拉·加斯里。是因为他年轻时经历过完美的爱情吗？“不，我从没遇见过完美的爱情，”他回答，“那时候我也在寻找它。”这种对于完美爱情的追寻，使他不能完全投身于和任何人的爱情关系中，正如常识所示以及他的小说所诠释的，距离太近之后，就不存在完美爱情这回事儿了。

只有保持一定的距离，菲茨杰拉德才能把梦中的姑娘理想化。安东尼·帕奇在《美丽与毁灭》中，向窗外看去，看见一位穿轻便长衣的姑娘，在附近的屋檐下晒干头发。他笃定地认为，那个姑娘必然非常美丽，但她抬起头来，他可以更清楚地看到她了，“很胖，足有35岁，绝对的其貌不扬。”吸引来自“她所处的距离，但并非是罕见而珍贵的灵魂间的距离，而是陆地上以码来计算的距离”。菲茨杰拉德之后又虚构出代表他其他方面的人物，例如《格雷琴眨眼四十次》

①《劳拉·格斯里·赫恩杂志》：第82页。

和《调停者》，这些人物最糟糕的幻灭在于，他们已经赢得了那个姑娘，之后却发现娶到的是一个极度不负责任、自私自利的人。对于菲茨杰拉德和艾米丽·迪金森来说，“这便是距离——是甜美的——”①

要在罗莎琳德、黛西或者任何黄金女孩的化身上找到缺陷，简直易如反掌。菲茨杰拉德的态度是把她们置于不堪一击的位置。他笔下的年轻男子要么生活在永恒的浪漫幻梦之中，守护着他们对梦幻女孩的单相思带来的忧伤；要么他们捕获芳心，但最终无一不是失望地幻灭。无论是哪种情况，故事中的女孩必然失利。对于年轻男子的角色，他更倾向于忧伤幻梦的故事。泰克斯特·格林流连于他的“冬日的梦”，因为这梦想无法成真。他不后悔失去朱迪·琼斯，但他后悔失去了关于她的幻梦。

约翰·贝里曼是关于菲茨杰拉德作品最早期、最权威的批评家之一，他发现菲茨杰拉德认为最有价值的是“一个美人和深厚的依恋之情，他的想象力需要依附于一种无法接近的事物上”。②安东尼·帕奇哀叹道“你什么也无法拥有，你根本什么都无法拥有。”欲望“就像屋子里的阳光，一会儿跳到这儿，一会儿跳到那儿。它停下来，在一件毫无价值的物件上镀一层金光，我们这些愚蠢的人试图抓住它——但是当我们抓住了那物件，阳光却转移到别的物件上去了，你只得到了那毫无价值的部分，那激发你占有它欲望的闪亮光线却消失了——”无论是被阳光还是财富镀了一层金的那女孩，并不重要，重要的是她本身发出的金光。

虽然他们求爱无果或者幻灭，至少菲茨杰拉德笔下的穷小子还

---

①艾米丽·迪金森（Emily Dickinson）：《诗歌》，第439页；《最后的收获》（*Final Harvest*），波士顿，小布朗，1961年，第103页。

②约翰·贝里曼（John Berryman）：《F.斯科特·菲茨杰拉德》，第8页；《肯研评论》，1946年冬，第106—107页。

可以做梦。他塑造的一位富家子——《富家子弟》是他完成了《了不起的盖茨比》之后立刻写出的作品——甚至被剥夺了这种安抚。安森·亨特的钱财致使他不可能遭遇幻灭。对于人们向他卑躬屈膝的原因，他理解得太早，也理解得太深刻，以至于他怀疑每个人的动机，并决定远离世人。跟布坎南夫妇一样，安森对任何无耻行为都无愧疚之心。对于他来说，伤了多莉·科尔格的心，所产生的麻烦不过跟在一场晚宴上喝醉一样。他不会为这两件事情中的任何一件而道歉。安森为这种特权付出了代价。他不但无法把任何女人理想化，也没有爱的能力。他无法付出，只能索取。然而，看看他索取的是什么吧！

故事的讲述人在故事结尾推测，安森·亨特对女人的要求是，她们“把最愉快、最美丽、最珍贵的时光用来守护心中最珍视的优越感”。从这些女人身上，他攫取任何他可以引诱出来的情感。他成为吞噬情感的恶魔，名义上以及实际意义上的捕猎者。菲茨杰拉德强调了他日益增长的腰身。[①]一开始，他个子很高，身体壮实，接着便是有点体形粗壮，却还不是明显的大胖子，然后一步一步地，当安森准备接受多莉的爱情时，“因为实在太热了，他的衬衫在他肥胖的身体上微微汗湿。”他在广场酒店的酒吧里，找不到同伴，他“非常胖”；最后一次见宝拉·勒让德和她丈夫时，他“不断增长的躯体”在紧致裁剪的燕尾服下浑圆可见。

在《富家子弟》中，金钱和真爱对抗，因为那些拥有过多财富的人“失去了爱别人的能力”。接下来的作品《游泳的人》《新娘派对》和《重返巴比伦》展示了金钱在追求真正的幸福或者爱情时，是多么的无力、无用。从菲茨杰拉德成熟的视角来看，大量财富只能起

①这个观点之灵感来源于薇薇安·布雷肯里奇1978年撰写但未发表的论文《猎人安森》。

到加速堕落的作用。那些高估了金钱价值的穷人，或者去骗或者去偷，或者(像迪克·戴弗)用自己的真诚交换金钱。就像布坎南夫妇这样的有钱人，“他们打碎一切生灵和物件，然后躲回他们的金钱或者他们广袤无边的快乐之中，让其他人来收拾他们留下的烂摊子”。菲茨杰拉德在作品中从没有带着悲悯的情感塑造富人的形象。

而他就是被海明威责怪的作家，责怪他把富人浪漫化为“一个特别闪耀的族群”。海明威为了阐述这一点，在《乞力马扎罗的雪》的开篇部分引入了这个观点，他讲了一个现今非常有名的故事，即菲茨杰拉德曾经说，“特别有钱的人和你我都不一样”。[①]有人回答说，“是呀，他们钱更多”。菲茨杰拉德给他这位从前的朋友写信，信中带有强烈的自我克制，他否认从未幻想过成为富人，[②]“除非兼具最大的魅力或者特质。”然而他并不否认他认为非常有钱的人和其他人不同。他知道他们不同(海明威也知道，并且围绕着这种区别，打造起了一场《流动的盛宴》)。他们在性格上就不同，因为他们在成长过程中被宠坏，变得自私、柔弱、自我且没有责任感。如果吉米·沃辛顿[③]喝醉了酒，倒霉地轧死了人，他知道父亲会“收买那家人，保证他不进监狱”。

富人的与众不同还在于，他们被冠以足够的闲暇时间，利用这些时间他们可以在政治、艺术方面达成有价值、有益的成就，或者利用闲暇时间过着有质量的生活。可最大的麻烦是，美国的有钱人并没有意识到闲暇时间是一种特权，而非一种权利，“这种特权意味着一项责任”[④]。在英国，富人掌管政府；在美国，富人则挥霍时

---

①关于这个论题更加详细的讨论可见斯科特·唐纳森的《由着意志的力量：欧内斯特·海明威的人生和艺术》，纽约，维京，1977年，第212—213页。

②斯科特·菲茨杰拉德写给欧内斯特·海明威的信，1936年8月，《书信集》，第311页。

③吉米·沃辛顿(Jimmy Worthington)：《“吉米”是什么样的丈夫？》(*What kind of Husbands Do Jimmies' Make?*)，未标明页码，《汇编》，第186—192页。

④同上。

光。菲茨杰拉德所认识的富人中，只有极少数几位合理利用了闲暇时间这项天赋馈赠。他的富人朋友[1]总共包含3个人，他20世纪30年代中期写信告诉埃德蒙德·威尔逊：汤米·希区柯克以及杰拉德和莎拉·墨菲。20世纪20年代中期，在蔚蓝海岸，墨菲夫妇和菲茨杰拉德成为好朋友。菲茨杰拉德总是作打油诗拿墨菲夫妇的艺术爱好打趣，但他一直都喜爱并且尊敬他们。

迷糊蛋萨尔[2]和住顶楼的杰瑞
疯疯癫癫，行为反常
拿走了老板的钱
从马克·克罗斯裁缝店的裁缝手中强取了钱
花钱买了——噢，奢华的装饰！——
买了老佛爷商场画廊里的画

我还是要叫你们"老友"
住顶楼的杰瑞，迷糊蛋萨尔

但是，菲茨杰拉德和墨菲夫妇在一起时总觉得不舒服，而且经常在他们举办的派对上做出无礼荒唐的举动。也许他们在社交场合的自信使他不安，他觉得自己一直都在学习。1939年，当他需要一笔小额借款，以支付斯科蒂去沃克小姐的学校上学的学费时，他迟疑了一阵，才向墨菲夫妇借钱。不是害怕他们拒绝他，他知道他们不会拒绝的。他只是不想向他们坦白自己缺钱。莎拉·墨菲曾经在

①《斯科特·菲茨杰拉德》：第315页。
②斯科特·菲茨杰拉德：《笔记本》，未标明页码，费尔斯通。

巴黎看到他在出租车里嚼碎一张100法郎的支票。[①]

菲茨杰拉德自己对于金钱的态度更加接近盖茨比，而非墨菲夫妇。“这是当今的风潮，”他在大萧条时期写道，“带着否定的态度回首经济繁荣的日子，这种否定态度更加接近恐慌。然而，过去的繁荣时代，有它的好处……看到有人为自己两千位客人点香槟酒，看到有的女人从世界上最好的雕刻工人那里买了一整套楼梯，看到有人撕掉一张80万美金的支票时，人们的眼神里充满了崇拜。”[②]墨菲夫妇用继承下来的钱过着有品位的生活，菲茨杰拉德非常羡慕他们这一点。但是他花费自己写小说挣来的钱，大手大脚、铺张浪费到极致。

斯科蒂说，“金钱和酒精”，[③]是她父亲一生中对抗的“两个最重要的对手”。为了使他实际赚取的钱财显得更加可观——确实数量可观——菲茨杰拉德夸大了他以前的贫穷程度。在《少年得志》（后来从1939年的散文集中删去了）的开篇部分，他坚称自己“既是富裕地贫穷，又是穷困地贫穷；富裕地贫穷意味着财富收入离奇丰厚，花销也非常之大，而负债则更多，穷困地贫穷的意思是，你知道哪只鞋里垫着硬纸壳，但是你不想让任何别的人知道”。1919年，菲茨杰拉德刚刚开始写作生涯的一小段时间内，他可能是穿着垫着硬纸壳的鞋子在纽约四处行走，但他大体说来还是属于“富裕地贫穷”[④]。

根据他的日记记载，1919—1936年，他赚得400 000美金。作为大众文学杂志的小说作家，在最受欢迎的巅峰时代，菲茨杰拉德从

---

①加尔文·汤姆金斯（Calvin Tomkins）：《生活幸福就是最大的复仇》（*Living Well is the Best Revenge*），未标明页码，《纽约客》，1962年7月28日，第57页。

②斯科特·菲茨杰拉德：《笔记本》，未标明页码，费尔斯通。

③《自我》，第5页。

④斯科特·菲茨杰拉德：《少年得志》草稿，未标明页码，费尔斯通。

《星期六晚邮报》得到的报酬是每个故事4 000美金。他在好莱坞的最后几年每周收入最高达到1 250美金。1938年，米高梅一共支付他58 750美金。菲茨杰拉德通过写作赚取了巨额财富。可他也把这些钱挥霍一空。

他的钱都花到哪儿去了呢？如果菲茨杰拉德请“一个合格的会计”[①]从头到尾检查一下他的花销，菲茨杰拉德的代理哈罗德·奥博相信，很大一部分钱都花在了没有为他带来回报的事物上。至少没有带来有形的回报。不像盖茨比，他没有在长岛买上一栋仿市政厅的房子，也没有买一辆可以和盖茨比的奶油色的庞然大物相媲美的车。菲茨杰拉德并不展示钱可以买到的东西。他要展示金钱本身。他第一次取得经济上的成功后，就在马甲和外衣兜里装上20美元、50美元和100美元的现钞在纽约的大街上散步，[②]钞票从衣兜里露出来，外人可见。为了方便支付信差杂役小费，他在酒店房间的桌子上放了一个装着钱的盘子。在餐厅用餐，他常常留下比账单上更多的小费。在法国的时候，他的口袋里总是装满“潮乎乎的一小卷一小卷的百元法郎现钞，他总是很快花掉这些钱……就像有些女人用面巾纸一样”。然而泽尔达更奢侈[③]。金钱就像流水流过她的手指。他们一起走向灾难，亚历克斯·麦凯格早在1920年便警告过他们，事实证明，他是对的。

---

①斯科特·菲茨杰拉德，1939年6月21日（信未发出），《自我》，第223页。

②《天堂彼岸》：第104、219页。

③派珀采访马克斯韦尔·珀金斯，1945年6月22日；麦凯格日记，《斯科特·菲茨杰拉德》，第114页。

第七章
两性间的战争

在菲茨杰拉德的小说中，真爱的发展过程都并非平稳顺畅。在他所有的作品里的那些恋爱中的人物，情感均非真诚、相互和永久的，没有哪一对爱人可以祸福共担。相反，他们陷入相互竞争。在求爱过程中，青年男子和女子争夺主导地位；婚后，他们的争斗更是变本加厉。毋庸置疑，这种模式和他自己的亲身经历极其接近，菲茨杰拉德是最大程度将自己的经历融入作品的作家之一。虽然场景和人物有时被掩盖，但是他最优秀的作品，讲述了他的经历，最重要的是写出了自己的情感。正如威尔福雷德·希德所说，菲茨杰拉德属于那样一种作家，即“他喜欢异性，但一点也不报以信任”。[①]他的小说所描述的两性关系，隐伏着起火的可能性，在小说中，还揭开他所受到的火燎之伤。

故事涉及童年和青年时期的经历时，菲茨杰拉德更愿意把这一时期男女之间的冲突视作游戏，而非危险的邂逅。《人间天堂》便很好地诠释了这一点。在一次发生在青春期前的交锋中，埃默里·布莱恩亲吻到迈拉·圣克莱尔，之后却生出一阵厌恶之情，拒绝再次

① 韦伯斯特·肖特（Webster Schott）：《评威尔弗雷德·希德的〈真话和其他作品〉》（*Review of Wilfrid Sheed's The Good Word & Other Words*），未标明页码，《华盛顿邮报图书世界》，1978年12月24日，第4页。

亲吻她，使她感到被羞辱。多年之后，埃默里已经是普林斯顿大学大二的学生，伊莎贝尔·博基来明尼苏达过圣诞假期，她可是调情高手，埃默里和她展开了一番竞技。有一个场景是以菲茨杰拉德和吉妮芙拉·金第一次见面为原型而写。埃默里一开始占据主动，他说，“你知道的，你要陪我参加晚宴。咱们接受了很多训练，就是为了适应对方”。在这个阶段，伊莎贝尔开始“失去领导地位”，而当埃默里用他的老计谋激起她的好奇心时，她失去了更多的主动权。“我想到了一个形容词，用在你身上再适合不过了。”然后伊莎贝尔就开始了自我评估。如果说，是他想到了一个形容词的话，那么就是她为了私下听听那个形容词而怂恿了晚宴后的约会。在他们即将达到爱情的圆满境界时，其他人冲了进来——对于菲茨杰拉德十几岁的爱人们来说，接吻即是爱情的圆满境界——便再无其他。

当他们下次见面，在普林斯顿一个聚会频繁的周末，在她父母家，事情发展得非常顺利，直至一次拥抱中，埃默里的衬衫纽扣在她脖子上留下——“一颗豌豆大小的蓝点”——一枚泄露秘密的记号。伊莎贝尔跟发了疯似的，埃默里安慰得也不得当，她拒绝亲吻他。虽然他对她“并没有一点点爱恋”，但埃默里想吻伊莎贝尔，“狠狠地吻她，因为他知道第二天早上可以一走了之”。没能亲吻她“便依稀打乱了他认定自己是征服者的想法。恳求伊莎贝尔这样强悍的斗士，屈居于她之下，这是有失尊严的”。可想而知，他们大吵了一架，埃默里坚持分析探究每一丝小小的情绪，这让伊莎贝尔非常恼怒，她态度非常坚决。埃默里没有亲吻到她，为了维护面子，他缩短了周末度假的时间，第二天一大早就离开了。

菲茨杰拉德在看着斯科蒂长大的过程中意识到，这些年轻的竞争者们玩的都是任性的游戏。生活为“16—25岁之间的漂亮女孩子”

承诺太多。他在1938年写道，“以至于她一直无法脱离这种状态。”除非生下一群孩子才能使她清醒地认识到现实，否则她总是“试图继续追求和男人玩刺激的游戏。还没有一所大学发明出可以与不负责任的爱情相抗争的东西”。但正如一切游戏中都有人要输，都有人要付出代价一样。如果他们沉溺于游戏太久，即使是往昔的伊莎贝尔们和罗莎琳德们，也一定会失败。不久前，菲茨杰拉德就遇到了他那个时代里这样两位漂亮的姑娘，她们“现在都被兴奋剂毁掉了”。[①]

一旦女人不再游戏人间，开始过安定的生活，菲茨杰拉德通常把她们描述成当家人。已婚女人并不需要用多么美丽来控制她们的男人。“长着后缩的下巴和丑鼻子的女人大白天走来走去，说‘干这个’和‘干那个’，[②]所有男人，即便是那些大富豪们，都毫无保留地服从。”美国就是一个女人统治的国家，[③]菲茨杰拉德认为。“即使是美国丈夫所忍受的妻子所作所为的八分之一，也没有哪个英国男人能够容忍。”[④]对于安东尼·帕奇，似乎“他所知道的一切不幸、悔恨和痛苦”都是女人造成的。他下定决心不结婚，为了支持自己的这番决定，他讲了一个奥基夫骑士的寓言，这则寓言是关于骑士时代末尾，一个爱尔兰人被流放到法国的故事。奥基夫面对异性非常软弱。20年来，女人们“恨他、利用他、令他厌烦、让他恼火、让他厌恶、花他的钱、愚弄他——简言之，就如这个世界所言，爱他”。为了逃离自己的心魔，奥基夫出家当了和尚。就在登上他的禁欲塔时，他最后看一眼自己将与之决裂的世界。就在这一刻，楼梯下面有个农村姑娘掀起裙子调整自己的吊袜带，奥基夫往外探出身子，

---

①斯科特·菲茨杰拉德写给埃本·芬尼夫妇的信，1938年3月16日，《书信集》，第574—575页。
②斯科特·菲茨杰拉德：《美丽与毁灭》，纽约，斯克里布纳，1922年，第28页。
③哈里·萨尔皮特采访斯科特·菲茨杰拉德，《汇编》，第276页。
④玛格丽特·穆尔斯·马歇尔采访斯科特·菲茨杰拉德，《汇编》，第256页。

想看得更清楚，结果他摔在“坚硬的土地上，进入永恒的地狱”。可怜的骑士不能自制。当遇见了迷人的格洛丽亚·吉尔伯特，安东尼也没能控制住自己。

男人有两种方法从妻子手中夺回控制权。如果他们足够强壮，他们可以强有力地宣称自己不接受任何反对意见。《新娘派对》里的汉密尔顿·卢瑟福对于企图控制他婚姻的人有言在先，说明了这一点。《夜色温柔》里的汤米·巴尔班也是这样以及《夜色温柔》之后，菲茨杰拉德完成的《黑暗的罪状》中的菲利普。但这些人物的原型都是海明威或者汤米·希区柯克，而非他自己。菲茨杰拉德自己的反抗方式则包含更加巧妙的程序步骤，正如他的日记所揭示的。“礼貌的优势之一，”[①]他的日记是这么写的，“在于可以用女人自己的思维方式对付她们，讨好或者折磨敌人，可以证明这么做很必要。千万不要从遥远的纯男性的阵营随意发射子弹和鲜花。”

敌人和炮火的比喻可不是偶然为之。对于20世纪20年代末期和30年代初期的菲茨杰拉德夫妇来说，最初是一场完全无害的游戏，后来却发展成为一场致命的危险游戏。在他结构最复杂，情节最动人的小说中，这场两性之间的战争迅速升级为全面战争。

《夜色温柔》的中心角色是迪克·戴弗，来自中产阶级家庭的男青年，在耶鲁和牛津上学，很快成为首屈一指的精神病医生，在瑞士行医期间认识并且迎娶他的一位病人，可爱但焦虑的妮可·沃伦，她家财万贯。妮可小时候被父亲诱奸，戴弗作为医生兼丈夫，帮助她恢复了精神健康。在医治她痊愈的过程中，他失去了自己绝大部分的生命力。在小说前一部分里，戴弗喜欢上一名年轻的电影

①斯科特·菲茨杰拉德：《笔记本》，第192页。

女演员，罗斯玛丽·霍伊特，从他们之间的恋爱关系中，也可以追溯到戴弗衰落的迹象。在故事结尾，妮可决定和戴弗离婚，嫁给雇佣兵汤米·巴尔班。如今，戴弗已经把自己的能量传递给了她，他接受她的决定，并消逝离去。

小说多处涉及与军事相关的细节。在很多情节中，戴弗被形容像格兰特将军，这位将军的过往以及未来情况不明。他对于过去的战争抱着多愁善感之心。在去蒂耶普瓦勒的路上，戴弗把第一次世界大战归结为“一场爱情的战争……最后一场爱情战争”。看着巴黎那些戴着金星奖章的母亲前来悼念自己死去的孩子，戴弗回忆起坐在父亲膝边听到的故事（也是爱德华·菲茨杰拉德的故事），故事里父亲在内战中和莫斯比的骑兵并肩作战。甚至德国慕尼黑的一战老兵游行，都引发他一阵伤感。

人们曾经在更宏大的事业上耗尽精力和生命。然而，迪克仅在社交的战争前线尝试各种战略上的努力，他出色地组织派对，“他依赖大家的关注，就好像步兵大营依赖战争补给一样”，他同时也赏赐旁人“爱的狂欢”，当他回首往事时，就像“一位将军观看一场屠杀，他下令开展屠杀只为满足自己非人性的嗜血之心”。

在两性战争中，迪克的武器是他的智慧和魅力。但有这些却仍然不够。罗斯玛丽实际上是不可战胜的，“她被母亲和自己的双重盔甲保护着”。母亲从经济方面提醒罗斯玛丽，她是“一个男孩，而不是女孩”，她的母亲比两任当士兵的丈夫都活得长。妮可也具有相当的势力。她的主要武器——除了她的美貌以外——就是财富，而且她善于利用这款武器。

在他们婚姻的某个时期，戴弗夫妇展示如此和谐的假象（他们为了显示关系之牢固，自称两人叫“迪可”），他们鼓动黩武的汤米·巴尔班投入真正的战争。“我无聊的时候，”他告诉罗斯玛丽，“就来戴弗家坐坐，因为我知道再有几个星期，我就要去战场了。”从一开始的私会，妮可在瑞士的高山斜坡上迫使迪克亲吻她，他们已经打破了医生与病人的界限，紧张的关系开始滋长，她当时想，“噢，太棒了！我得到了他，他是我的了。”与此同时，加农炮向河对岸射击，打破了饱含雹子的云层，象征着小说情节发展中，一个起关键作用的时间，当然，他们在其他场合也做出了很多对故事发展起重要作用的事情。当罗斯玛丽出现在他们的生活中，妮可准备好了迎接战斗，迪克也意识到正在发生的一切。“虽然他认为她（妮可）是他见过的最有魅力的人，虽然从她那里得到了他想要的一切，他从很远处就闻到了战争的气味，而且在潜意识作用下，在每个小时他都在不断地武装自己，使自己变得坚强。”然而，他还是不够坚强，以应对美貌和财物的双重诱惑。他喝酒，他让自己的工作走下坡路，越来越自我放纵，而妮可“想要拥有他，希望他停滞不前，鼓励他的一切懈怠疏忽”。不知怎的，迪克“允许他的军火库”，讲故事的人说，“锁在沃伦家的仓库里。”

只有理解到自始至终贯穿《夜色温柔》的主题是男女之间的战争，才能够明白书中特别的暴力情节。在欧洲有钱人光顾的度假场所中，有许多家财万贯的海外来客，在这里上演着枪杀、持刀伤人、殴打、决斗、吵架等事件，象征性地强调该主题。枪炮声同样作为故事情节发展的转折点，又被赋予更深层的意义。

小说中，妮可从头到尾都赢得了战争，而迪克一直在挣扎，最终屈服。他所得到的一切来得太容易了。他被叫作“幸运迪克”，一路从大学到医学院，很快在精神医学领域建立名望，还娶了个美丽富有的妻子。但在这一段长长的过程中，他得到了一项弱点：他不能缺少爱。

早期他和弗朗兹·格雷戈罗维乌斯一起在瑞士多姆勒医生的诊所工作时，他告诉弗朗兹说他想“成为一位优秀的精神病医生——或许是世界上出现过的最伟大的精神病医生”。他还想成为善良、随和、勇敢以及睿智的人。最重要的是，他想被人爱。为了这个目的，他发展出一种能力，即“撩起使人入迷且不加辨别的爱”，但这些人群不包括“心智顽强和永远疑神疑鬼的人”。所以，当他感觉到罗斯玛丽变得“挑剔”，妮可变得“意志坚定”之后，她们不再爱他了，他就被迫转而寻找其他人的爱。他很快发现“自己爱上了所见到的所有漂亮女人”，而他自己的魅力却在减退，越来越少的漂亮女人回应他。最终，他堕落到吸引年轻女孩的地步。

戴弗夫妇去格施塔德滑雪，迪克在那儿崴了脚脖子，只好虚度几日，妮可建议他“去认识那些漂亮小女孩儿，下午跟她们跳跳舞”。迪克坚持说他不喜欢“漂亮小女孩儿”，她们身上散发着“橄榄皂和薄荷油”的味道。戴弗医生意识到“这是个危险的话题”，他非常小心，“目光越过年轻姑娘的脑袋，远远地盯着远方。”

这个话题很危险，是因为妮可根据她的经验以及罗斯玛丽（她在《爸爸的小女孩》中扮演主角）的经历，妮可知道迪克对于年轻女孩有吸引力，而她准备着，真正地、发疯般地妒忌。此外，迪克已经盘算着和一个薄荷油姑娘调情。甚至是当他、弗朗兹以及妮可的姐姐贝碧·沃伦在讨论开诊所的可能性时，迪克还用一半的注意力看着那个正在倾听、从地上捡起东西、试穿雪橇的“特殊的姑娘”，还跟她搭讪。

这段无足轻重的情节，预示了后来妮可在妒火中烧的阵痛中试图自杀，杀掉迪克和孩子的举动。她的妒忌是因为一封信而起，这封信来自一位从前的病人的妈妈，信中指控迪可诱奸她年幼的女儿（迪克的年纪足以做那个女孩的爸爸了）。迪克告诉妮可说，那封信内容混乱，但他也不是完全没有责任，有一次“应这位黑头发、爱卖弄风情的姑娘的要求，他允许她坐他的车去苏黎世”，那天晚上他“纯属无聊，近乎放纵地亲吻她”。当那个姑娘想进一步发展时，迪克就“不感兴趣了”，可能是因为他已经征服过她了。然而，妮可看到过“那个小黑姑娘”看自己丈夫的眼神，她已经按照最坏的打算来准备了。毕竟她已经学习过关于老男人和年轻女孩的一课。迪克确实恣意地激起了她的忌妒之心。

妮可试图把他们的车开下悬崖之后，迪克决定需要“因禁欲而休假”（如弗朗兹所言）。随后的这场旅行成为一次堕落之旅。他独自一人旅行，在去慕尼黑的火车上梦想“萨沃纳附近的农村姑娘，姑娘的脸上泛着绿色和红色的光，就像被照亮的弥撒之书”，在因斯布鲁克，他不由自主地诱惑一个在酒店停留的姑娘（“上帝啊，”他想，“我可以回里维埃拉去和珍妮丝·卡里卡门托或者和那个威尔伯黑斯姑娘睡觉”），在罗马遭受女人的一系列侮辱。

就是在罗马，迪克和罗斯玛丽最终成全了“在沙滩上开始的童年时期的爱情”，但并没有什么乐趣，因为现在是罗斯玛丽占据主动地位。迪克忍不住打听她过去4年中和男人的冒险经历，但她很反感他毫无理由的妒忌（“我已经跟640个男人睡过了——如果这就是你想要的答案”）。她决定他们做爱的时间和方式。她有一天带迪克去电影摄制现场，第二天请他吃午餐。最终，她要中断这段关系，因为她就要跟意大利男演员尼科泰拉订婚了，迪克嘲笑他是“美国的西班牙人”。她把自己在罗马的最后一晚时间留给了迪可，但他那时已经幻想破灭，满心怒火，他喝得烂醉如泥，还为了和一个年轻的英国女孩搭讪，跟出租车司机狼狈地吵了一架，最后败给司机，还被拘留。

当贝碧·沃伦把他从罗马监狱保释出来之后，她相信戴弗医生作为家里不可告人的秘密的守护者，已经失去了尊严以及曾经拥有的任何道德上的优越性。当他走向自由时，身边有一群意大利人发出嘘声。他们以为迪克“奸杀了一个5岁女孩”。虽然这起案件里弄错了嫌疑人身份，但是这一插曲具有象征性的暗示意义。妮可和他离婚之后，他在纽约上州地区的小城镇流转，做综合诊疗医生。妮可听说，他“备受女人青睐”，每当他“和在杂货店工作的某个小姑娘搞在一起”，就被迫离开上一个停留的小镇。菲茨杰拉德并没有透露姑娘的年纪，他也不需要这么做。

尽管迪克经历如此遭遇，菲茨杰拉德仍然认为世界是男人的，女人无法直接篡取男人的领导地位。在小说中带有最明显自传色彩的那一段，这个观点被明白地表达出来。一位美丽非凡的30岁美国画家，来到迪可在瑞士的诊所，在诊所治疗期间，湿疹症状把她变成“活着的令人难以忍受的痛苦”。这种状态反射出泽尔达的处境，试图学习成为芭蕾舞者，但受到湿疹的可怕攻击。经过一些初步的讨论，这位烦恼的艺术家发现了自己病症的原因。

“在我这个时代，有很多女人挑战男人，引起争斗，我和这些女人的命运一样。”

“让您大吃一惊的是，跟所有的战争相比，并无二致。”他回答道，模仿她话间所带的正式的语气。

“跟一切战争一样，”她仔细考虑道，“你要选好建制，否则你要么惨胜，要么以失败告终，永远毁灭——你只是残垣断壁的回声而已。”

“你既没有失败也没有被毁灭，”他对她说，“你肯定自己参加过真正的战斗吗？”

“看看我！”她愤怒地喊叫道。

“你遭受了很多痛苦，但很多女人在把自己误认为男人之前就已经受到了很多折磨。”

这位病人遭遇的痛苦，来源于她挑战男人。戴弗医生试图将病人的挣扎与痛苦程度降到最低：她肯定自己参加过真正的战斗吗？但他知道她说得对。迪可在床边监护她3个晚上，他逐渐开始爱上“这位被粗糙打磨的无名女艺术家”，她象征着两性战争中失败的那一方，他在她身上发现自己的影子。艺术家注定失败，因为她公开地表明敌意。他的爱人们是他的敌人，她们跟她不同。她们偷偷摸摸地从内部攻破。

妮可·沃伦、罗斯玛丽·霍伊特、玛丽·诺斯：从背景看，她们代表了“美国生活的洪流”，然而她们对待男人的态度却是相同的。“她们的观点非常类似，却又和众多美国女人的看法不同，因为她们都乐意生活于男人的世界中，她们通过男人来保护自己的独立性，而非通过站在男人的对立面来达到此目的。”她们具有惊人的适应能力，她们对于男人来说更加危险，因为她们没法被正式视作竞争对手。

《夜色温柔》被看作是一部自传小说，它代表了黑暗的一面。在菲茨杰拉德对于两性战争的描述中，1920年那些或多或少被视作纯真的乐趣，到1934年则发展成为婚内致命的冲突。这一转变反映出他自身经历中重要的变化。菲茨杰拉德并没有通过婚姻获取大量财富，没有像那些靠女人生活的男人一样被财富淹没。他和娶回家的那个精神不稳定的女人争斗，他也没有因为争斗的巨大压力而崩溃。至少在两个方面——失去生命力、吸引女人的冲动——迪克的弊病也是菲茨杰拉德自己的。他是幸存者，但是在这样的战争中，没有人最终完好无损。即使胜利了，也是失败者。

第八章
恣意妄为

“至于女人，”[1]西戈尼·韦伯斯特·费伊神父在普林斯顿曾经警告过菲茨杰拉德，“并非是世俗观念耽误你，而是一种本能，一旦你开始依此本能行事，你将陷入恣意妄为之境。”这番预测可能让那位本科生感到好笑，但是费伊神父说得没错。就像盖茨比、迪可以及《如此聚会》中年轻的泰伦斯，菲茨杰拉德成为为爱痴狂的人。20年之后，他也几近放肆而为。

在给女性的信件或者书里签名，菲茨杰拉德一般称自己为“你的奴隶”，这个称呼很奇怪，也不合适，但恰恰反映出实际情况：他要吸引他见到的每一个女人，他被自己的这种需求所奴役。

> 他们说斯科特·菲茨杰拉德
> 日日夜夜都在求爱[2]

他在日记里这样记录，这也是他的真实写照，尤其是和泽尔达疏远以及泽尔达的病情使得夫妇二人相互远离之后。

在巴尔的摩，他向弗拉福·贝克威斯·麦凯和玛格丽特·特恩

---

①费依神父告诫斯科特·菲茨杰拉德，日期不详（1915—1917年），费尔斯通。
②斯科特·菲茨杰拉德：《笔记本》，第285页。

布尔求爱。1934年，他和多罗茜·帕克的关系达到高潮。他在那年的6月去了纽约，在城里和约翰·奥哈拉度过了疯狂的一夜，在广场酒店和一个女人过了一个星期，这个女人当时正和“四个耶鲁的杂耍演员”环游演出。[①]显然，他在喝酒的时候就是无法停止追求女人。1935年夏天，他的这种癖好已经无法控制。“女人和酒精”[②]占用了太多时间，陷入太多麻烦。他5月份给阿诺德·金里奇写信。“我一直都为女人疯狂”[③]，他在8月份给H.L.门肯的信里写道。在两封信间隔的几个月时间里，都被用来证实这些话的真实性了。

菲茨杰拉德那段时间肆无忌惮地追求女人，有个合理的解释，就是他的酗酒问题已经失控。《夜色温柔》是一部用时很久才完成的作品，1934年出版，但出版当年并未如他所愿取得经济或者评论方面的成功。1934年年底，泽尔达的情况已经很明朗了，她不能长久地离开精神病院。现在他从一股束缚中解放了出来，菲茨杰拉德需要对自己为作家和男人的身份进行再确认。“我在泽尔达身上所放弃的是女人，”[④]1930年他给瑞士普朗沙诊所的首席精神病医生奥斯卡·弗雷尔医生写道，“就我的成功所带给我的社会地位来说，做到这一点不容易。”

不管什么原因，女人们总被菲茨杰拉德所吸引，数量却没有他喝酒时所声称的那么多。“世上没有好女人，”[⑤]他曾经说，“如果有更好的女人出现，”他在日记本中写道，“那她们便是我造就的。”[⑥]他曾经吹嘘自己所征服的女人的数量（他在1935年告诉一位女性朋友，

①《F.斯科特·菲茨杰拉德，一个重要人物》：第293—294页。
②斯科特·菲茨杰拉德写给阿诺德·金里奇的信，1935年5月11日，《书信集》，第524页。
③斯科特·菲茨杰拉德写给H.L.门肯的信，大约1935年8月6日，《通信集》，第421—422页。
④斯科特·菲茨杰拉德写给奥斯卡·弗雷尔医生的信，1930年夏，《通信集》，第243页。
⑤《劳拉·格斯里·赫恩杂志》：第133页。
⑥斯科特·菲茨杰拉德：《笔记本》，第336页。

20个；同年告诉一位男性朋友，100个）。他所说的有些事情是带有想象成分的。20世纪30年代后期，有一次约翰·奥哈拉在好莱坞为他筹办一个聚会，他建议奥哈拉请两位电影明星来，而且强烈暗示他和两位都发生过关系。①据奥哈拉说，这是有所夸张的。“嗯，他跟其中一位发生了关系，但跟另一位没有，而他们是在女演员的化妆室发生的关系，并不是在她家，他们没有恋爱关系。”对劳拉·格斯里——他的文书（最初），也是1935年夏天在阿什维尔对他崇拜有加的爱慕者——他讲述了一系列让人产生怀疑的故事。他和蒙哥马利的一个姑娘发生了关系，就在她婚礼的前两天，她在婚礼的过程中还不忘对他眉目传情。多萝西·吉什一年前曾经试图引诱他，但并未得逞。汉密尔顿·巴索的妻子②在昨晚晚餐的时候主动接近他。他跟劳拉说，他都能看到有新闻标题写道：“老浪荡子进入爱巢！”但格斯里夫人并不相信他讲的一切逸事。她认为女人追求男人以及试图“使他们表现良好”是违背自然规律的。但她无法怀疑自己的情感，或者围绕在她周围的那些奸情。

1935年夏天，几乎有3个月时间，劳拉·格斯里倾听着菲茨杰拉德所说的每句话。然后她回到家，把这些话都记下来，正是因为她这么做了，也正因为她是他的心腹知己以及同谋者。比起其他的生活阶段，她的记录更加重现菲茨杰拉德生命中这段危险的时光。他在9月份整个人都垮了，可原因并不是因为喝酒。“我的生活就是个循环，”③他对她说，“工作、喝酒、爱情。”如果他手上钱够多的话，

---

①约翰·奥哈拉写给威廉姆·马克斯韦尔的信：《约翰·奥哈拉书信选集》（*Selected Letters of John O' Hara*），1933年5月16日，马修·J.布鲁科利编辑，纽约，兰登书屋，1978年，第429页。

②《劳拉·格斯里·赫恩杂志》：第119、100、131页。

③同上，第101页。

酒精、爱恋便可不间断。

他的日记可以做证，里面记录了每个月的活动，可以很清楚地发现，菲茨杰拉德把1935年的大部分时间都用来追求女人。[①]日记中对于《崩溃》之前的重要写作进展的记录少之又少，《崩溃》里的文章是当年10月和12月所写。日记讲述了他追求女人的情况，有的时候他大获全胜，追求的女人包括——按时间顺序排列——伊丽莎白（莱蒙）、诺拉（弗林）、亚特兰大女孩（至今是个谜）、比阿特丽斯（丹斯）、伯特（巴尔）以及玛格丽特·凯斯（哈里曼）。再加上喝酒，他的日程安排相当完满。

外形美丽、举止文雅、知书达理的伊丽莎白·莱蒙是马克斯韦尔·珀金斯一生的柏拉图式爱恋对象。菲茨杰拉德于1934年3月在珀金斯家的一场晚宴聚会上见到她，同年7月陪同珀金斯周末去威尔伯恩，造访伊丽莎白位于狩猎之地，弗吉尼亚的那栋南北战争之前建好的豪宅。可以预见，那栋“宽敞优雅”[②]的房子给他留下了深刻的印象，房子里还有一件纪念美国南北方之间内战的浪漫纪念品：一块玻璃窗，加兰特·佩勒姆，一位南部联邦队伍中的英雄，在战死当天早晨用钻戒在这块玻璃窗上刻下自己的名字和当年的年份（1864）。他把这个细节融入短篇小说《她最后的提箱》中，这部短篇小说被刊载于1934年11月3日的《星期六晚邮报》上。他在小说中虚拟了一个和真实发生在阿波马托克斯的历史事件相反的故事，故事里格兰特将军向李将军投降，这让伊丽莎白和她来自弗吉尼亚的朋友们都非常开心。

①斯科特·菲茨杰拉德：《记事本》，1935年，未标明页码。

②斯科特·菲茨杰拉德写给马克斯韦尔·珀金斯的信，1934年7月30日，《书信集》，第260—261页。

作为回报，伊丽莎白再次请他来南方，[①]菲茨杰拉德——告知了珀金斯——想知道马克斯韦尔是否能在8月底参与他这次重要的旅行。马克斯最终没能跟他一起去，1934年秋天，他只好独自去弗吉尼亚，而且不止一次。珀金斯知道他的几次拜访，而且也默许了，因为他认为伊丽莎白活泼机智、判断力强，更别提她美貌非凡了，对于菲茨杰拉德能起到镇定作用，如果她能规劝他停止玩乐，转而全心工作就太好了。可这没那么容易，菲茨杰拉德在弗吉尼亚时认为男性作家的地位等同于乡绅贵族，甚至拒绝为大家读书。这也让他感到很不舒服，他不但喝很多酒，还故意冒犯莱蒙小姐的好几个朋友。

菲茨杰拉德很可能误解了伊丽莎白·莱蒙对他的兴趣。在1934年9月—1935年4月(日记里记录到“再见，伊丽莎白”)，伊丽莎白的名字在日记里出现了9次，比那段时间任何人的名字出现的频率都高。她离开弗吉尼亚的房子，去巴尔的摩过冬之后，他们还多次一起用餐。菲茨杰拉德还邀请她来见格特鲁德·斯坦因，[②]当时正值跨年前后，斯坦因从巴尔的摩经过。他给伊丽莎白打电话，告诉她自己有多喜欢约翰·皮尔·毕谢普的小说《黑暗行动》。[③]从头至尾，他似乎都把她看作有可能被俘虏的对象，虽然这并非真实情况。“这曾是马克斯韦尔·珀金斯的女友，”他向阿奇博尔德·麦克利什介绍她

①关于1934—1935年期间探访威尔伯恩的记录，可见A.斯科特·贝尔格的《马克斯韦尔·珀金斯：天才的编辑》，纽约，托马斯·康登/达顿，1978年，第231、244—245、260—261页(以下简称贝尔格)；《亲爱的斯科特/亲爱的马克斯：菲茨杰拉德—珀金斯通信集》，约翰·屈尔和杰克逊·布莱尔编辑，纽约，斯克里布纳，1973年，第204—208、276页(以下简称《斯科特/马克斯》)；斯科特·菲茨杰拉德：《记事本》，1934—1935年，未标明页码。

②斯科特·菲茨杰拉德写给马克斯韦尔·珀金斯的信，1934年11月26日，《斯科特/马克斯》，第214页。

③斯科特·菲茨杰拉德写给约翰·毕谢普的信，1935年1月30日，《书信集》，第364页。

时这样说，暗示她现在是他的女朋友。“但是，我的天啊，”[①]莱蒙小姐说，“认识了马克斯韦尔·珀金斯之后，谁还会想做斯科特的情妇呢！”她对菲茨杰拉德感兴趣的最主要原因，是因为他是与马克斯韦尔一起工作的作者。她在米德尔堡招待他，就像她在那里招待托马斯·伍尔夫一样，伍尔夫是与珀金斯/斯克里布纳出版社合作的另一位重要作家。伊丽莎白认为，伍尔夫的行为举止比菲茨杰拉德更加庄重。“斯科特因为自卑情结而永远在炫耀”[②]，她说，特别是在女人面前。珀金斯对这一点了如指掌。他曾经见到他在妻子和女儿面前炫耀卖弄。“当然，”他带着嘲弄的微笑说，“斯科特认为所有女人都爱他。”[③]他的说法过于夸张。菲茨杰拉德只是说得好像所有女人都爱他。

他对诺拉·兰霍恩·弗林也报以相同的态度，她是1935年他的第二段浪漫情愫。那年，菲茨杰拉德数次探访北卡罗来纳州的特莱恩，[④]诺拉和丈夫莫里斯（雷夫蒂）住在那里：2月、夏天中期、10月、12月都去过。他还在纽约的3月中旬见过诺拉。诺拉·弗林美丽万分、活泼可爱，她对于菲茨杰拉德吸引力大部分来自她的背景和她不循常规的生活。她是弗吉尼亚著名的兰霍恩姐妹中最小的一位。她的大姐是南希·阿斯特夫人；另外一位姐姐嫁给了插画家查理斯·德纳·吉布森，“吉布森少女”的创造者。诺拉本人从第一段婚姻中逃离，就是为了和雷夫蒂·弗林在一起，弗林曾经是耶鲁的橄榄球运动员——和诺拉一样——也是一位极具天分的音乐人。菲茨杰拉德喜欢她聪明伶俐，羡慕她生活幸福，敬仰她毫无畏惧。“我从

①《马克斯韦尔·珀金斯：天才的编辑》：第246页。
②同上：第24页。
③麦兹纳采访玛乔里·金南·罗林斯，日期不详。
④斯科特·菲茨杰拉德：《记事本》，1935年，未标明页码。

来不回头看，”她告诉菲茨杰拉德，“系好你的腰带，亲爱的，”她常这样说，“我们出发。南极北极，去哪儿都行。”[①]

1935—1936年期间，当他陷入抑郁状况时，正是向诺拉寻求帮助的。他给她打电话，眼泪汪汪地，她会试图让他振作起来。[②]在特莱恩，她还试图帮助他戒酒，用自己喜爱的一项不依靠酒精的趣事给他当作案例。“我认为，他爱她，”泽尔达1947年告诉亨利·丹·派珀，“并不是秘密地爱，他身边总是要有几个女人，当他情绪低落需要人扶一把的时候，能向她们寻求激励，她就是那些女人中的一个。”但谈论起诺拉让泽尔达感到不安。派珀认为，很可能是因为泽尔达不知道自己所了解的是不是他们两人关系的全部真相。[③]

有什么可了解的呢？答案要视其来源而定。据菲茨杰拉德自己所说，也是他断断续续地告诉劳拉·格斯里的，劳拉听到后特别震惊，即诺拉·弗林深深地爱着他，想跟他走，就像她之前和雷夫蒂所做的那样。诺拉还比他大几岁，他不想——如他所言——成为诺拉搭乘的最后一班巴士。菲茨杰拉德从来没承认过他们是情侣。他说，“诺拉的热情维持了很久，因为什么都没有发生”。[④]

在弗林夫妇的朋友们看来，事情完全不是这样的。在他们眼中，菲茨杰拉德对诺拉爱得疯狂，而她也怂恿他这样。据诺拉·弗林自己叙述，“斯科特总是说他特别爱我，这太傻了。我非常在乎雷夫蒂，他也很在乎他。当我斥责他时，他很明显感到解脱了，我们才可以忘记两性间的吸引，而仅做朋友。他太有魅力了，跟他聊天

---

①斯科特·菲茨杰拉德：《笔记本》，第7778页。
②《泽尔达》：第312页。
③派珀采访泽尔达·菲茨杰拉德，1947年3月13日。
④《劳拉·格斯里·赫恩杂志》：第6、11页。

非常有趣。”[①]

无论他俩关系性质如何，菲茨杰拉德不希望他们的关系中断。1935年8月，他真正的情人比阿特丽斯·丹斯离开阿什维尔的那天，他打电话给诺拉，第二天又给她打了电话。“你现在的女朋友是谁，斯科特？”[②]她问他。他撒谎道：“没有啊。”第二年10月，菲茨杰拉德回到阿什维尔，他所住的酒店里正好在举办一场时装秀。诺拉要在时装秀上走台，她在大堂打电话叫菲茨杰拉德下来，[③]他即刻叫保姆来给他换装，他当时穿得非常邋遢，他要打扮得体再下楼。有一次在纽约，他去接她时“穿着奇怪，戴着大礼帽、白手套，穿着黑色斗篷，斗篷以白色丝绸镶边——就像要上台表演的魔术师”[④]。其他的时候会问她，“穿这件花呢西装好吗？”“穿这件外衣合适吗？”她认为他可能有自卑情结。绅士们并不担忧自己的着装，即使他们为此担心也不会说出来。绅士们还有一件事也不会做，即用自己朋友生活中几近丑闻性质的事件，作为素材写进小说，像菲茨杰拉德所写的《亲密的陌生人》那样，这部小说是1935年6月为《麦考斯》杂志所写，故事以诺拉和雷夫蒂·弗林的绯闻为基础；但故事里的那对恋人被塑造成令人同情的角色。半年后，诺拉第一次婚姻中生下的儿子，还是有针对性地指责了菲茨杰拉德。[⑤]

劳拉·米勒·格斯里于1935年6月6日第一次见到菲茨杰拉德，就在阿什维尔林园酒店举办水管工人舞会的第二天晚上。菲茨杰拉德来到山区以缓解轻微肺结核（泽尔达在巴尔的摩的谢泼德—普拉特

①派珀采访诺拉·弗林，1947年2月10日。
②《劳拉·格斯里·赫恩杂志》：第91页。
③玛丽·尚克接受麦兹纳采访，1949年11月20日。
④派珀采访诺拉·弗林，1947年2月10日。
⑤有针对性地指责：斯科特·菲茨杰拉德，《记事本》，1936年12月，未标明页码。

医院，斯科蒂被寄养在朋友家中）。他当时正处于经济困难时期，但依他的个性，还是选择住在昂贵宽敞的大酒店，这家酒店主要服务上流社会和管道承包商们。劳拉·格斯里不属于这两个团体中任何一个。她晚上在酒店为客人看手相。她在6月6日的晚上为菲茨杰拉德看手相。他的手掌颤抖，而且有些潮乎乎的，但是随着她说出他过去以及将来的成就，他说，说得非常好，菲茨杰拉德热情的绿色双眸变得越来越饱含深情。

一个星期后的一天晚上，这位英俊的作家打电话给她。难道她不想读一读他刚刚写完的关于一个吉卜赛人的故事吗？（故事有一部分还是以她看手相的事情为基础的）她想读，于是取消了一个约会去和作家见面。可当他到达的时候她还在做头发，慌乱之中她碰倒了一盏灯。菲茨杰拉德对她赞不绝口。他喜欢她那间车库改装的公寓，他说："你在房子上用了很多心思。"他赞赏了她深蓝色的晚礼服。这件衣服完美地展示了她的线条，他说。他们决定去他在酒店的房间用餐，她在他的房间弄好了头发，但发现没带唇膏。

"咱们可以下楼买。"菲茨杰拉德说。

"没关系，"劳拉回答说，这时他走了过来，看着她的嘴唇，弯身温柔地亲吻她。对于这位掌纹解读者来说，"看起来是不可避免、预先注定的。"菲茨杰拉德饱含深情地继续凝视着她，说一开始她的声音如何吸引了他，说当他们见面时他就有异样的感觉，他知道他们将要爱上对方，她为此着了迷。"我知道你是我们其中一员，"他说，"无论我们其中一员意味着什么。"

晚餐送到了，而菲茨杰拉德实际上什么都没吃。他不断喝啤酒和麦酒，不停地抽佐野牌香烟。劳拉发现他既没戴手表，也没戴戒指，也没有带钢笔，她感到很惊奇。当他靠近她说"我爱你，劳拉"

时，她更是惊讶。她回答说，他这么有幽默感挺好的，因为她也很幽默。然而菲茨杰拉德却不断地重复这句话。“我爱你，劳拉，我一生中只对3个女人说过这句话。”啊，她当时真是陷入热恋了！[①]

从很多方面来说，对于菲茨杰拉德的追求，格斯里太太都是脆弱的。她当时正在办离婚。自己也写点东西（菲茨杰拉德润色了一篇她写的小说，并寄给了《时尚先生》杂志，但被退了回来），她非常羡慕菲茨杰拉德的才华。跟诺拉·弗林一样，她比菲茨杰拉德大几岁。而且告诉她他爱她。他们一起晚餐后的5天里，她备受煎熬。“有段时间，一想到他，我就要疯掉了。”她在日记中坦白说。“他通过思想触及女人，然而他也想得到她们的身体。他会毁掉一个守身如玉的女人，要么是从精神上，要么是从肉体上，从最薄弱的环节入手。”[②]在她的身上，是思想环节先被攻破，接着6月17日，围攻火力减弱。她希望他们从来没见过，从来没爱过，她在一首给菲茨杰拉德的诗里表白。一个星期前，她的生活还是“宁静温和的阳光”，而现在她只能想着一个人。但她决心要再次实现自由。

菲茨杰拉德的所作所为，帮助她更加轻易地逃离她“毫无方向的热情”。[③]其一，他要求绝对的即刻服从。他说，准备好，然后5分钟以后就来接她去看电影，或者去夜总会坐到很晚，听他讲他认识的其他女人。他还期待她理所应当地为他做很多事情——做笔录、写信、按摩他的头，“使劲，右后方”，帮他放松。从6月到9月中旬，劳拉做了他要求——命令——她做的一切，但她不喜欢被指挥来指挥去。她可不是他妈妈。

---

①《劳拉·格斯里·赫恩杂志》：第1—9、16页。

②同上，《我这周所学》（*What I Learned This Week*），未标明页码，费尔斯通。

③同上，《我和你》（诗歌），未标明页码，费尔斯通。

菲茨杰拉德的酗酒是另一个问题。他从夏天开始主要喝啤酒和麦酒，虽然她自己本身没事也喜欢喝杯啤酒，但他消耗酒精的量出乎她的意料。有一天他喝下了37罐啤酒。“啤酒喝进他肚子就像瀑布从岩石上冲下来，结果更加具有毁灭性。”[①]菲茨杰拉德饮酒过度后会思绪游离，无法停止大声地讲故事，更无法把它们写在纸上。9月初，当他重新喝起杜松子酒后，情况就变得更糟了，劳拉发现“无论作为秘书、保姆还是妻子，和一个酒鬼拴在一起”简直是世界上最艰难的工作了。在9月13日星期五，她把他送进了医院，她还认为那天是幸运的一天。“我一生中从未感觉到如此不爱一个男人。”她在日记中写道。[②]

她还是无法完全摆脱他的影响。他10月份搬回巴尔的摩后，她是他信里的“甜心劳拉”，她帮他整理留在阿什维尔的行李箱、书本和其他东西。[③]给他寄去了一首诗歌和一根领带，诗里承认“你的魔力还停留在我身上”。[④]第二年夏天，他肩膀受伤，她还给他寄去了花。除了要求帮忙的信件以外，他没有给她寄任何东西。他为她所做的秘书工作支付了两张支票，但都被拒付。她一夏天的工作只得到了27美金的报酬。[⑤]

劳拉很愤怒，因为菲茨杰拉德不够慷慨，这一点可以理解。毕竟她整个夏天都看到他给侍者以及杂役过多的小费。然而还有更深一层的怨恨，是因为她还担当了他和比阿特丽斯·丹斯之间的传信人，并且在他俩相好的整个过程中，还要偶尔为他们打掩护。最

①《劳拉·格斯里·赫恩杂志》：第17页。

②同上，第138—140页。

③斯科特·菲茨杰拉德写给格斯里的信，1935年10月20日，费尔斯通。

④格斯里写给斯科特·菲茨杰拉德的信，1935年秋，费尔斯通。

⑤斯科特·菲茨杰拉德写给格斯里的信，1936年7月28日，费尔斯通；格斯里写给斯科特·菲茨杰拉德，1936年6月2日，费尔斯通。

后，劳拉·格斯里还是喜欢比阿特丽斯的。在她的概念里，她明白菲茨杰拉德“靠女人的爱生存，没有女人爱他，他就会死去”。[①]但她实在难以容忍他喜欢另一个女人。

“这个夏天，我要安排一些活动，[②]再次给我带来生气，”菲茨杰拉德1935年8月中旬写信给马克斯韦尔·珀金斯，“但我完全不知道该安排什么。”他在6月初发现比阿特丽斯·丹斯和她妹妹埃莉诺从圣安东尼奥来到阿什维尔。6月中旬，斯科特和比阿特丽斯就成了情人。他们之间的爱恋只维持了7个星期，之后就痛苦且突然地结束了，但这段感情可不是那种在夏天漫不经心的相爱。和希拉·格雷厄姆一起在好莱坞的那段岁月中，这段关系是他跟她谈起的唯一一段婚外情。他告诉希拉，他曾爱着比阿特丽斯。她是第一个令他忘记泽尔达的女人。[③]

比阿特丽斯比菲茨杰拉德小6岁，她有一头漂亮的金色头发，双手双脚很大但形状很美——最引人注意的是——让人觉得有趣的、奇怪的口吃现象。那年夏天他写了一篇致马克·吐温的悼念词，有一天晚上，他让她大声诵读这篇悼念词。但她读到“哈克贝利·芬”时，[④]卡在了“H”的发音上，她非常绝望地说：“我今晚太激动了，发不出h音了。”菲茨杰拉德开心极了。“我只知道，”他们关系结束之后他写道，“我愿意在那儿坐上1 000年看着你，听你因为结巴越来越严重而发出可怜的呼哧声。”他说，想到她时脑袋里出现次数最多的词是“可爱”。

---

①《劳拉·格斯里·赫恩杂志》：第118页。

② 斯科特·菲茨杰拉德写给马克斯韦尔·珀金斯的信，1935年4月15日，《斯科特/马克斯》，第220页。

③《劳拉·格斯里·赫恩杂志》：第96页。

④ 同上，第82页；斯科特·菲茨杰拉德写给比阿特丽斯·丹斯的信，1935年8月，《通信集》，第419页。

比阿特丽斯的父亲赚到了巨额财富，是得州的“重要人物”，[①]她的做派就像一位皇后，永远想要最好的，也能够得到最好的。这并非偶然，菲茨杰拉德更容易被来自社会上层的女人吸引——伊丽莎白·莱蒙、诺拉·弗林、比阿特丽斯·丹斯。虽然比阿特丽斯已婚而且有一个小女儿，但她认定自己几乎对菲茨杰拉德一见钟情，而且她要为此有所行动。而且他也欣然接受，但最初并没有想到这段关系会发展到何种地步。让他震惊的是她所怀有的热情之深切，使他害怕的同时，也激励了他，他的反应也超乎想象。比阿特丽斯对他毫无保留。她给予他赞扬和崇拜。她告诉他关于自己和她婚姻中最隐秘的细节。她还建议他们一起躲到世界某个偏远角落，靠她的收入生活，她还想给他生孩子。毫无疑问，她让他感受到了生命力。

丹斯太太和她身体不好的妹妹来到阿什维尔，本来希望逃离圣安东尼奥的湿热，在山区的空气中获得舒缓。她在林园酒店认出菲茨杰拉德之后，就开始在写作间里大声朗读《了不起的盖茨比》吸引他的注意力。之后菲茨杰拉德、比阿特丽斯、埃莉诺，3个人一起用晚餐、在酒店阳台彻夜畅谈、在城堡（阿什维尔最接近俱乐部性质的娱乐场所）欢度夜晚时光，最后在菲茨杰拉德的房间约会。在那个夏天，酒店的帮工很快意识到发生了什么，劳拉·格斯里也发现了，虽然他拖了很久才告诉她。虽然他承认了这段关系，但他贬低比阿特丽斯，说她被惯坏了，而且特别笨。他说，如果劳拉早已委身于他，这一切便不会发生。既然这样，劳拉便被委以他任。

7月15日，比阿特丽斯的丈夫霍普来阿什维尔逗留两周。为了避免冲突，丹斯夫妇住在附近的高地度假酒店，比阿特丽斯会通知菲

---

①《劳拉·格斯里·赫恩杂志》：第82页；斯科特·菲茨杰拉德写给比阿特丽斯·丹斯的信，1935年8月，《通信集》，第122页。

茨杰拉德自己丈夫什么时候离开。在此期间，劳拉被当作传信人，及时向比阿特丽斯传递消息，如菲茨杰拉德8月3日回来，上午11:15和她在“小酒馆”见面，就是他们曾经“大吃鱼子酱”的地方。比阿特丽斯就能明白他的意思。菲茨杰拉德对劳拉说，他想了断关系。恰恰相反，这对恋人在城里的乔治·范德比尔特酒店开了房间，比阿特丽斯跟妹妹说他们去山里兜风。劳拉被留下来为他们放哨。

警报几乎立刻就拉响了，因为霍普离开阿什维尔的时候已经察觉到有异样，并决定保持时时联系。当天晚上劳拉不得不帮忙在电话上打掩护。霍普从田纳西州的孟菲斯打电话到酒店找比阿特丽斯，而她不在房间。电话接线员把电话打到劳拉家里，问劳拉是否知道比阿特丽斯在哪里。劳拉给身在范德比尔特酒店的比阿特丽斯打电话。比阿特丽斯给霍普回电话：她告诉他，她和劳拉去看电影了。一小时之后，孟菲斯的电话接线员打电话给劳拉找比阿特丽斯。丹斯太太回来后是否可以回复这个电话号码呢？劳拉给范德比尔特酒店打电话。劳拉再次给孟菲斯那边回电话，试图打消霍普的疑虑。

这对恋人显然正招致危险，但这一过程偏偏让菲茨杰拉德非常兴奋。第二天，他忙碌地处理信件，晚上他故意板着脸写出一首他和埃德蒙德·威尔逊曾经做出的关于小狗的幽默诗[1]，逗得比阿特丽斯和劳拉特别开心：

狗啊，狗啊——我喜欢乖乖狗！

淘瑟或者布瑟车或者星星——

[1] 埃德蒙德·威尔逊：《二十年代》，未标明页码，《纽约客》，1975年4月28日，第68页。

彻底的愉悦——
四条腿的财富——
忠贞不渝，鲜有人能像你一样！
快来，狗狗：举起你的爪子——
打滚翻身装死，像一条木材！
比耗子大！
比猫咪忠诚！
狗！狗！狗！

比阿特丽斯和劳拉催促菲茨杰拉德离开乔治·范德比尔特酒店，搬回林园酒店，这样相对容易避免电话混乱的情况。但菲茨杰拉德原地不动，比阿特丽斯和他待在一起，当霍普再次深夜打电话来时，他妻子依然不在房间。

埃莉诺认为姐姐和菲茨杰拉德搞在一起是非常愚蠢的。埃莉诺认为，他很懦弱。是一个即将溺水而亡的人，却抓住最后一根稻草拖延时间。她被独自一人留下的时间太多了，埃莉诺自己的健康情况越来越差，开始进入抑郁状态。菲茨杰拉德在8月5日做了件好事。他看到埃莉诺独自一人待着，试图安慰她（他是这么告诉比阿特丽斯的），或者是试图引诱她（埃莉诺如此认为）。无论是哪种情况，埃莉诺变得烦躁不安，比阿特丽斯打电话回圣安东尼奥，叫来了他们的家庭医生凯德。他8月7日到达。霍普也跟来了。

菲茨杰拉德一直在想象和比阿特丽斯丈夫的正面冲突。他会把睡袍扔到霍普的脑袋上，把他打趴下，趁他没有还手之力前攻击他，菲茨杰拉德对劳拉说。他准备好了啤酒瓶子，任何人想要闯进房间，他都可以随时拿起瓶子砸过去。他还可以把锋利的啤酒开瓶器当武器。其实真正的会面并没有那么戏剧性。8月7日晚上，菲茨杰拉德和劳拉一起吃的晚餐。和平时一样，他喝了大量啤酒，但吃的却很少。之后，他们一起去看了秀兰·邓波儿的电影，他不喜欢那部电影。离开电影院时，他打电话到比阿特丽斯和霍普的房间，想方设法获得他们的邀请去做客。他们4个人两两对话，先是菲茨杰拉德和比阿特丽斯、霍普和劳拉，然后是男士与男士对话，女士和女士对话。11点30分来访者起身离开。

菲茨杰拉德走到比阿特丽斯的床边声音沙哑地问："我可以给你一个晚安之吻吗？"

"当然。"他亲吻她的脸颊时，她神采奕奕地抬头望着。

劳拉看到霍普的脸上闪过一道凶残的笑，赶忙推着菲茨杰拉德出了房间。霍普"砰"的一声关上了门，用钥匙把门反锁上，锁门的声音很大。在回家路上，菲茨杰拉德告诉劳拉他真的爱比阿特丽斯。然而他们的关系结束了。从此再没见过她。[①]

第二天早晨，家庭医生——他断定是比阿特丽斯，而非埃莉诺，最需要医治——跟菲茨杰拉德谈了一番话。凯德医生说，作为一个饱经世事的人，他知道发生了什么。他自己也曾经有情妇。但菲茨杰拉德必须不再见比阿特丽斯。她的婚姻已经面临失败。麻烦会接踵而来。这样的系列事件前后都有关系。菲茨杰拉德同意他的观点，与他很有礼貌地交谈。下午时，医生和丹斯一家便离开了，可比阿特丽斯还是接连几天都打来许多电话，发来大量电报和信件。在圣安东尼奥，比阿特丽斯的精神崩溃，两度被送进医院。劳拉在日记里记录了菲茨杰拉德的反应。

①斯科特·菲茨杰拉德的爱恋故事是在格斯里的回忆的基础上重现的。

斯科特极度焦虑。[①]“我一向我行我素。我想如此结束，可虽然我赢了，我也是输了。”他走来走去，猛扑到床上，双手抱头痛哭。然后，他恢复自我控制，又开始走来走去。“我很高兴昨晚在她床边吻了她。”他说，“当然，爱情也会毁约，但是，爱意最浓的时候却把爱情扯得稀巴烂，这太糟糕了。这会留下很深的伤痛。不过，没关系——没什么大不了的。”他大声啜泣，走进另一间房间，猛地扑倒在那边的床上。

正如“爱情也会毁灭”的哲理所暗示的，斯科特颇有做戏的成分。在当时同样的心境之下，他痛斥自己是婚姻摧毁者。“我碰触的每个人，都被我摧毁，”他啜泣道，“我永远都是坏人。”他直接给比阿特丽斯发去了一封告别信。

用于引渡你的人身保护权法令并不让人惊奇，[②]但让人震惊。当然，你离开是对的——除了完全分开以外，任何措施绝对都是无用的拖延。

但你是唯一一个我愿意与之沟通的人，你走以后，只剩下沙漠一般可怕的寂静。

爱情似乎就是那样，不如人愿，爱情常常就是悲剧的，永远是致命的、脆弱的。

当你收到这封信时，过去，我们的过去一小部分已经死去

①《劳拉·格斯里·赫恩杂志》：第90页。

② 斯科特·菲茨杰拉德写给比阿特丽斯·丹斯的信，1935年8月下半月，《通信集》，第420—421页。

了，所以我现在给你写信时试图不掺杂我的感情。此刻，我俩都厌倦了生活，疲惫至极——但仍不甘心。以前常出现的头晕眼花又回来了（别担心——一天左右就会退去）我只是躺着思考。一想到你在田纳西的炎热之中，我就难过，不过很高兴我不用再去那里。留在这里，让凯德医生和霍普夹在咱们俩之间也是不可能的。甚至当他们合起伙来，我都不在意，有你在我身边，我可以应付50个他们——但也不必这样了。

这是第四封信，其他几封已毁掉，因为每一封都因新的情况而变得过时。总有一天，亲爱的比阿特丽斯，我会写一些关于你的文字，“这世界不愿其消失的事情”，然而时机未到，而我也无法在一封信中写下那么多……

……我今天太难受和悲伤，已无法思考。这世界除了你和我以外，似乎再无其他。你是我所知的最可爱的人。

噢，亲爱的，我无法再写下去。还有很多很多要说的，如果你可以告诉我一个安全的地址，我会给那个地址寄信。我爱你——你是晶莹剔透、吹制好的玻璃，太阳总是突然间穿射而过。

谢谢你寄来的烟。我会给你寄一些书去。

爱你的

斯科特

再见，再见，你永远是我的一部分。

虽然表明了自己的爱意，但菲茨杰拉德在信中似乎完全接受两人分开的结局，而且这封信也是在比阿特丽斯离开3天之后才写的。他在信中将爱情概括为朝生暮死的，承诺将比阿特丽斯写进小说永为流传，着重强调出她的可爱，还同她道别。而且，菲茨杰拉德心里还有另一件事。他认为自己染上了梅毒——他肯定地跟劳拉·格斯里说——从比阿特丽斯那儿传染的。直至检查报告出来，检查结果呈阴性，他才恢复平静。听说比阿特丽斯在圣安东尼奥住进医院，他给她发去一封言语直率的电报：吃药[①]继续生活/世界不是为了豪华铁路客车而存在，只有勇敢的人才能继续执掌铁路系统/现在勇气对于我们意义重大。9月初她的病症复发，他给她写了一封言辞激烈的信，[②]向她讲述她的职责。"世间有许多情感，犹如我们此刻的情感一样重要——实际上生活没有标准，存在的是责任感……我们不能让我们的世界在身边崩塌，就像凌乱坠落的碟子那样。"他坚持说，比阿特丽斯必须"乖一点"。

和比阿特丽斯比起来，菲茨杰拉德显然更容易从这段关系中脱离。一个月后他去医院探望，希望她明白这不是因为爱。他告诉劳拉，"别让比阿特丽斯认为我中断关系是因为她"。[③]也许，带着同样明显的大男子主义，他跟凯德医生说的一些话，让比阿特丽斯误认为他背叛了她。"弄明白为什么他这么对我。"[④]她离开的那天给劳拉·格斯里发了电报。菲茨杰拉德称他不知道她的话什么意思。7个月过去了，他仍然不明白他对医生说了什么，让比阿特丽斯如此烦恼。他和凯德医生讨论了医生在得克萨斯的职业生涯情况、比阿特丽斯和霍普的婚姻、菲茨杰拉德对霍普"直觉性的喜爱"、这段关系

① 斯科特·菲茨杰拉德写给比阿特丽斯·丹斯的信，1935年8月20日，《通信集》，第423页。
② 同上（指向并不十分清晰），1935年9月，《书信集》，第529—530页。
③《劳拉·格斯里·赫恩杂志》：第150页。
④ 比阿特丽斯·丹斯写给格斯里的信，1935年8月10日，费尔斯通。

中追求财富无果、对比阿特丽斯女儿可能采取的监护计划以及埃莉诺的病情。他再想不起来还聊过其他什么。但菲茨杰拉德忽略了他俩从男人角度对女人的讨论，很有可能完全用自己那轻率的方式，谈论比阿特丽斯那狂野的热情。最终她告诉了他烦心的原因。“说得好听一些，我们的药业大亨真是专心致志。”1936年5月15日，他给她回信，“‘大猩猩’的主题让我觉得好笑，我并没承认他这种发明创造的才能。”①

比阿特丽斯就像菲茨杰拉德的妈妈，随时愿意原谅他。她经常送他礼物：毛衣、和服、手绢、图书、鲜花、每年订阅的《生活》和《财富》书籍。菲茨杰拉德以内容丰富的信件回馈，信里把自己的生活描述得极其美好，偶尔谈及他们共同经历的幸福瞬间，他现在的生活甚至要比那些幸福瞬间还快乐。“这5年间，你一定也经历了很多事情，”②他去世前一个月给她写信，“如果你愿意，请写信告诉我你的事情。”菲茨杰拉德不想他们之间的联系完全断掉，虽然他们也一直保持着联络。1964年霍普去世之后，霍普的一位朋友趁妻子在车里等待时，想亲吻比阿特丽斯。她一点也不感兴趣，她告诉多年的密友劳拉。她的一生已经有过精彩的经历。没有其他男人能再吸引她了。③

劳拉总结说，菲茨杰拉德是一个非常孤独的人。1935年的夏天，无论他在哪里，都急切地想要得到女人的崇拜。在阿什维尔，这个女人就是比阿特丽斯·丹斯。当6月和7月再度到来，菲茨杰拉德离开林园酒店去巴尔的摩待了很长一段时间，泽尔达住在那里的

①斯科特·菲茨杰拉德写给比阿特丽斯·丹斯的信，1936年3月6日，《通信集》，第427—428页；斯科特·菲茨杰拉德写给比阿特丽斯·丹斯的信，1936年5月15日，费尔斯通。

②斯科特·菲茨杰拉德写给比阿特丽斯·丹斯的信，1940年11月6日，费尔斯通。

③比阿特丽斯·丹斯写给格斯里的信，1964年7月5日，费尔斯通。

谢泼德—普拉特医院。每次在巴尔的摩期间，他都要去纽约做短暂停留，见一个女人；如果他的话可信的话，每一次的见面都是私密的。他和博特·巴尔在6月度过了一天；跟玛格丽特·凯斯·哈里曼是在7月。

菲茨杰拉德第一次见到金发碧眼、美丽动人的博特·巴尔是在1931年2月，当时他正乘船回美国参加父亲的葬礼。船行于大洋之中，所有乘客都涌到甲板之上观看旁边路过的崭新的不莱梅号，[①]不莱梅号上的所有灯光都炯炯闪耀着。博特激动地对得克萨斯的石油大亨喊道："爸爸，给我买下它！"她当时正和他的一群朋友旅行。她的手还因为刚刚被打断的桥牌游戏而激动地攥紧着，博特在菲茨杰拉德耳边轻声说，她自己是玩牌老手。他对她着了迷，连续给她发幽默的信件追求她。[②]"我给你装上一枚新的剃须刀片和我的皮肤质地像薄棉呢织布，或者格罗里亚·范德比尔特的'旁氏润肤乳'。这不会让最擅长编织闺房帽的仙女蒙羞的。她还是一言不发，你收到我的信了吗？你能收到我的信吗？她是不是要睡觉，在睡觉呢？她有公众责任感吗，有没有收到任何去乡间别墅拜访的邀请？她知道自己醒来后将面对什么吗？"我很担心你醒来之后会发现眼前有一个打开着的大箱子和把它跟你今天一大早看到的那个箱子搞混，今天早上你看的那个箱子蹒跚地——我应该说从你华丽宽大的套间迂回出来——我是想说我很清醒、没有喝酒、没有抽烟、没有吃洋葱，而且我还是很喜欢你。"

①《斯科特·菲茨杰拉德》：第197—198页；马修·J.布鲁科利（Matthew J.Bruccoli）：《后记：一个女人、一个礼物以及一个仍未回答的问题》（*Epilogue: A Woman, a Gift, and a Still Unanswered Question*），未标明页码，《时尚先生》，1979年1月30日，第67页。

②斯科特·菲茨杰拉德写给博特·巴尔的信，1931年1月29日—2月6日，《通信集》，第259—260页。

菲茨杰拉德发现，博特·巴尔的真名是贝莎·温伯格·戈德斯坦，她是金融家西德尼·J.温伯格的妹妹，布鲁克林一位重要法官的妻子。他却称呼她米老鼠，没有别的原因，只是因为她喜欢。他们在一起有很多乐趣，因为她跟他一样极富语言天赋，而且她天生会模仿。在船上浪漫相遇之后，他们至少约会过两次。①一次在巴黎的1931年6月，当晚状况百出，最后以“酒店经理的老婆在电话里咒骂抱怨”而收场。另一次见面在1935年的纽约，这也许是他们最后一次见面。“我有24个小时的时间无事可做，”菲茨杰拉德写信给马克斯韦尔·珀金斯，“去纽约见一个我非常喜欢的女人——这是个很长的、特别的故事（一个男人一生经历的最奇特的关系之一）。”斯科特补充说，他本来要去见珀金斯，但他最终放弃了自己原有的周末安排，“离开她而去看你，这不太可能。”菲茨杰拉德非常在乎博特，给她寄去自己写的所有的书，还都签了名；她也十分在乎他，收集、收藏了他去世前5年的打印稿以及给《时尚先生》撰写的文章和小说的长条校样。

玛格丽特·凯斯·哈里曼也喜欢菲茨杰拉德的作品，她自己本身是作家，为《纽约客》写过很多人物传记，后来还写了很多本书，包括《恶性循环》，讲述在阿尔冈金酒店召开著名的圆桌会议，她的父亲是酒店的经理，她本人就在酒店里长大，菲茨杰拉德极度渴望她有益的观点。据菲茨杰拉德的日记记载，他们在纽约见过两次，一次是在1935年7月下旬，另一次是在1936年12月。1935年那次见面后，菲茨杰拉德宿醉严重，因为玛格丽特说作家约瑟夫·赫格斯海默②比他

---

①斯科特·菲茨杰拉德写给博特·巴尔的信，1935年4月24日，《通信集》，第408页；斯科特·菲茨杰拉德写给马克斯韦尔·珀金斯的信，大约1935年6月25日，《斯科特/马克斯》，未标明页码。

②斯科特·菲茨杰拉德写给玛格丽特·凯斯·哈里曼的信，1935年8月，《书信集》，第526—527页；玛格丽特·凯斯·哈里曼写给斯科特·菲茨杰拉德的信，1935年8月，费尔斯通。

“更加受到认可”，他的自尊受到极大伤害。菲茨杰拉德坚持认为，他们就是不同类型的作家。玛格丽特很快同意了他的观点，并且用《重返巴比伦》作为一个点将他俩进行比较。“我肯定，当乔要写这样一个故事，一个男人想要他的孩子来跟他一起住，但是又无法实现这个想法，我肯定，他会用几句辞藻华丽的文字描写他做了些什么，或者他是怎么想的，或者更糟的是，为什么他会遭遇这些事情……这是你的写作方法，当然，这个男人什么也没想，或者什么也没做，因为根本就没什么可想的，也没什么可做的。当你阅读这个故事的时候，你知道他将遭遇到这些事情，但是作者没有事前交代，所以，当故事进展到那里时，你就无法承受了。”玛格丽特告诉他，她读过菲茨杰拉德的所有作品，而且她也记住了他写的一切。菲茨杰拉德需要别人告诉他这些，正如同他需要别人爱他一样。

菲茨杰拉德曾考虑把玛格丽特写入《最后一个大亨》。他的工作笔记里写道，“他妻子死后加入玛格丽特·凯斯那段”[①]。他确实在《你自己》中描写了博特的可爱活泼和无限魅力，这个短篇故事写于1931年，直至1979年才被发表。《你自己》的主题和菲茨杰拉德的很多故事一样，也是关于爱情，但是主角们都没有结婚，所以不存在通奸或者不忠的问题。菲茨杰拉德在这些方面总是小心翼翼。“我在为琼·克劳馥写一个剧本《不忠》，”他1938年写信给比阿特丽斯·丹斯，“我觉得他们不应该让我写这个主题，我对此知之甚少。”[②]

菲茨杰拉德和比阿特丽斯可能很喜欢这样富含讽刺意味的话语，但他并没有实现他的计划，即用一种对任何人都无害的方式写

①斯科特·菲茨杰拉德：《最后一个大亨》，《笔记本》，未标明页码，费尔斯通。
②斯科特·菲茨杰拉德写给比阿特丽斯·丹斯的信，1938年3月4日，《通信集》，第489页。

她，[1]而且其内涵也只有他俩能懂。他曾两次记录下写作重点，第一次是在《悲剧的七月》中按时间顺序列出重点事件，第二次是为剧本《太糟糕了》列出一系列场景。[2]跟比阿特丽斯分手之后不久，他跟作家朋友詹姆斯·博伊德说，"我刚刚从一段强烈的爱恋中走出来，[3]恐怕我并非毫发无损……我从没跟你提过她……我已经做得很好了，淡然处理这件事，因为在那段时间里，我无法再承受更多的情感波动。事情虽已过去，但仍然像包在玻璃纸里。也许某天，我会用一章节的篇幅写出来。上帝啊，作家这职业真糟糕。有人成为作家只因为他无法自控。"小说、剧本或者一个章节，从未写出来。

他的笔记里记下的其他关于通奸的故事也跟她无关。"我在女孩子眼里是什么样，"[4]比如说，"比阿特丽斯或者诺斯·卡洛琳娜斯(在阿什维尔时期的保姆)或者诺拉或者玛丽琦(汉密尔顿)对一个花花公子的看法……他认为自己从她们那里得到了太多——而且觉得理所应当。事实也正是如此。"其他的笔记里记下的也是些趣闻逸事而非纪事。"给《时尚先生》的：心怀妒忌的丈夫在火车上遇到妻子的情人。他的虚张声势唬住了所有人，包括那些曾听过他妻子'吹牛'的读者。""戴着会议胸牌的丈夫以及他的情人在电车上假装不认识丈夫，这样的安排间接证实情人的无辜。当情人走后，丈夫才想起自己挂着参会胸牌。"此外

"时间运行加速"[5]

①斯科特·菲茨杰拉德写给比阿特丽斯·丹斯的信，1936年5月15日，第433页。
②斯科特·菲茨杰拉德：《笔记本》，未标明页码，费尔斯通。
③斯科特·菲茨杰拉德写给詹姆斯·博伊德的信，1935年8月，《书信集》，第528—529页。
④斯科特·菲茨杰拉德：《笔记本》，未标明页码，费尔斯通。
⑤同上，第111、104、112页。

1. 男人、女孩、朋友。前者认为事情可能发生但不会发生——它正在发生。

2. 后者——认为事情正在发生。事情已经发生过，已经结束。

因为两个充分的原因，菲茨杰拉德不再写关于通奸的故事。首先，他对大众文学市场的了解程度足以让他明白，几乎没有大众杂志愿意刊登，从赞成或者逗趣的角度所写的通奸故事。《星期六晚邮报》所需要的故事内容一直很固定：年轻人的爱情故事，男孩子战胜重重困难之后赢得芳心。《麦考斯》在1935年6月刊登了《亲密的陌生人》，这个故事讲述了一个通奸的故事，而主人公却没有受到惩罚，故事也并没有如菲茨杰拉德在笔记中预想的情节那样——欢庆被戴了绿帽子的那一方如何被骗。不但如此，菲茨杰拉德在那个故事里写的是弗林夫妇的故事，而不是他自己的经历。他的小说很少将男性主角塑造成引诱者，当男主角扮演勾引者的角色时——如在《优柔寡断》中，故事结束之前，这位风流的浪荡子必然转变为一夫一妻制的拥护者。

菲茨杰拉德在小说里能够更自由、更开放地处理通奸这个话题。即使在小说中，他所写的婚姻之外的爱恋关系，几乎都处理为令人蒙羞丢脸的故事。《美丽与毁灭》中故事的叙述者说，安东尼·帕奇和多萝西·雷克罗夫特的关系是“他越来越自我放纵的不可避免的结果”。在小说的后半部分，安东尼遭受了自己轻率放纵的恶果：多萝西在纽约出现，并且威胁说要制造麻烦时，他险些疯癫。在《了不起的盖茨比》中，菲茨杰拉德花费笔触描写汤姆·布坎南和默特尔·威尔逊野蛮的肉体欢愉，而且他们毫无悔意，小说里反对盖茨比的派对上，匆匆而随意地发生的男女关系。盖茨比和黛西之间的爱恋关系却不一样，因为菲茨杰拉德把这段关系一直放置于超脱世俗的地位。然而盖茨比为自己的错误付出了惨重的代价。乔治·威尔森开枪射中了他，虽然这女人不值这一枪，但是这的确是正确的一击。在《夜色温柔》中反映出相似的对于通奸的偏见。迪克和罗斯玛丽在罗马缠绵之时，他们的爱情已经消亡，他们的交合和妮可与汤米·巴尔班，或者法国娼妓与美国水手的交合出于同样的需求。

菲茨杰拉德的小说把通奸之情塑造成丑陋的、错误的，或者两者都是。他如此刻画这一主题是因为公众道德需要，而且他赞同这样的道德观。私下里他在性爱方面取得的征服成功，没有人比他自己更激动了。每一次经历都给他带来极度的负罪感。

1935年夏天，泽尔达的来信提醒了菲茨杰拉德，婚姻对他还有约束。泽尔达写道，她还想再去一次安提比斯，或者回到亚拉巴马，他们相爱的那片松树林，“月光辉煌的一晚，适合温柔密约……”，她第一次称呼他“亲爱的”。“当然，”她补充说，“如果你邀请我去北卡罗来纳的话，那也是相当好的。”他真的邀请她去巴尔的摩了，那段光阴美好如金。“我打开收音机，月光环绕……梦想着乌托邦，[①]那里永远是1935年7月24日，永远的仲夏时光，”她写信给他。那时他已经回到阿什维尔，夏季渐渐消逝，她想知道为什么他们不能一起度过秋季，互相照顾呢？

斯科特在回信里讲了一个故事。与他和比阿特丽斯，或者和1935年中任何一桩现实或者想象的恋爱关系都无关。相反，这个故事关乎泽尔达在1924年夏天和一个法国年轻飞行员，当时菲茨杰拉

①泽尔达写给斯科特·菲茨杰拉德的信，1935年夏（内封信），费尔斯通。

德正在撰写《了不起的盖茨比》。在《心中的影像》里，菲茨杰拉德把主角掩饰得很好，但无论如何掩饰，这个故事的作用就是开脱他的过错，推迟将要面临的自省。他于1935年9月完成《心中的影像》。一个月后，他在《崩溃》的前三篇散文中，更加敞开自己的内心世界。

第九章
崩溃

1935年9月13日，星期五的早晨，当劳拉·格斯里走进菲茨杰拉德酒店的房间时，发现空酒瓶子、烟蒂随处都是，而菲茨杰拉德自己躺在床上，双眼充血泛红、嘴唇向下耷拉、皮肤上长着湿疹，还发了炎，腿部肌肉抽搐，眼周扭曲变形。“我的意志正在减弱，”他对她说，“我马上就要崩溃了。”他说，他完全无法工作。他痛哭流涕，就如他在那个夏天常常做的那样，假装自己当时正遭受心脏病的折磨。于是要求这个女人再帮他一次，她整个夏天在阿什维尔做他的“秘书”（即他招之即来的同伴、耐心的倾听者、他潜在的战利品，偶尔还要帮他打字）。她不得不帮他穿戴整齐，打装好行李，送他去医院，之后他走进大堂退房，就好像他正要去坐火车。他当时也许正命悬一线，但外表对他来说非常重要。

虽然她知道自己承担这些工作很不公平，但格斯里太太还是帮病人打包了他的脏衣服，并且引导他穿过大堂，走到等在门口的出租车那里。3个月前，她认为菲茨杰拉德是“一颗迷失的灵魂，在炼狱徘徊——有时候则在地狱中游荡”，并希望能“拯救他，帮助他能够稳定地写作，真的成为他的天使”。但是经历过撒谎，为他和比阿特丽斯的奸情打掩护，看到他因酗酒而陷入湮没，她只想摆脱这份职责。当她在医院里把他安顿好，她“感觉像放了学的孩子”，[①]她的责任已经结束了。

菲茨杰拉德告诉格斯里太太，在阿什维尔这次病倒，是他两年中第四次崩溃。酒精是直接的诱因，虽说菲茨杰拉德还因为泽尔达的病情而痛苦烦恼，也因为人们对他的期望很高，而他的能力逐渐削弱，使他烦闷不堪。在前一年的春天，阿诺德·金里奇来巴尔的摩看望他，菲茨杰拉德——裹着“一件破烂不堪的旧睡衣”[②]抱怨着说要为《星期六晚邮报》写一部年轻人的爱情小说。他无法再写出让读者信服的类似的小说了，他说，一想到要写这类小说他就如鲠在喉。金里奇建议说：“那么为什么不写写你的这种感受呢？”

他间歇性的崩溃还归因于其他的麻烦，其中最主要的原因还是他内在地趋于忧伤的心境。“请不要沮丧，”[③]泽尔达1931年给他写信，那是在她自己精神崩溃一年半后，“没有什么值得你忧伤，除了你本身伤感的心情、你粉色和服上磨损的地方以及你对一切都忧心忡忡的情况。”然而，她丈夫永远都适合快乐起来。海明威的“本能倾向于狂妄自大”，菲茨杰拉德后来评论说，“我则倾向于忧郁悲伤。”[④]正如他在《崩溃》的3篇“郁郁寡欢”的文章中所写到的，是什么切断了阳光，致使他像盘子一样碎掉？

菲茨杰拉德的这3篇文章，分别在《时尚先生》1936年2月、3月和4月刊里登载，并且激起杂志读者特别广泛的回应。他3月20日写

①《劳拉·格斯里·赫恩杂志》：第138—143页。

②阿诺德·金里奇（Arnold Gingrich）：《出版人专页：真的斯科特·菲茨杰拉德能否站起来并体现价值？》（*Publisher's Page Will the Scott Fitzgerald Please Stand Up and Be Counted?*），第62页，《时尚先生》1964年12月，第12、16页。

③泽尔达写给斯科特·菲茨杰拉德的信，1931年，费尔斯通。

④斯科特·菲茨杰拉德写给比阿特丽斯·丹斯的信，1936年9月15日，《通信集》，第543页。

信给金里奇，“我收到了来自全国的信件。”[①]老朋友写信来，鼓励他振作起来；完全不认识的陌生人写信来，因为他们在菲茨杰拉德所陈述的情感枯竭中找到了共鸣；更多的信件是来自其他作家的，比如詹姆斯·博伊德、约翰·多斯·帕索斯、海明威、南希·霍伊特、约翰·奥哈拉、玛乔里·金南·罗林斯、G.B.斯特恩、朱利安·斯特里特以及亚历山大·伍尔科特。

奥哈拉在4月份的一封信中写道：“我猜这些天你收到了内容相对琐碎的信件，这些信件篇幅不算长也不算短，讨论你在《时尚先生》上发表的文章，我想几乎没有几个作家，正如我，能抵御诱惑，[②]进而深入自己的问题以做对比。”（接着，奥哈拉透露自己被女朋友抛弃，伤心绝望之时还染上淋病。）

《崩溃》这些文章其本身之天性唤起了相当的反应。在这些文章中，一位闻名于世的大作家白纸黑字地承认，他就像一个盘子一样粉碎掉，丧失许多曾经使他功成名就的生命力。不但如此，在第二篇文章的末尾，他还公开呼吁读者予以回应。

菲茨杰拉德收到的信件态度多样不一。绝大多数来信都对他报以同情，为他摆脱困境提出很多解决方案。有些读者来信建议他向上帝寻求建议，有些是不具名的酗酒者，还有一些读者甚至要求见面。其他的来信者详细叙述了自己的麻烦，说了很多鼓舞士气的话，试图让他快乐起来。最糟糕的是那些忍不住利用这个机会说教菲茨杰拉德的人。“请给我写信，”[③]1937年2月，他在信里要求马克斯

①斯科特·菲茨杰拉德写给阿诺德·金里奇的信，1936年3月20日，《书信集》，第533—534页。

②约翰·奥哈拉写给斯科特·菲茨杰拉德的信，1936年4月，《约翰·奥哈拉书信选集》，马修·J.布鲁科利编辑，纽约，兰登书屋，1978年，第115页。

③斯科特·菲茨杰拉德写给马克斯韦尔·珀金斯的信，1937年2月下旬，《斯科特/马克斯》，第235页。

韦尔·珀金斯，“你几乎是最不适合上道德课的朋友了，特别是自从《崩溃》的文章出版以来。事实上我收到了来自新新监狱和狐狸河监狱的信，信中充满安慰和建议。”

媒体的反应也是形形色色的。《纽约客》的《街谈巷议》栏目非常傲慢，对这些文章采取批判态度。“F.斯科特·菲茨杰拉德一直在《时尚先生》上告诉大家他人到中年，感到多么忧伤，”①评论开头如是说，接着就谈论他“富有诗意的失意丧志”。《旧金山纪事报》的评论倾向与之相似，“被热议的这位先生对他自己过于悲观，”②但是声称人们“很难不对他所说的话感兴趣”，而且他似乎击中了大家共同的心弦，读者对他的文章更是难以抗拒，此外，他更是深入“解释了几乎垮掉了的一代中许多人的精神问题”。

像玛格丽特·特恩布尔和玛丽·哈姆这样的朋友就同意他的观点。特恩布尔太太读过他的第一篇文章之后写信告诉他，“你的故事是人们共通经验的快照，”③所有人最终“或多或少都是失败的”，既然这么多人都有如此的经历，菲茨杰拉德就会发现“一连串的人，遍布世界各个角落，拉住(他的)手”。其中一个伸出手的就是菲茨杰拉德在圣保罗的第一个女朋友，玛丽·赫西·哈姆。读过《时尚先生》上的文章以及《时代周刊》上刊载的关于《纽约邮报》记者迈克尔·默克对菲茨杰拉德40岁生日可怕的采访后，她在10月初写信对他说，“振作起来，亲爱的，生活从40岁才开始呢！”哈姆太太承认，可能菲茨杰拉德“比其他人沉溺于寻欢作乐的时间更长”，因此他的“宿醉期、清醒期，或者任何其他环节”都更加令人难以忍受。但是，她坚持认

①《注解和评论》(*Notes and Comment*)，第12页；《纽约客》，1936年3月14日，第11页。
②《字里行间》(*Between the Lines*)，未标明页码，《旧金山纪事报》，1936年3月20日。
③玛格丽特·特恩布尔写给斯科特·菲茨杰拉德的信，1936年2月12日，费尔斯通。

为，生活是充满激情的，尤其是当你想到自己还有可能做出其他选择的时候。在他们共同的朋友中，乔·奥德韦住在疗养院里，西奥多·舒尔策前两周刚刚过世。"等你离世，你就真的死了，宝贝儿，为什么不趁现在还活着，好好享受生活呢。"玛丽能给他写信真是太贴心了，菲茨杰拉德说，"然而，我天真的，"他告诉她，"生活远比这要复杂得多。"[①]

并非他的所有女性朋友都这么有同情心。诺拉·弗林曾经见过他在北卡罗来纳亨德森维尔的破烂的酒店房间。菲茨杰拉德就是在这个房间开始写这些文章的，她想象他趴着、躺着，"为自己打算。除了他自己以外，他从来不关心任何人或者任何事情。"[②]莎拉·墨菲也持相似的观点，菲茨杰拉德似乎太沉浸于他自己的世界，无法为其他人着想。菲茨杰拉德确实真心认为"如果你够强大，就可以掌控自己的生活吗"？[③]这种傲慢自大的想法让人想起一件小事：

> 我记得有一次你对我说——在蒙大拿的亨利吧，你和多蒂（帕克）正在讨论你心中的绝望之感，你转过来对我说：我想你并不曾了解绝望，你还记得吗？我对这件事记忆犹新，因为我当时愤怒至极，我在想，我的上帝啊，那人认为不是作家的人就不了解绝望的感受，而且这样的感受无法描述。这就是我对你文章的感受。

---

① 玛丽·赫西·哈姆写给斯科特·菲茨杰拉德的信，1936年10月5日，费尔斯通；斯科特·菲茨杰拉德写给玛丽·赫西·哈姆的信，1936年10月28日，《书信集》，第545页。

② 派珀采访诺拉·弗林，1947年2月10日。

③ 莎拉·墨菲写给斯科特·菲茨杰拉德的信，1936年4月3日，见琳达·帕特森·米勒的《"作为朋友，你从未让我失望"：菲茨杰拉德—墨菲之通信》，第5页；《现代文学杂志》，1976年9月，第375—376页。

约翰·多斯·帕索斯建议菲茨杰拉德不要再以自我为中心。“主啊，在如今这普世大火的境地，你竟然还有时间考虑这些事情？……我们生活在历史上最糟糕的时刻——如果你想身心俱碎，没问题。可我认为你应该就现在的历史时刻，写一部一流的小说(而且你也很有可能这么做)，而不是为阿诺德·金里奇写这些小文章来宣泄——”①

对于多斯·帕索斯和其他的作家朋友来说，最重要的是菲茨杰拉德应该继续他的工作。多斯·帕索斯在另一封信件里说：“我和凯特……特别希望能找到一种愉悦的方式恢复你宏大的工作能力，让纸张黯然失色，因为这就是它的本职工作。”②即使他还是悲哀抑郁，但菲茨杰拉德应该把这种难过的心境转化成文学内容。“我想你知道没有白走的路这个道理，”③玛乔里·金南·罗林斯说，“你那些糟糕的体验也不是白经历的。你所要做的，就是忘掉一切，而且要永远做下去，把你拥有的那盏可怕却明亮的白光，照在那些激发你写作的人的理智和情感之上。”看完《夜色温柔》之后，海明威也给出很多类似的建议，并且他在小说塑造的迪克·戴弗身上发现了很多顾影自怜的痕迹。忘掉自己的悲剧经历，④他告诉菲茨杰拉德，“如果你真的受了伤，就利用这段经历写作，而别为它而感到委屈”。他俩谁也不是悲剧式的人物。他们只是作者，他们该做的只是写作。

海明威并无意希望菲茨杰拉德在作品中处处借用难过悲惨的经历。《崩溃》这组文章让他吃惊不小，在他看来，这种对着公众哀号的行为可鄙、可憎。他的老朋友菲茨杰拉德已经成为作家中的“马克

---

①约翰·多斯·帕索斯写给斯科特·菲茨杰拉德的信，1936年10月，《崩溃》，第311页。
②同上，日期不详，费尔斯通。
③玛乔里·金南·罗林斯写给斯科特·菲茨杰拉德的信，日期不详，费尔斯通。
④《天堂彼岸》：第259—260页。

西·贝尔”[①]，他写信跟马克斯韦尔·珀金斯说，“虽然失败，但是在恬不知耻”地沉迷于绘画。他1936年在《时尚先生》上发表《乞力马扎罗的雪》，在文中公开地批判菲茨杰拉德。海明威写道，因为他对于富有人群的崇拜，“可怜的菲茨杰拉德”已经毁了。当菲茨杰拉德反对他的说法时，海明威解释道，自从他写出《崩溃》这篇文章，他认为等于开始公开接受大家的批评了。[②]（或许是出于同样对于公开忏悔的严重厌恶，导致向多家媒体供稿的专栏作家佩普勒为菲茨杰拉德写下的不怀好意的讣告：[③]他的去世让佩普勒“想到一群古怪的孩子，他们人性散漫、自我放纵，决心不做出任何贡献，却要全世界放下手头的一切，坐下来跟他们一起号啕大哭。”）

虽然他不像海明威那样愤怒激昂，但彬彬有礼的珀金斯也因为《崩溃》文章而感到尴尬。向世人展示自己遇到的麻烦和问题并不妥当。珀金斯本人非常内敛，即——菲茨杰拉德在《崩溃》的第二篇文章中所描述的——“向别人展示自己的私事是可鄙的，除非最终得到且能得到上帝庄严授予的不屈的灵魂。”他认为菲茨杰拉德的文章是“对他隐私粗暴的侵犯”，[④]所以，当菲茨杰拉德在1936年3月25日提出，将他在杂志上发表的那些自传性文章结册成书销售时，珀金斯遭遇到一个非常微妙的困境。珀金斯曾经一度试图打消他的这个念头，但因为“读者对于《时尚先生》这组文章的兴趣如此之大”，菲茨杰拉德指出，“我想你也许愿意重新考虑这个话题。”珀金斯很有技

---

①《马克斯韦尔·珀金斯：天才的编辑》，第302页。

②斯科特·菲茨杰拉德写给比阿特丽斯·丹斯的信，1936年9月15日，《书信集》，第542页。

③韦斯特布鲁克·佩普勒（Wesstbrook Pegler）：《公平》（*Fair Enough*），未标明页码，《新世界电讯报》，1940年12月26日，第17页，其中一部分内容被引用于杰克逊·R.布莱尔的《F.斯科特·菲茨杰拉德的重要声誉：书目研究》，哈姆登，康恩，执政官出版社，1967年，第206页。

④约翰·张伯伦（John Chamberlain）：《新书》（*The New Books*），哈珀，1945年9月，第191页；马修·J.布鲁科利：《珀金斯—威尔逊之通信》，未标明页码，《海明威/菲茨杰拉德年鉴，1978》，第65页。

巧地回信说，[①]他更想要的是“回忆性质的一本书——不是自传性质的，而是回忆性质的……我认为《时尚先生》上发表的文章不应该单独出版。但如果作为一本回忆性质的作品，且其中的文章足以支撑整本书所要展现的主题，那么我非常愿意出版”。这样一来，就需要做很多整合修订的工作，而不是简单地合集了。

至1936年秋，菲茨杰拉德放弃了所有将《崩溃》文章结册出版的想法。珀金斯和代理人哈罗德·奥博两人在此之前都指出，这些文章会给菲茨杰拉德的作家声誉带来灾难。[②]“我在好莱坞的生意，”他9月给比阿特丽斯写信说，“受到损害，他们形成了普遍的印象。有些人认为我的精神和创造力都已经枯竭。”因此，他开始拒不承认“在《时尚先生》上发表的那些轻率的文章”。不应该太过于认真看待它们，他告诉汉密尔顿·巴索。有段时间他不让希拉·格雷厄姆[③]读这些文章，他曾给她写了封信，信上泪痕满满，信中充满自责，“我不应该写这些东西。”

埃德蒙德·威尔逊开始收集菲茨杰拉德的非虚构类作品和评论家的好评文章，并于1945年将这些文章收录在《崩溃》中出版，他遭到珀金斯和奥博两人的反对。威尔逊早在1941年2月就建议珀金斯将《崩溃》以书籍形式出版。“文章出来的时候，我也恨得要命，跟你的感受一样，”威尔逊说，“但我发现很多极富智慧的人对这些文章评价甚高。我想，文章中包含的真事和真情比我们当时所认为的要多得

---

①斯科特·菲茨杰拉德写给马克斯韦尔·珀金斯的信，1936年3月25日；马克斯韦尔·珀金斯写给斯科特·菲茨杰拉德的信，1936年3月26日，《斯科特/马克斯》，第227—228页。

②哈罗德·奥博写给斯科特·菲茨杰拉德的信，1936年8月21日，见《恒久如常，斯科特·菲茨杰拉德》，马修·J.布鲁科利和詹妮弗·M.阿特金森编辑，费城，利平科特，1972年，第279—280页；斯科特·菲茨杰拉德写给比阿特丽斯·丹斯的信，1936年9月15日，《书信集》，第542页。

③斯科特·菲茨杰拉德写给科里·福特的信，1937年4月，《书信集》，第549页；汉密尔顿·巴索写给埃德蒙德·威尔逊的信，1944年10月14日，费尔斯通，《异教徒》，第237页。

多。他自己也想把这些文章结书出版，至少，我敢说它们是一部分真实的关于菲茨杰拉德的记录。”[①]斯克里布纳出版这部书的理由充分且必要，但珀金斯仍然固执己见。最终，威尔逊找到新方向出版社出版该书，在此之前，关于这部书，他也成功游说了菲茨杰拉德的财务执行人约翰·比格斯。他想把该书命名为《崩溃》，编辑威尔逊解释道，其原因并不是因为他自己迷恋这个名称，而是因为

> 格伦韦·威斯科特的赞扬很大程度上是基于《崩溃》的，而且……如果你通读《崩溃》，你将意识到它不是可耻的坦白，而是斯科特那一代人中很多人都经历过的危机，并且在最后，他找到了一条途径，通过他自己的工作而继续活下去。[②]

那危机是什么呢？崩溃这个词义在模糊这个话题。只有通过理解文字背后的意思，菲茨杰拉德的崩溃才模模糊糊地成型。

当《崩溃》于1945年以书籍形式出版，莱昂内尔·特里林向菲茨杰拉德的“英雄般的自我觉醒”致敬，格伦韦·威斯科特赞扬他的坦率精神，安德鲁·万宁[③]察觉到“对于自我揭露铤而走险的努力”。然而，菲茨杰拉德在为《时尚先生》撰写这些文章时，可并非这般坦率。阿尔弗雷德·卡津发现，[④]“作者在某种程度上告诉我们一些

①埃德蒙德·威尔逊写给马克斯韦尔·珀金斯的信，1941年2月16日，纽约，法勒、斯特劳斯和吉鲁，1977年，第337—338页。

②埃德蒙德·威尔逊写给约翰·比格斯的信，1943年6月3日，第348页。

③莱昂内尔·特里林：《F.斯科特·菲茨杰拉德》，1945年8月25日，第166页；《国家》，第182页；格伦韦·威斯科特：《F.斯科特·菲茨杰拉德的道德》，未标明页码，《崩溃》，第323—327页；安德鲁·万宁（Andrews Wanning）：《菲茨杰拉德和他的同志》（*Fitzgerald and His Brethren*），1945年秋，第12页；《党派评论》，第545页。

④阿尔弗雷德·卡津（Alfred Kazin）：《菲茨杰拉德：美国人的忏悔》（*Fitzgerald: An American Confession*），1945年，第2页；《文学评论季刊》，第342页。

事实，用以交换一项权利，即将其他事实保留作为自己的秘密。”最显著的一点，很自然地，就是菲茨杰拉德的酗酒问题，这一点在文章中并未提及——用“自然地”这个词，是因为威斯科特和马尔科姆·考利两人评价时都用了这个词，否认酗酒可以算作他的一种病症。菲茨杰拉德在他最初的《崩溃》文章中，非常不诚实地抹杀了这个问题。他还曾以威廉姆·西布鲁克的关于酗酒的书为例，这本书“带着一些骄傲之情，在结尾说明了他如何成为靠政府救济生活的人”。西布鲁克的神经系统崩溃了，菲茨杰拉德承认自己的神经系统也一样，但他并非是因为酗酒：“面前这位作家并未陷入这样的境地，”他撒谎说，“——已经有半年没喝上一杯啤酒了。”

并不是每个人都相信这样的否认。约翰·V.A.韦弗，另外一位爵士时代的作家，发现刊载在《时尚先生》上的头两篇文章令人不安，因为这两篇文章恰好描述了发生在他身上的事情。“我一滴酒也喝不下，”他写信给菲茨杰拉德。“我只能虚弱无力地坐着，[①]日复一日，眼看着一个陌生的世界从眼前歪歪斜斜地猛冲而过——在那个世界里没有我的位置。”韦弗于1936年初寄出这封信，而乔治·马丁（他并不知道菲茨杰拉德），直到1937年2月《一位酗酒者案例》出版之后，才确认自己曾有过同样的经历。“从你《时尚先生》的文章中可以看出，你熬过了一段非常可怕的时光，”马丁在信的开头说，“如果这是真的……请记住，我也走过一段这样的日子——意志消散，不但如此，我还因此失去了朋友、金钱、工作、自尊和勇气……一切的一切。”[②]他还建议菲茨杰拉德读一下皮博迪的《饮酒的常识》。

这封信触动了一根神经，菲茨杰拉德在回信里询问导致他的问

①约翰·V.A.韦弗写给斯科特·菲茨杰拉德的信，1936年2月17日，费尔斯通。
②乔治·马丁写给斯科特·菲茨杰拉德的信，1937年1月20日，费尔斯通。

题的外部原因。马丁在回信里礼貌地指责他说："诚然，如您所说，恶因结恶果，但守旧的自尊心滋生出很多合理化的理由，这也是事实。"[1]的确在《崩溃》中的很多内容读起来都像是为菲茨杰拉德的失控衰败提出合理的理由，那3篇文章与其说是坦白书，不如说是辩解书（他完全没有提及自己沉迷女色）。菲茨杰拉德暗示道，他崩溃的原因不在于他自身，而在于别处：他所继承的有缺陷的基因、当代物质至上和伪善虚假的大气候以及动画片的兴起，将小说作家挤压到事业边缘的情况。除此之外，还有很多原因。

《崩溃》的逻辑引人注意，这种逻辑思维使在文章中要开门见山地列出直接原因，所以菲茨杰拉德在第一篇散文中就指出，正是从医生那里得到始料未及的好消息——从之前的死亡判决中逃过一劫，变作死缓——让他如一个盘子一般摔得粉碎。也许这件事是真的，但是没有传记作家记录过这件事。在《崩溃》中接下来的文章中值得注意的是，他从未再提到过这次医疗诊断。然而，在《黏合修复》中，他列举出3个导致他崩溃的打击：因病从普林斯顿辍学（他并没提及自己学业欠佳的问题）、因为缺钱而暂时失去了泽尔达、一个不明确但更加猛烈的打击"阻隔了去年春天里的阳光"。

非常明显，菲茨杰拉德讲述的远远只是自己和家庭微小的一部分事实。这也是可以理解的。在文章中声明埃德蒙德·威尔逊是他的"知识分子良心"，但抹去了其他所有人的真名。为了使文章受到广泛关注，他反而在文中提及了《圣经》、海明威、华兹华斯和济慈、列宁和狄更斯以及托尔斯泰、斯宾诺莎、笛卡儿、尤根尼亚。如此旁征博引不但造成一种入侵感，而且还引发了一些授权方面的

① 乔治·马丁写给斯科特·菲茨杰拉德的信，1937年2月。

困惑。菲茨杰拉德在实验一种新的文章风格，想找到一种新的形式，但并不成功。

他也并未能保持文章语调的前后一致。语言变化多样，有强硬的智者语气，如第一篇散文中的“不近人情又影响不良，不是吗？好吧，孩子，那就是崩溃的真实象征”。还有矫揉造作的散文体，如第三篇中“最无聊的谣言散播者，或者最肆无忌惮的俄罗斯魔僧，之所以能够影响众人，定有其独特之处，故此疑问之答案变作人之寻求自身为何以及何处发生改变，寻求在我未知之境，热情与活力于何处持续且过早遗漏。”重读《崩溃》，读者更易于感受到一位女读者在给菲茨杰拉德的信中所说的话，她发现很难相信他的文章真正触碰到悲剧的深处，然而它们“如此具有说服力，以至于没有太多余地质疑作者本人曾经有段时间经历过这些苦难和抑郁”。[①]

我们很清楚，菲茨杰拉德承受过精神衰弱的痛苦，或者——用他的话说——“情绪枯竭。”然而《崩溃》并非探讨这个话题。菲茨杰拉德这些文章的主题是他的厌世之情以及隐藏在这种情绪背后的自我憎恨。3篇文章，尤其是第一篇和最后一篇，都围绕着作者试图逃离世人的心情——特别是逃离那一大群人，他感觉有义务把自己很多的东西贡献给他们。他过去给予得太多了。他不会再做任何奉献。

当文章内容涉及这个话题时，呈现出其他部分所缺失的生动感。听到自己的医生所下的“重大判决”，菲茨杰拉德在第一篇文章中写道，他“想要完全地独自待着”，把自己与“普通人的关怀”隔绝开来。他坐下列清单。“这并非，”他袒露说，“难过的时光。”接着他

①E.H.泰森太太写给斯科特·菲茨杰拉德的信，未标明页码，费尔斯通。

整个人崩塌了，同时他意识到“很久以来，我都不喜欢人和事，只是因循着行将散架的旧时的伪装而已”。在那些人际关系中——“和一位编辑的、和一个卖香烟的、和一个朋友的孩子的”——他只是做了别人期待他所做的。即使是在爱情关系中，他也应付差事。他曾经有段时间对自己的虚情假意感到罪过。但他并不怪罪自己，他把自我厌恶转移到对他人的憎恶上。

他仍然非常羡慕中西部斯堪的纳维亚人种金发碧眼的外貌。他喜欢“医生以及不超过13岁的女孩子，8岁以上有教养的男孩子”。他喜欢年长的男性和银幕上凯瑟琳·赫本的脸庞，还有玛丽娅姆·霍普金斯的五官以及那些他一年只见一次的老朋友们。但是有很多种人是他越来越憎恶的：

> 我无法容忍看到凯尔特人、英格兰人、政客、陌生人、弗吉尼亚人、黑人（浅色或者深色）、猎人、所有的零售人员、广泛意义上的中间商、一切作家（我非常小心地避免和作家打交道，因为他们比任何人都能够给你带来长久的麻烦）——一切被视作阶级的阶级，还有阶级中被视作所属阶级成员的大部分人……

在整个人崩溃的压力之下，菲茨杰拉德停止与真实世界的接触，退缩到一段“无所事事的清静”时期，他被迫在这段时期里内省自身。从他的第二篇文章可以看出来，他发现自己从未这么做过。他所有的想法都是借用埃德蒙德·威尔逊以及4个未明确指出姓名的人，其中一位是他的“艺术良心”，这个人肯定就是海明威。他不但随意地向那些不关心他的人奉献自身，而且被动接受别人的想法，降低自己的思维发展质量。“我”已经不复存在，菲茨杰拉德总结说，没有什么足以支撑起他的自尊。

第三篇文章《小心为之》，[①]就挑选了这个主题来谈。和笛卡儿不一样，菲茨杰拉德的座右铭是“我感，故我在”。事实上，他已经感受得太多了，因此决定，如果他想继续生存，就必须停止“任何做人的努力——即慈爱、公正或者慷慨”。在这种情绪之下，他讽刺性地下决心练就一副假笑的表情，以赢得那些可能对他有用的人的青睐，或者养成一种习惯，即用一种“让人感到自己不但是不受欢迎，甚至无法被容忍”的声音拒绝别人。

在一系列关于堕落的比喻之中，菲茨杰拉德透露出他不愿意公开讨论自我的厌恶。他把自己比作一个布满裂纹的盘子，尚可装剩菜剩饭，却已不能作招待宾朋之用；一个捧着“自恋、自哀的铁杯子”的乞丐；透支银行存款的破产者；一位即将失去听众的演讲人；一枚空贝壳；黔驴技穷的魔术师；遇到敌手的黑人女性。在最后一篇文章的最后一段里，他做了两个更加生动的比喻，以明确指出引发自己病症的原因。长久以来，他都专注于取悦他人，而这样做也是有代价的：

> ……正如美国黑人，以他们对真实的辨认能力为代价，忍耐无法容忍的环境，以求得生存——跟我的情况一样，总是要付出代价的。

菲茨杰拉德总结道，既然他已经决定要改变，生活将不如以前那样令人愉快了。现在他将是一个不同以往的狗，不再喜欢“邮差、

---

①《小心为之》，《时尚先生》刊载时，把《崩溃》里第二篇和第三篇的标题互换了，很可能文章的正确顺序是：《黏合修复》是第二篇文章，《小心为之》是第三篇。

食品商、编辑、堂妹夫……我的门上将永远挂着‘当心恶狗’的牌子”。菲茨杰拉德说，当你扔给他一根骨头，他现在不会再舔你的手了。他要抛弃自己的过去，过去他过多地扮演了巴结讨好的仆从，或者可爱的哈巴狗角色，菲茨杰拉德毫无疑问是在谴责自己。

琼·迪迪翁[①]在她的散文《自尊》中神奇地和《崩溃》产生共鸣：

> 内在价值构成自尊心，为了能感知内在价值，人们需要潜在地拥有一切：辨、爱以及保持淡漠之能力。缺失自尊心将面临自我封闭，既无爱之能力，亦无力冷淡处之，成为自相矛盾之个体。若我们不尊重自己，一方面我们不得不鄙视身边的伙伴，他们资源稀少，故与我们为伴，他们缺乏辨别力，故无视我们致命的弱点。另一方面，奇怪地想要亲身证明，我们为自己所见的所有人之奴隶——因为我们的自我形象不堪一击——他们对我们的看法有误。我们相信取悦他人的冲动是一种迷人的气质，我们如此自命不凡……我们对于那些人不得不克制住轻蔑之情，在这些人的大慈大悲之中，我们扮演的角色在开始之前，就注定是要失败的，每一次失利都导致新的绝望之感，同时产生一种紧迫感，急着占卜和迎接对我们提出的下一个要求。
>
> 这就是有时被称作“自我异化”的现象……每一次对抗都消耗甚多，眼泪以及勇气，致使意志枯竭。

“自我异化”是菲茨杰拉德的崩溃以及他宣称厌恶人类情节背后的原因，把“崩溃”写到纸上的过程，恰恰把他从这种异化之中解放

① 琼·迪迪翁（Joan Didion）：《无精打采地向伯利恒去》（*Slouching Towards Bethlehem*），纽约，西蒙和舒斯特，1970年，第147—148页。

出来，但这个疗法的效果并非立竿见影。

菲茨杰拉德的一部分读者肯定地认为，他那些忧郁的文章将起到净化作用。他愿意打赌。批评家伯顿·拉斯科读完他前两篇散文后说，菲茨杰拉德“已经感觉好了很多……再次自信和富有创造力”。“你不停地发现许多事情把人伤害到极致，”朱利安·斯特里特[1]告诉菲茨杰拉德，“最终你将成长为……更强更好的人，而且也会因此成为更强、更好的作家。”然而丧失勇气的长久魔咒远远没有结束，菲茨杰拉德于1935年秋天写完《崩溃》散文，《时尚先生》于1936年初刊载这些文章，同年的夏季和秋季，他回到了阿什维尔，他在那里因为在幻想中做出跳水的动作而摔伤了肩膀，和他的一位或者更多的护理保姆发生了浪漫关系，他因为持续饮酒，根本没有写出任何东西。9月，《纽约邮报》刊登了一篇对菲茨杰拉德的专访，把这位一度是爵士时代的记录者描绘成烂醉如泥、愤世嫉俗、无可救药的人。

“我的生活在那段时间是毫无希望的一团乱麻，”[2]他后来在日记中坦露说，“重要的是，我并不希望生活变得好起来。我已经完全不在意了。”他有两次试图自杀，也许并非真正地要去自杀，当这些尝试失败之后，他开始重建自己的生活。

值得注意的是，他在日记里称《崩溃》是“传记”，而非“自传”。这是个明显的笔误，[3]正如批评家罗伯特·斯克拉所说，揭示出菲茨杰拉德在散文中所描述的“最本质的真相”，跟那些为他写传记的人

① 伯顿·拉斯科写给斯科特·菲茨杰拉德的信，1936年2月10日，费尔斯通；朱利安·斯特里特写给斯科特·菲茨杰拉德的信，1936年2月12日，费尔斯通。

② 斯科特·菲茨杰拉德：《笔记本》，未标明页码，费尔斯通。

③ 罗伯特·斯克拉：《F.斯科特·菲茨杰拉德，最后的拉奥孔》，纽约，牛津大学出版社，1967年，第309页。

所写的不一样。“我不知道《时尚先生》上我的文章——《崩溃》系列文章——是否代表了真的精神崩溃，”菲茨杰拉德在1939年7月说，“回过头看那更像是精神上的‘更年期’，而且是特别让人厌恶的一次。”“生命变化”[①]也许是更贴切的词，因为在《崩溃》中，菲茨杰拉德摒弃了爱尔兰万人迷的外衣，宣布了自己的决定，即让工作而非享乐主导余生。他在最后一篇忧伤的文章中宣称，从今之后“仅仅是位作者”。接下来的一年，菲茨杰拉德在好莱坞着手实现这个目标。同时还继续和酗酒恶魔进行持久战。

①斯科特·菲茨杰拉德写给劳拉·菲力的信，1939年7月20日，《书信集》，第589页。

第十章
酗酒狂魔

如果让菲茨杰拉德做星期天副刊上的测试题的话，一定全不及格。他无法戒除酗酒——或者说跟马克·吐温抽雪茄一样，他戒了100次。他每次喝酒必醉，喝酒时总是做出荒唐事儿，而第二天又试着道歉或者为自己的行为找借口。

他的女儿斯科蒂见到过他最糟糕的状态，她曾建议他做一项酗酒的测试。1. 酒精对于人的生活是否会造成损坏性结果？2. 喝酒的时候，人的性情是否会改变？她相信父亲的情况完全符合这两个问题[①]的肯定答案。“他醉了之后完全就是另一个人，并非小醉怡情，而是变得残忍刻薄。”几杯下肚，菲茨杰拉德还十分讲究地往手里吹吹气，闻闻口气是否令人厌烦。再多喝几杯之后，他就无法自控，遭人反感了。

菲茨杰拉德有很多伙伴也是沉迷于酒精的。20世纪20年代，一场道德革命流行起来，公然挑战禁酒令似乎成为更年轻一代人的义务。菲茨杰拉德和许多艺术家一起签署了一项请愿书，反对第十八条修正案。酒精很明显对于他们许多人来说具有吸引力，尤其是作家们。在20世纪里，阿尔弗雷德·卡津评论说，酒“似乎自然而然成

① 斯科特·唐纳森采访斯科蒂·菲茨杰拉德，1978年5月21日。

为文学生活的伴侣……美国喝酒的文学家[①]有很多”。唐纳德·古德温博士曾经就这个课题做了一番研究，他提出了几点成因：

> 写作是一种表现欲的体现，酒精在很多人身上起到降低压抑、激发表现欲的作用；写作要求作家对人感兴趣，酒精可以增加社交活动，让人变得更加有趣；写作需要幻想，酒精可以放大幻想；写作是孤独的工作，酒精可以缓和孤独；写作要求精神的高度集中，酒精可以令人放松下来。[②]

然而，这仍然没能解释为什么美国酗酒作家如此之多的奇妙巧合。在7位诺贝尔奖得主之中，辛克莱·路易斯、尤金·奥尼尔，还有威廉姆·福克纳都酗酒；另外两位，约翰·斯坦贝克和海明威，也是喝酒过多，已经超过适量的程度。

卡津认为美国的作家们负担着特别的包袱，“在各个方面都要追求成功，[③]渴求地位、名誉和金钱”。在这个以美金衡量成绩的文化中，仅仅实现人的艺术抱负是不够的。菲茨杰拉德本人就是一个典型的案例，他就被夹在两个极点之间，即成为“有史以来最伟大的作家”的单纯大志以及尽量多赚钱的现实，但现实目标很多时候与志向背道而驰。此外，在美国的文化中，常常把作家视作异类，对他们充满怀疑，而且，似乎是因为憎恨这种与众不同，便期待作家们自我毁灭。饮酒是一条最简便的自我毁灭之路，也是最公开的一种。

---

①阿尔弗雷德·卡津：《“巨人杀手”：酒精和美国作家》（*“The Giant Killer”: Drink & the American Writer*），1976年3月，第61页；《文学评论》，第44页。

②唐纳德·古德温医生（Donald Goodwin）：《F.斯科特·菲茨杰拉德的酗酒问题》（*The Alcoholism of F.Scott Fitzgerald*），1970年4月6日，第212页；《美国医学协会杂志》，拉尔夫·泰勒引用在《瓶中缪斯》里，《书评》，1978年9月，第14—19页。

③阿尔弗雷德·卡津：《文学评论》，第50页。

这个国家里所有的大学校园，都期待着喝得醉醺醺的作家的年度来访，这些作家中有迪伦·托马斯，他吹牛说接连灌下18杯威士忌之后陷入昏迷；约翰·贝里曼边朗读边陷入昏厥。还有以下的现象，也不是没有发生过。作为20世纪30年代末阿姆斯特大学最有前途的本科毕业生之一，查尔斯·H.福斯特被委以重任，向大家介绍埃德娜·圣文森特·米莱。就在朗读要开始时，她却消失不见了，福斯特在男厕所里发现明显已经喝醉的米莱，并带着她来到舞台上，她在舞台上说，能感觉到她说话时人在晃，"有些诗歌是站起来的杰出诗歌，有些是坐下的诗歌。今晚我要读一些坐下的诗歌"[①]。随后，她歪歪斜斜地坐到椅子上，找到平衡之后开始读诗。几乎每个参加了那次阅读会的人都记得这一场景。也许正如作家刘易斯·海德在他关于贝里曼酗酒问题的文章里所总结的，"如果诗人喝得烂醉来到这里，却不像现在这么容易就让大家感到这事情有趣的话，情况就会好一些。"[②]

唐纳德·霍尔也有类似观点，他赞同说作家也是正常的人，他们一定也有痛苦，但是他们不需要通过直接或者间接的自杀来证明这一点。"在我们的文化中，"他指出，"艺术家的自我毁灭被视作令人钦佩的、值得颂扬的，确保了他们是真诚的。似乎有一种假设，这种假设举世公认，即如果我们做到了自己真想做的事情……我们便很自然地想要自我毁灭……我们会终日烂醉或者沉迷于海洛因，或者最终自杀。"这种想法有强烈的危害性，它鼓励年轻作家喝酒喝到失去知觉，或者模仿托马斯、贝里曼和菲茨杰拉德他们喝出肝硬化，与此同

---

①查尔斯·福斯特在1963—1966年期间讲过这个故事。

②刘易斯·海德（Lewis Hyde）：《酒精和诗歌：约翰·贝里曼及相关酒精的谈话》（*Alcohol and Poetry: John Berryman and the Booze Talking*），未标明页码，《美国诗歌评论》，未标明页码，泰勒引用，《书评》，第18页。

时，“间接死亡体验的消费者们”坐在球场边鼓掌。这都是大错特错，霍尔坚持说，“存活下来的诗人才值得歌颂。”[①]

无论大众的期待如何，并非所有美国的作家都成为酗酒者。如果说菲茨杰拉德成为酗酒作家，他就像米尼弗·契韦一样有他的原因——原因太多了。酗酒似乎有家族遗传，他父亲就喝酒。他是爱尔兰后裔，爱尔兰人喝酒。他天性浪漫，酒精为他提供了满足渴望的光火。“醉酒给人一种友好的感觉——它展现出一种无法描述的光彩和魔力，就像是对短暂的、渐退的夜晚的回忆。”当生活单调无聊时，周末有“寻欢作乐的计划”[②]使得周末的韵律成为受欢迎的替代品。他被负罪感包裹着——对于滥用天分的负罪感、对于自己有可能是泽尔达病情诱因的负罪感、对于其他女人的负罪感、对于酗酒本身的负罪感——他通过饮酒来减缓这些负罪感。[③]他对自己作品的价值不甚肯定，喝酒将他从自己的疑虑中解放出来。厄运挡着他的路，喝了酒就能忘掉这些坏运气。当他清醒的时候，压抑住自己的坏情绪，只有在喝酒的时候，这些情绪才得以释放。只有喝下足够的酒，才能真正做到逃离自己。在日记里，菲茨杰拉德抄写了一段[④]卡尔·比林格的《人类的思维》中的一段：

> （酗酒者）拼命地找寻一种个性来取代他自己的个性，他暂时丧失了自己的个性，他可能会采用一种跟他自己个性完全相异的个性参考——性格温和的人想象自己是恶棍歹徒等——而

---

①唐纳德·霍尔（Donald Hall）：《纪念诗人：回忆和观点》（*Remembering Poets: Reminiscences and Opinions*），纽约，1978年，第28—29页。

②斯科特·菲茨杰拉德：《美丽与毁灭》，纽约，斯克里布纳，1922年，第417页；斯科特·菲茨杰拉德：《笔记本》，第35页。

③斯科特·唐纳森采访斯科蒂·菲茨杰拉德，1978年5月21日。

④麦兹纳：《笔记本》，未标明页码。

且他会用看似真实的谎言以及早已捏造好的话语支持他想象的角色，俗人非常容易相信他。

喝醉之后的菲茨杰拉德可怕不堪。对于任何愿意倾听的人，背后都隐藏着一个责难的声音说“上帝啊，你怎么能受得了我？”或者“我真的不是好人。”和几乎所有的酗酒者一样，菲茨杰拉德遭受着自我憎恨的折磨。但与大多数酗酒者不一样的是，他并不常把这种自我憎恨投射到其他人身上。“我喝醉之后，”他曾经说，“我就让他们付出代价，付出代价，付出代价。”①然而，最终付出代价最多的总是他自己。

先撇下不谈他在写作时小心谨慎处理与酒相关的内容，②菲茨杰拉德年轻时的饮酒经历也没什么让人惊讶之处。1911年9月，那时他还不到15岁，几次无辜舔尝到了药店里卖的雪利酒，上大学之后便开始了他的喝酒史。他1913年3月第一次喝威士忌；4月“在哈肯萨克市的萨斯奎汉纳大胆喝下4杯加拿大俱乐部威士忌”醉倒了。在普林斯顿上大一的那个秋天，他在特伦顿的特伦特酒屋喝了大西部产区的起泡酒，回到学校的时候已经东倒西歪了。从那以后，他基本上把每种酒都尝了个遍，从苦艾酒到家酿啤酒，从润·拉德纳的加拿大啤酒到杰拉尔德·墨菲的石榴汁鸡尾酒，贯穿整个20世纪20年代。“世间至完美的房屋中，一点瑕疵成就一切完美。”所有这些都被他在1929年5月25日写在《纽约客》上发表的一篇《一份简短的自传》中（其中有对内森的致谢），文中包含重要且让人吃惊的细节，他在文

①斯科特·菲茨杰拉德：《笔记本》，未标明页码，费尔斯通。

②《天堂彼岸》：第20页；斯科特·菲茨杰拉德：《记事本》，第167—168页；斯科特·菲茨杰拉德：《简短自传》（包含对内森的致谢），《纽约客》，1929年5月25日，第22—23页。

章的结尾处颇具讽刺意味地说："各种佳酿遍饮，其妙处俱已体会，只是——'加尔松，一樽1902年的夏布利一木桐，开始吧，一小瓶玫瑰酒。这样——谢谢。'"除此之外，菲茨杰拉德再没有如此公开地提及自己的饮酒问题，也再没有如此轻松地对待过这个问题。

最初，喝酒是用来吹嘘的。在有轨电车上踉跄摇摆，可以逗笑少年时的伙伴，并为他提供一种被人接受的炫耀方式。"如果我的手发抖，请原谅我，"他从普林斯顿给一个女孩写信，"我刚喝了1夸脱苏戴白葡萄酒和3杯布朗克斯。"在马克斯韦尔·珀金斯面前，他摆出一副厌世之态。1921年8月给珀金斯的信里写道，"我想挑选十来个人和他们一起坐下喝酒，直到把我喝死，我讨厌生活，就和讨厌酒精和文学一样。"润·拉德纳也酗酒，他们俩之间总是开玩笑。"在百科全书上找找卡普里酒，我发现饮用水的质量真是差强人意，"拉德纳从大颈镇给旅行中的菲茨杰拉德写信说，"我向上帝起誓，希望这没有毁掉你在那里的时光。"对于陌生人，菲茨杰拉德则采取粗鲁的策略。"你不知道我是年青一代中最臭名昭著的酒鬼吗？"[①]他常常会这样问别人，或者向别人介绍自己是"F.斯科特·菲茨杰拉德，有名的酒鬼"。

菲茨杰拉德虽然在饮酒方面吹牛，但他不愿意别人用文字对他喝酒的问题作评价。1922年3月，当埃德蒙德·威尔逊提议在《书翁》这篇文章中包含这方面的内容时，菲茨杰拉德让他省略掉对于"酒精那方面"的评论。[②]关于他饮酒的传言，他反对说，"流传过于广泛"，威尔逊的评论会在"亲戚和可敬的朋友们"面前、在道德评判

---

①斯科特·菲茨杰拉德写给马克斯韦尔·珀金斯的信，1921年8月25日，《书信集》，第148页；润·拉德纳写给斯科特·菲茨杰拉德的信，1922年3月25日，费尔斯通；约翰·蔡平·莫舍（John Chapin Mosher）：《那个悲伤的年轻人》（*That Sad Young Man*），未标明页码，《汇编》，第443页。

②斯科特·菲茨杰拉德写给埃德蒙德·威尔逊的信，1922年1月，《书信集》，第330页。

方面以及“更重要的，在经济上”伤害到他。威尔逊妥协了。最终菲茨杰拉德的酗酒行为——酒精本身和它所产生的削弱性的作用——显现出恶劣的结果，不仅仅显现在他作为作家的收入方面。

在他喝酒初期，菲茨杰拉德对于酒精的容忍度非常低。20世纪20年代中期，“他喝下刚好让你觉得舒服的量，就会晕过去，”[①]海明威回忆道，并且补充说，“他很喜欢醉晕过去，因为这样他就成为大家的关注中心。”海明威的评价毫不留情面，其他人也证实了对于那段时间菲茨杰拉德酒量的说法。他“就是不会喝酒”，路易斯·布罗姆菲尔德说，“喝上一杯鸡尾酒，他就不行了。这点酒对他的作用就像是五六杯酒对海明威或者我自己的作用”。[②]他喝过酒后就会变得“非常让人讨厌、粗鲁、暴躁，就好像他所有的怨恨都要在一时间全部宣泄出来”。卡尔·范·维克藤也同意，“他酒风很糟糕，喝一点点就醉，醉了以后就变得不可理喻。”[③]

还有很多人，包括埃德蒙德·威尔逊、约翰·多斯·帕索斯[④]认为菲茨杰拉德并非总是像他看上去那样醉，他把酒精当作肆意妄为的借口。不管怎样，到了20世纪30年代，他的酒量大大提高，那时基本一天消耗30瓶啤酒或者1夸脱杜松子酒。[⑤]菲茨杰拉德的医生警告他如果不停止喝酒，可能会导致死亡。约翰·比格斯记得在此之后见过菲茨杰拉德。医生允许他一天能喝一丁点杜松子酒。菲茨杰拉德坐在比格斯家草地上的一棵树下，喝掉了一整瓶杜松子酒，每喝

①欧内斯特·海明威写给哈维·布莱特的信，1954年8月18日，《信件选集1917—1961》，卡洛斯·贝克编辑，纽约，斯克里布纳，1981年，第834页。

②麦兹纳：《笔记本》，未标明页码。

③《纪念卡尔·范·维克藤》，口述历史办公室，哥伦比亚大学，1960年，未标明页码。

④埃德蒙德·威尔逊：《二十年代》，未标明页码，《纽约客》，1975年4月28日，第52页。

⑤《劳拉·格斯里·赫恩杂志》：第56页；玛丽·尚克写给麦兹纳的信，1949年10月26日。

一口都非常仔细地倒出一丁点酒。[①]之后他会尽力掩饰自己酗酒的证据。1939年到1940年在洛杉矶，他给秘书弗兰西斯·克罗尔的第一个任务就是用麻布袋子收集空酒瓶子，扔到山谷旁边。[②]

他在好莱坞的日子里偷偷摸摸喝酒，但酗酒的历史可以追溯到他婚后第一年，那时他和泽尔达在纽约公众的心目中的形象，要么是被鼓掌称赞，要么是被摇头否定。从一开始，他们可笑的行为中就带有急切渴望的因素。詹姆斯·瑟伯评论说，他们“不知道如何招来欢乐。他们扭着它的胳膊，把它放倒在地，坐在它的胸膛上”[③]。菲茨杰拉德夫妇也并非总是乐在其中。1925年马克斯·伊斯曼在里维埃拉结识他们，并未发现他们喜爱饮酒的迹象。[④]在他看来，他们只是机械地喝酒。酒精带领他们远离自身以及无聊，进入一个更加多姿多彩，甚至带有毁灭性的世界。喝酒会惹出很多事儿。但很长一段时间之内，这些事情所产生的后果好像并不重要。

最严重的后果就是破裂的关系。随着时间推移，酗酒带来的乐趣变得带有毁灭性了。“如果你想把家具做旧，”一个朋友说，“你应该请菲茨杰拉德夫妇去你家——他们一晚上就能把家具弄得很破旧。”[⑤]主要的破坏行为来自菲茨杰拉德。泽尔达喝醉之后更多的是有自杀倾向——威胁着要把车开下悬崖、把车停在铁道上——而菲茨杰拉德则沉浸于各种疯狂的举动之中。他在1923年7月，凭着一时兴起把车开

---

①麦兹纳:《笔记本》，未标明页码。

②弗兰西斯·润(Frances Ring):《我的老板，斯科特·菲茨杰拉德》(*My Boss,Scott Fitzgerald*)，1964年1月，第7页；《洛杉矶杂志》，第34—35页。

③詹姆斯·瑟伯(James Thurber):《荆棘中的斯科特》(*Scott in Thorns*)，未标明页码，《信条和古玩》(*Credos and Curios*)，纽约，哈珀和罗，1962年，第157—160页。

④马克斯·伊斯曼(Max Eastman):《爱与革命——我一世纪的日记》(*Love and Revolution——My Journey through an Epoch*)，纽约，兰登书屋，1964年，第465页。

⑤阿尔弗雷德·卡津:《文学评论》，第45页。

进了河里。[①]他还养成了喝酒扔东西的习惯。安妮塔·卢斯回忆起在长颈镇的一晚，他近距离地用“两樽带着点燃的蜡烛的烛台、一只玻璃水瓶、一只金属冷酒器和一张银质盘子”[②]攻击她和泽尔达。两位女士只好藏在橡木桌子下面避难。

20世纪20年代中后期，菲茨杰拉德夫妇在法国生活的那段时间，酒后劣迹达到极致。值得注意的是，最主要的受害人是优雅自信、善于社交的杰拉尔德和莎拉·墨菲。多斯·帕索斯记得有一晚在胡安·雷彬，斯科特爬到赌场入口的门垫下面，一直待在垫子下面，直到莎拉把他哄出来，就像把一只猫从床底下哄出来一样。[③]还有一次，他故意踢翻路边女小贩端着的兜售坚果和糖果的托盘，[④]然后给她一卷钱作为补偿。他还继续着扔东西的坏习惯。在墨菲夫妇举办的一个鱼子酱和香槟派对上，他把邻桌的烟灰缸高高抛起。在这对夫妇举办的一次晚宴宴会上，他扔了一颗无花果，砸到卡拉曼-齐奈公主两肩胛骨之间。她并未在意，当阿奇博尔德·麦克利什告诫菲茨杰拉德不可如此时，斯科特狠狠揍了他一顿。不久，他又开始往墙上扔摔制作精良、有金色斑点装饰的威尼斯红酒杯，摔碎了3个杯子，墨菲夫妇只好禁止他3周内不能来做客。[⑤]

菲茨杰拉德喝酒时，还时常伴随着一种毁灭性的行为模式，即坚持问一些非常私密的问题。多斯·帕索斯认为他的伎俩是，[⑥]“是

①斯科特·菲茨杰拉德：《记事本》，第177页。

②安妮塔·卢斯（Anita Loos）：《投掷数千》（*Cast of Thousands*），纽约，克罗赛特和邓拉普，1977年，第128页。

③约翰·多斯·帕索斯写给麦兹纳的信，1950年4月30日。

④《斯科特·菲茨杰拉德》：第165页。

⑤卡尔文·汤姆金斯（Calvin Tomkins）：《生活幸福就是最大的复仇》（*Living Well Is the Best Revenge*），未标明页码，《纽约客》，1962年7月28日，第60—61页；《斯科特·菲茨杰拉德》：第167页。

⑥约翰·多斯·帕索斯（John Dos Passos）：《最好的时代》（*The Best Times*），纽约，新美洲图书馆，1966年，第128页。

把你置于不利的境地。你的思维变得缓慢。你羞于谈论性的问题”。他说的也许都对，但如果多斯·帕索斯认为这些情况除了他自己以外，和别人都有关，那么他就大错特错了。菲茨杰拉德会问伴侣们在婚前是否发生过性关系，并且探究他们目前性生活的细节。在这种询问之下，没有哪段友情能够幸存下来。墨菲夫妇知道菲茨杰拉德在清醒的时候是多么迷人，也真心赞赏他的作品，他们比绝大多数人都能够包容他，但莎拉最终还是给菲茨杰拉德写了一封言辞激烈的信。[①]“我们把自己当作你的朋友，”她写道，但是菲茨杰拉德却把他们当作“观察对象”，不要再期待他们接受“一种持续的分析和再分析，与批评的感觉——整体说来，这是一种不友好的感觉”。菲茨杰拉德应该知道他不该“通过朋友总结理论”。莎拉暗示如果他们还想保持朋友关系的话，他就要改变。但是他没有。

醉酒后的放肆行为过后，菲茨杰拉德通常会被懊悔情绪笼罩。[②]第二天早上，他完全为自己昨晚的行为而震惊。“我真的那么说了？”他会问，“我那样做了吗？我的上帝啊！”之后便是一连串的道歉，并且提醒朋友们他有时候也是非常有人性的。但这种圆滑的处理方式并非能让所有人满意。“在醉酒且危险和清醒而谦逊地吃比萨的斯科特之间挑选，”安妮塔·卢斯说，“我更喜欢危险的他。”

20世纪20年代末期，泽尔达已经不再和他一起喝酒了。她对芭蕾舞的全身心投入促进她这么做，但即使在认真练舞之前——1926年12月坐船从欧洲回美国时——她就警告过勒特洛·富勒[③]（婚礼上菲茨杰拉德的伴郎），如果他想保证自己婚姻幸福，就千万别像菲茨

①莎拉·墨菲写给斯科特·菲茨杰拉德的信，1926年6月，《通信集》，第196—197页。
②麦兹纳采访C.O.卡尔曼夫妇，1947年12月13日；卢斯:《投掷》，第129页。
③《斯科特·菲茨杰拉德》：第168页。

杰拉德那样喝酒。当他们再次返回欧洲，第一次是1928年夏天，第二次1929年，酗酒问题和他们的婚姻都失控了。

菲茨杰拉德的私人日记为我们提供了那段时间的缩影。[①]1928年6月的一记，“被人抬回丽兹酒店，”接着在夏天里记录道，“喝酒，总体并不愉快……第一次进监狱……在利多湖跳水……第二次进监狱。”1929年的经历很类似：“喝醉了，被冷落……童话，精神衰弱……吵架和冷漠……墨菲家的游艇和最后一次吵架。”泽尔达在精神崩溃之后写了一封长信，信中的内容印证了这段描述不全的记录。[②]1928年，“你并没有工作，晚上回家的时候是被出租车司机搜进家的，”她对丈夫说，“你起来吃午餐。你并没有跟我交流，却抱怨我对你不理不睬。你的实际情况就是，那整个夏天都是醉醺醺的。”1929年，“你在(飞利浦)巴里家的派对上、在蒙特·卡洛的游艇上和杰拉尔德以及多蒂在赌场，让自己出尽洋相。很多个夜晚，你根本没有回家。整个夏天你只进过我房间一次”。

因为菲茨杰拉德酗酒，他的婚姻不但陷入绝望境地，而且他在“很多人面前毁了”自己。[③]其中一个原因是他喝醉之后总是容易发生争吵，或者真的跟人打起来。有一件事被详细记录下来，1924年在罗马和出租车司机因为车费问题争吵的过程中，他打了一位警察(这件事，被稍微修改了一点，在《夜色温柔》中得以描述)，他被狠狠揍了一顿，并被关进监狱。除了这些丢人的事情，菲茨杰拉德还经历过一系列的打架斗殴。在他生命的最后几年里，他一喝酒就变得非常好斗，正如他的一首诗所描写的那样，“在饮酒的黑暗时期，[④]他变

①斯科特·菲茨杰拉德：《记事本》，第182—183页。
②泽尔达写给斯科特·菲茨杰拉德的信，1930夏末秋初，《通信集》，第248页。
③斯科特·菲茨杰拉德：《记事本》，第182页。
④斯科特·菲茨杰拉德，诗歌节选，费尔斯通；显然这几句诗词从《窗边灯光》里删除了。

得愤怒，他出击侵袭，造成伤害”。据海明威说，他们俩一起出去玩的话，菲茨杰拉德总是侮辱别人，海明威“不得不从中调解，以免他被打”。斯科特“就是在身体状态最好的时候也总是打不过别人”，可“他就是喜欢打别人”，他不得不帮忙，海明威说。海明威断定菲茨杰拉德就是喜欢被人侮辱。这些惩罚很明显都是他自找的。①

他尤其喜欢逗南方人生气。1923年6月，菲茨杰拉德在大颈镇跟一位在当地游玩的得克萨斯人打了起来，润·拉德纳说，是那个得克萨斯人坚持说“除了南方，其他地方都没有正派小伙子”②。20世纪30年代初，在弗吉尼亚的诺福克火车站，他走到一个陌生人面前，对那人说了些贬损的话，嘲笑那人的大肚皮。③1935年夏天在阿什维尔的时候，他模拟了一个法庭审判，审判中他担任起诉人，审判的6个人，罪名竟然是因为他们是南方人。④那几次都只是虚张声势，虽然他言语中充满侮辱，但并没有人打他。然而还有很多次，他成功挑起争斗，直到他在好莱坞的最后几年都是这样，而且他总是被打败。希拉·格雷厄姆清楚地记得一件事，菲茨杰拉德在机场接客车里开始对着坐在他前面的一个姑娘大声赞美。“多么美丽的头发，多么优雅的姿态，”他说着诸如此类的话。那姑娘先是下意识地看了看自己的同伴，接着，随着他继续赞美，女孩转过来对着菲茨杰拉德微微一笑。此时他却说，“你这个蠢女人。”和她一起的男人“转过头面对菲茨杰拉德，气得脸煞白”，但这时大巴车到达机场，事情便没

①欧内斯特·海明威写给哈维·布莱特的信，1954年8月18日，《信件选集》，第835页。

②润·拉德纳写给弗兰西斯·R.基切尔的信，1923年5月15日，本杰明印厂重印，《在斯科特·菲茨杰拉德家的一晚：润·拉德纳一封未出版的信件》，《英语语言说明》，1970年9月，第40—42页。

③约瑟夫·A.豪厄尔.Jr.写给麦兹纳的信，1949年1月12日。

④《劳拉·格斯里·赫恩杂志》：第118页。

有再发展。[①]

关于酗酒的警示在菲茨杰拉德的人生道路上隐约出现：破产的婚姻、破损的友谊、打架斗殴、破坏法律。但是和其他的酗酒者一样，他拒绝承认这些警示的意义，还为自己找出很多借口。为了不让别人发现他嗜酒，他用杯子装如水一般透明的杜松子酒喝。为了欺骗自己，他为自己的行为做出很多种解释。

1930年泽尔达第一次住院时，丈夫的酗酒问题发展到最严重的状态。菲茨杰拉德在信里写道“泽尔达进了医院”，而且信中声称他“疯狂地沉迷于酗酒中”，但是他把自己的这种沉迷和“她近乎狂妄自大的自私自利”联系在一起，并且说他大量饮酒是从1925和1926年泽尔达生病期间开始的。他解释说，“我只有喝醉之后才能任你生病，置之不理”，[②]对于泽尔达的精神病医生奥斯卡·L.弗雷尔医生，他也声称是泽尔达带他走上酗酒之路的，但不是因为她的病。“我们婚后的头7年，”他在信里告诉弗雷尔医生，他工作时，“她恰恰想要喝酒。”[③]1924年他们到了欧洲，正是“在她的鼓动之下”，他在晚餐桌上才开始想喝酒。（他说她午餐时也喝酒，而他却不。）1927年，他开始提出“练芭蕾的想法”以便“阻止她乱喝酒”，菲茨杰拉德接着说。但现在他发现每顿饭期间喝上适量的酒，让他感觉“非常不同”。双眼下面的黑眼圈消失了，夜里喝咖啡并不能起到清醒大脑的作用，他更期待晚餐了，而不再害怕“妻子关于芭蕾舞步的大段独白，对话期间对她报以呆滞的目光”。弗雷尔理解他为什么不能完全戒酒。之所以滥用酒精是“因为他遭受着痛苦和死亡的折磨，而并不

①《异教徒》，第209页。
②斯科特·菲茨杰拉德写给泽尔达的信，1930年夏，《通信集》，第239页。
③斯科特·菲茨杰拉德写给奥斯卡·弗雷尔医生的信，1930年夏，《通信集》，第242—243页。

是因为不能克制自己……（他不能）把每天结束之前喝一品脱酒作为享受，而把它视为男人的一种权利”。此外，戒酒岂不是向泽尔达的亲戚和朋友证明，就是他的酗酒导致了她的“不幸”吗？如果他对自己宣布终身禁酒，而且这种禁酒对于他来说“并不是因为习惯、性格或者工作环境的因素而必须采取的”，那么他将失去作为人的权利。

这封写给弗雷尔医生的信是典型的陈词滥调，充满他为自己所找的借口，菲茨杰拉德将自己酗酒所引致的麻烦缩减到最小，而且其中很多论点自相矛盾。泽尔达才是那个酗酒的人，而不是他，或者至少是她先开始喝酒的。他自己本身喝得非常少，只是在晚餐的时候才喝一品脱。然而他并不打算戒掉，因为这样有损他的健康，承认酗酒是造成泽尔达生病的原因，甚至会剥夺他作为人的权利。

弗雷尔肯定地诊断菲茨杰拉德这是自我辩解，就像两年之后阿道夫·麦耶医生在巴尔的摩为泽尔达看病时，也称菲茨杰拉德是“潜在的但不情愿的病人”。[①]菲茨杰拉德立刻对医生的诊断表现出嗤之以鼻。不应该把他跟当地的狩猎俱乐部里那些酗酒者相比，因为他可以很好地控制自己的饮酒量。此外，麦耶医生还应该能够分清“一个社交活动过多、想象力丰富、工作繁忙、把酒作为一种刺激的人之所言以及一位短期病患兼精神分裂病人所说的话”。医生不应完全相信泽尔达所说的。[②]

而对于他的编辑和代理人，则要求他们同情菲茨杰拉德，他们十分了解他的工作量并不如以往那么大。“关于我的麻烦始于酗酒的判断过于轻率，”他1934年12月给奥博写信，“对你致以歉意。”[③]他

①阿道夫·麦耶医生写给斯科特·菲茨杰拉德的信，1933年4月18日，费尔斯通。

②斯科特·菲茨杰拉德写给阿道夫·麦耶医生的信，1933年春，《通信集》，第309—311页。

③斯科特·菲茨杰拉德写给哈罗德·奥博的信，1934年12月8日；《恒久如常，斯科特·菲茨杰拉德——》，马修·J.布鲁科利和詹妮弗·M.阿特金森，费城，利平科特，1972年，第209—210页。

提到了很多别的原因，即1930—1931年的冬天“在蒙哥马利发生的那些可怕的事情”，特别是泽尔达的病情复发，他自己沉浸于《夜色温柔》的创作之中，至此之前，他意识到自己的“文学声望，除了在《邮报》的读者之中，降到了最低点”。他挣扎着要完成这本书，但是工作使他精疲力竭，“没有时间或者空间进行恢复。”他在百慕大的假期，因为胸膜炎而被毁了。不久之后泽尔达就再次发病。他在信的结尾文风转变成不完整的句子，这封信陡然结束：“当然在一定程度上任何的辩解，必定都是无病呻吟，一个自掘坟墓的人，就应该躺在坟墓上，我知道过错要追溯到那些年，那些年真的是自我……”

自我放纵，是的，就像他几个月之前向珀金斯所宣称的那样，“如果不喝酒，我不知道这次还能不能撑得过去。”[①]酒精让他不再感到难过，帮助他忘掉泽尔达的悲剧，保持他士气高涨：他在1935年和1936年的信中这样写道。与此同时，酗酒正在将他引入堕落，带他走向住院戒酒的方向。

詹姆斯·特恩布尔是另一位酗酒的作家，可能是最理解菲茨杰拉德所面临的问题的人。他意识到自我辩解的过程为菲茨杰拉德提供了许多酗酒的借口：“泽尔达的悲剧、[②]他连续不断的经济方面的担忧、他认定自己是失败者、他对于超级富人王国的幻灭以及对于转眼消逝的青春和浪漫爱情的忧伤。”瑟伯总结说，然而所有这些原因加起来，都没有这个原因强大，[③]足以使他酗酒，即“他的创造力需要刺激”——为了写作，他需要喝酒。

---

① 斯科特·菲茨杰拉德写给马克斯韦尔·珀金斯的信，1934年11月8日，《斯科特/马克斯》，第210页。

② 斯科特·菲茨杰拉德写给特恩布尔的信，1935年6月；斯科特·菲茨杰拉德写给C.O.卡尔曼的信，1936年10月10日，《书信集》，第429、544—545页。

③ 瑟伯：《荆棘中的斯科特》（*Scott in Thorns*），第157—158页。

一开始，菲茨杰拉德怀疑这个说法。有人告诉他说，布雷特·哈特喝着威士忌在午夜到凌晨5点之间写出了一部6 000字的小说，这位《人间天堂》的25岁的作者根本想象不到哈特是怎么做到的。“对于我来说，”他说，“麻醉剂只能抑制我工作。”[①]咖啡也许会有些帮助，但威士忌肯定没有。他写《人间天堂》的时候依靠的是可乐。但到了1928年，当他和泽尔达生活在埃勒斯利时，菲茨杰拉德开始依赖酒精帮助工作了。除了哈特以外，他很容易就找到了很多类似的前辈。[②]他有一次质问一位记者，“除了詹姆斯和惠斯勒（他住在英格兰）以外，你能说出有哪个美国艺术家不是死于酗酒的？”[③]他断定饮酒是写作带来的恶习，但跟其他的作家一样，他需要酒精来完成工作。“喝酒可以加强感知力，”[④]他告诉劳拉·格斯里，“我喝酒的时候，情感会得到增强，我把这种情感写进我的小说……我清醒时写的东西都非常愚蠢……过于理智，没有情感。”他会带着这样的情绪把自己比喻成格兰特将军，[⑤]常常回顾当年林肯著名的讲话，说的是林肯如何发现格兰特将军喜欢喝哪款威士忌，并且把这些酒分发给那些稍逊他的一些将军们。他还发现酒精不单是对艺术创作有激发作用，因为酒精促进情感加强，它还会扰乱人的统筹计划能力，干预审阅修订能力。“短篇小说喝着酒就能写完，但写长篇小说的话，需要你的大脑运转足够快，以保证脑袋里掌控整个故事的脉络。”他说如果“写《夜色温柔》第三部分时可以不完全依赖酒精的

---

①托马斯·博伊德（Thomas Boyd）：《文学诽谤（1）：F.斯科特·菲茨杰拉德》[*Literary Libels (One)*: *F.Scott Fitzgerald*]，未标明页码，《圣保罗日报》，1922年3月5日。

②《泽尔达》：第141页。

③斯科特·菲茨杰拉德写给玛丽亚·曼内斯的信，1925年10月21日，见马修·J.布鲁科利编辑的《F.斯科特·菲茨杰拉德：描述性传记》，匹兹堡大学出版社，1972年，第265页。

④《天堂彼岸》：第88页；《斯科特·菲茨杰拉德》：第259页。

⑤斯科特·菲茨杰拉德写给罗莎琳德·塞尔·史密斯的信，1934年7月19日，《通信集》，第374页。

话”。[①]他愿意付出一切。

菲茨杰拉德意识到了这一点，而且也知道酒精正在毁掉他的一部分脑力，而这部分脑力对作为一个正常人和一位艺术家有影响，他不断地戒酒，并且还不断对人宣布他的戒酒计划。[②]似乎对他来说，宣布戒酒就相当于真的戒酒了。他在1928年7月给珀金斯的信里这样写道，“绝对没有喝酒，正在努力写作整部小说，只是写作小说，并没有做其他事，”写这封信的几天之前，他刚刚被人从丽兹酒店抬回家，就在几天之后，他在夏天里第一次被关进监狱。菲茨杰拉德对珀金斯宣布自己戒酒的次数是最多的：“我几乎已经6周没有喝一滴酒了，至今也没有一点点想喝酒的念头。”“除了上周有3天破例（圣诞节），我从10月底以来滴酒未沾。感觉真是太好了。”就像润·拉德纳以前所做的一样，他开始规定在特定的日子禁酒。“从2月1日到4月1日，我都只喝水，”这是他在1933年上半年写信给珀金斯。1935年5月他告诉阿诺德·金里奇说，他发现他的散文变得“像水一样无味”，决定“戒酒几年”。然而他并没有能够完全停止喝酒。每段清醒的美好时光，结尾都是以打开酒瓶塞而告终。随着这段美好时光接近尾声，也很难指望他遵守既定的戒酒时间表。一旦有重要事情做，他就可以停止喝酒，他坚持说，然后再开始喝。

有一个理论认为，酗酒者除非走到自我毁灭的边缘，否则无法成功戒酒。菲茨杰拉德于1936年到达了这个边缘。他能写出的作品越来越少，而写出来的作品也很难卖给《星期六晚邮报》或者其他买家。他已经耗尽了在巴尔的摩认识的大部分人的热情。（“有一天保

①斯科特·菲茨杰拉德写给马克斯韦尔·珀金斯的信，1935年3月11日，《书信集》，第259—260页。

②同上，大约1928年7月1日、1935年3月11日、1933年1月19日，《书信集》，第210、260、230页；斯科特·菲茨杰拉德写给金里奇的信，1935年5月8日，《书信集》，第523页。

罗和我去他家接他，带他去皮姆利科，”弗拉夫·贝克威斯·麦凯回忆，“他从楼梯一直滚下来——完全喝醉了。”）[①]他被多次送进医院戒酒。他在家里不得不请保姆帮他戒酒。他至少有两次试图自杀。最终一件丢脸的事发生于1936年12月，在他为斯科蒂办的下午茶舞会上。

菲茨杰拉德写给女儿的信里充斥着对她的提醒，即她自己并非出身有钱人家的女孩儿。斯科蒂在很多时候可能是需要这样的提醒，因为父亲确保她进入的学校里尽是来自极其富有的家庭的女孩子。他为斯科蒂感到骄傲——因为她聪颖、迷人、受大家喜欢——很明显，他希望她能够拥有他年少时曾期望而不得的社交成功经验。所以，借助一部分奖学金的资助，他非常高兴地送她上了康涅狄格州埃塞尔·沃克小姐的学校。他秋季第一次去学校探访时，答应斯科蒂圣诞节在巴尔的摩为她办一个派对。跟玛格丽特·特恩布尔和其他人咨询一番之后，他决定办一个下午茶舞会，这比晚上的派对更妥当，花费也更少些。

泽尔达当时住在阿什维尔附近的高地医院，不能来参加。这将是父亲和女儿的一次特殊经历。他给斯科蒂的卡片上是这样写的：

弗兰西斯·斯科蒂·菲茨杰拉德小姐

F.斯科特·菲茨杰拉德

12月22日

4点—6点

贝尔维迪尔酒店　　　　　舞会

①伊丽莎白·贝克威斯·麦凯：《菲茨杰拉德笔记》，未标明页码，费尔斯通。

为了逗15岁的女儿开心，他告诉她，他“决定给乐队弄一台手摇风琴——你知道的，就是一个意大利人加一只猴子”。这对孩子们来说已经够有意思的了，大人们则可以伴着摇摆乐队在隔壁房间跳舞。且不论这些玩笑话，他的确想为斯科蒂办一场像样的舞会。

舞会当天，他却做出可以想象出来的最糟糕的事情。在一开始能够明显看出他醉醺醺的状态，而且坚持带着斯科蒂的年轻朋友们在舞池晃荡，年轻的朋友们被逗得非常开心，可斯科蒂感到非常尴尬。[①]她见过他太多次喝醉的样子了。有一次，他认为她打扰了他写作，扇了她一巴掌。还有一次，向她扔一个墨水瓶，墨水瓶从她耳边飞过。[②]可他以前从来没有如此公开地在社交场合让自己和女儿如此难堪。但斯科蒂很勇敢，当晚又参加了另一个聚会，就当什么也没发生过。父亲和女儿从这件事中都有了新认识。新年伊始，菲茨杰拉德再次决定戒酒。[③]这一次他没有计划什么时候结束戒酒日程。

1937年的冬天和春天，在贝拉罗莱纳的特赖恩，借助诺拉和雷夫蒂・弗林的帮助，他坚持按照新的生活规律生活。奥博帮他在好莱坞和米高梅签下一份合同，仲夏之时，菲茨杰拉德记录道，“所有人对我都非常和善，当他们知道我不喝酒了，感到很吃惊，也很宽慰。和之前几年的生活相比，我现在感到快乐很多。”[④]他在10月份给巴尔的

①斯科特・菲茨杰拉德写给斯科蒂・菲茨杰拉德的信，1936年12月12日，《书信集》，第13—14页；《斯科特・菲茨杰拉德》：第283页。

②《劳拉・格斯里・赫恩杂志》：第97页；斯科特・唐纳森采访斯科蒂・菲茨杰拉德，1978年5月21日。

③斯科特・菲茨杰拉德写给比阿特丽斯・丹斯的信，1937年上半年，《通信集》，第471页。

④斯科特・菲茨杰拉德写给马克斯韦尔・珀金斯的信，1937年7月19日之前，《书信集》，第274页。

摩的芬尼一家（他们一家在那次失败的下午茶舞会之后，给斯科蒂送去“鸡蛋以及安慰”）写信，说他感觉自己成功戒酒，感觉良好。但实际上他的情况并非所说的这么好，在接下来的两年中，他经过几次复发的痛苦折磨。但他1940年整年滴酒未沾，那是他生命的最后一年，喝大量的可乐，服用镇静剂来稳定精神，帮助睡眠。

在为酗酒造成的灾难进行辩解的同时，他十分清楚酒精让他付出的惨痛代价，这是菲茨杰拉德非常典型的做法。1926年冬天，他告诉圣宝莱特·克里夫顿·里德，他和泽尔达去比利牛斯山治疗饮酒问题，但并不见效。“无论你去哪里，你都带着自己的本真和缺陷。无论是在山里还是在城市里，你都会做同样的事。”[①]他知道，这些在社交方面给他带来毁灭：

> 当有人刚刚开始对他有好感，[②]想更进一步跟他交往，他就把汤浇在女主人的后背上，亲吻女侍者，喝得烂醉睡在狗窝里。他这样的行为过多，让每个人都很难过，直至最后无人幸免。

他在日记本里带着嘲讽的自我意识写道，当他清醒的时候，根本无法忍受那些他在醉酒时喜爱的人；“当任何人对你宣称说他喝酒喝得多么少时，你可以肯定他是刚刚开始喝酒的。”[③]

她的医生已经说得很清楚了，无所顾忌地参加派对活动对泽尔达造成了毁灭。在一封1932年写的信中，菲茨杰拉德斥责了一位朋友，因为这位朋友试图恢复昔日豪放狂饮的生活：

---

①克里夫顿·R.里德写给安·希林的信，1970年2月12日，圣保罗学院。
②斯科特·菲茨杰拉德：《笔记本》，第148页。
③同上，第222、253页。

> 我很生你的气[①]……你坚持生活在那个世界里，我们特别希望那个世界终止，泽尔达无法在其中生活，它差点把我们两个都毁掉，你或者我们任何一位天资卓著的朋友都无法在那个世界存活；你坚持认同那个世界的价值观，就好像你镇守在某场战争的前线，挑战我们加入你的队伍。如果在1931年春天到1932年春天之间的任何一天，你能看到泽尔达，她是这场战争最典型的最终产物，你便能体会到那种狂热，即一场血战之后医生在急救室所感受到的狂热之情。

也许再用一年时间泽尔达就能康复；但同时，“她必须谨遵日耳曼人的道德观生活”。

酒精不但伤人还杀人。对于那些年轻时就开始喝酒的人来说，结果会更加不乐观。“20岁开始喝酒，[②]30岁身体垮掉，40岁离开人世，”他的日记中记载，“21岁开始喝酒，31岁具有人类的情感，41岁成熟，51岁离世。”他和泽尔达都认为人应该起源于北极，[③]逐渐向南而来，他们应该“35岁开始喝酒，逐渐过渡到古稀之年喝粉红香槟，”他曾经说，参加派对“是一种自杀”。[④]到了20世纪30年代，他随身带着一组照片，照片上显示酒精对人体各个器官的可怕作用。[⑤]他知道酒精最终会杀死他，他还带着黑色幽默的口吻开玩笑说自己

①斯科特·菲茨杰拉德写给“迪克”（迈耶斯）的信，1932年9月29日，费尔斯通。
②《崩溃》，第196页。
③斯科特·菲茨杰拉德写给特恩布尔的信，1937年春，《书信集》，第443页。
④麦兹纳：《笔记本》，未标明页码。
⑤同上，第88页；玛格丽特·C.L.吉尔迪亚写给特恩布尔的信，1958年12月16日。

会把自己喝死。“我酗酒多年，”他在日记里写道，“接着便死去。”[①]

跟日记相比，菲茨杰拉德在小说中更多地展示自己对于喝酒的态度。一开始这只是他喜欢写的一个话题。他所有的小说中都有饮酒或者喝醉的情节，就像《定期修复》中的情节，这是他写的第一部伊丽莎白时代风格的话剧，他还参演了这部话剧，当时他还是圣保罗市的一位青少年。在《人间天堂》中，埃默里·布莱恩被罗莎琳德·康奈基抛弃之后，便开始寻欢作乐。《美丽与毁灭》中，安东尼·帕奇就是“因为过度放纵而被毁掉”。《了不起的盖茨比》展现出对于饮酒的奇特的矛盾态度。盖茨比的派对吸引着长岛和纽约市那些引人注意且令人讨厌的不速之客。特别让人震惊的是——至少是菲茨杰拉德觉得震惊的是——女人们在派对上醉得如此不省人事，以至于她们的陪同人为了弄醒她们，不得不把她们浸入水中，或者被她们的陪同人“举起来，在空中踢打”。然而猫头鹰眼和那个“悬空的惨白的人”从他们的新车上成功卸下一个轮胎，这个剧情具有很强的卡通效果，文章在这里保持着幽默风趣的口吻，而并非评判的口气。

在30年代末期，酒精在菲茨杰拉德的小说中不再是一个带来幽默效果的话题。无论他在私下的谈话或者信件里怎么说，他在小说作品里都坦率地面对这个恶魔，不再为酗酒找任何合理化的借口。在很多部小说中，有极大可能被读者喜爱、有价值的角色都被酒瓶子打败了。《两个错误》中的制片人比尔·麦克切斯尼因为酗酒和社交中的狂妄自大而失去了妻子。《婚礼派对》中，迈克尔·科里终于明白，侨居巴黎“实在太辛苦，一般的兴奋剂都无法让他开心起

①斯科特·菲茨杰拉德：《笔记本》，未标明页码，费尔斯通。

来”。虽然他们像美国人一样喝鸡尾酒，像法国人一样喝红酒，像德国人一样喝啤酒，像英国人一样喝威士忌兑苏打。酒精并不能制造欢乐，它只能带来暂时的失忆。

《重返巴比伦》是菲茨杰拉德关于饮酒的最优秀的小说，其中表达出的重要一点就是，这样的失忆持续时间并不长。为了忘却，无论他如何挥霍时间和金钱，查理·惠尔斯也无法忘记酗酒给他带来的恶果：“他的孩子被夺走，妻子逃到佛蒙特州，并在那里去世。”他似乎解决了酗酒的问题，但惠尔斯未能得到许可恢复对女儿霍诺丽娅的监护权——直至他为了在巴黎疯狂作乐的日日夜夜付出更久、更艰苦的修行。这很明显是一个自传性的作品。泽尔达精神崩溃之后，斯科蒂并没有从他身边被带走，但是有人——比如说，泽尔达的姐姐罗莎琳德——认为斯科蒂应该被带离他身边。

类似的自传性质的例子还有很多，《疯狂的礼拜天》中剧本编辑乔尔·科尔斯在一个制作人聚会中丑态百出；《风中之家》里福里斯特·詹尼医生，他的手抖得太厉害了，以至于无法安全地完成手术。而《夜色温柔》中的理查德·戴弗医生才是最接近作者本人的一个角色。

正如《赦免》和《冬日的梦》为《了不起的盖茨比》做了铺垫，《一次出国旅行》和《新的一页》为《夜色温柔》做了预热。纳尔逊和妮可·凯利一开始并非喝酒没有节制，但在欧洲的生活让他们烦躁不安，工作不多，夜晚漫长又无聊，所以他们在晚餐时会喝很多酒。最终，他们把时间开始花在“很多著名的酒吧，所有的晚间俱乐部，除了几家极其高档优雅的，还有形形色色的清晨俱乐部以及所有为了招揽客人而制造狂欢的夏季休闲场所——得意扬扬、毫无节制的狂欢——那个季节最引人入胜的生活”。他们试图减慢狂欢的速度，但没能做到。纳尔逊发现，他最终就像《新的一页》中的迪克·拉格兰一样，没有酒精的刺激，就无法面对人群进行正常社交。“我发现，只要喝上几口，”拉格兰说，“我变得健谈起来，甚至有能力逗人开心，这个想法让我脑子一亮。于是我开始喝很多酒，以保持能说会道的状态，让所有人都觉得我很棒。”接着他就会烂醉，跟朋友争吵，当有了新的酒友替代旧朋友，他又辱骂新的酒友。

拉格兰的境况和迪克·戴弗一样。两个人都受到女人青睐；两人的魅力在酒精的作用下都得到放大和加强；两人都是酒精的受害者。迪克·戴弗在堕落的过程中失去了雄心壮志、能量和妻子。迪克·拉格兰的死亡则更加直接，他意识到自己永远也无法改变，便在海里自溺身亡。讲述者问：“你凭什么认为人可以改变发展方向？”

比起迪克·戴弗来，拉格兰的突然死亡更像亚伯·诺斯。诺斯是《夜色温柔》第一部分中重要的角色，一直在和酒瘾作斗争。“他走在一个情节发展迟缓的梦境中，”突然产生“一种奇妙的敬畏心……就像是对于精神疯狂的人群的敬畏。是一种尊敬，而不是畏惧。当一个人不再禁欲，可以做出任何事的时候，心中会产生敬畏”。但他恍恍惚惚，非常可怕，没人喜欢他在自己身边，甚至他的朋友戴弗也不喜欢。当迪克打发他走时，亚伯对他出口指责，指责内容则源自菲茨杰拉德的某个辩解，只是亚伯的指责内容混乱含糊：“还记得乔治三世说的话吗，如果格兰特喝醉了，他希望他可以撕咬其他的将军。”随后，他搭上去纽约的船，在纽约的一个地下酒吧被打得将死，一直往家爬，死在了拉科特俱乐部。

在小说中，亚伯可怕的结局预示着戴弗更加渐次的堕落。他们两人所追求的和比尔·麦克切斯尼与迪克·拉格兰所追求的，《一个酗酒者的案例》和《失去的十年》中的酒鬼们所追求的，菲茨杰拉

德自己所追求的，便是自我毁灭。“你现在终于醉倒了，”约翰·皮尔·毕谢普在为他的普林斯顿老友的缅怀诗中写道，①

这羞辱
你无意识地俯冲而下探寻的
你终于得到了它
在坟墓瓦解之时

①约翰·皮尔·毕谢普：《时时刻刻》，未标明页码，《新共和》，1941年3月3日，第313页。

第十一章
最糟糕的事

埃及谚语：[1]至衰之事：

躺于床上却不得眠，

思念之人却不现身，

试图悦人却人不悦。

——菲茨杰拉德笔记本

菲茨杰拉德的自我评价并不高。小时候读到过一本幼教书，书里讲的是小型动物，[2]比如狐狸，还有大型动物，比如大象之间的战争。这个故事并不像《戴维和歌莉娅》这种以弱胜强的故事，讲述的却是大型动物打败小型动物。不管怎么样，菲茨杰拉德认定自己的境况和狐狸相同，当他很多年后回想起这个故事，仍然为狐狸所处的窘境而感动。到了青年时期，他对于失败英雄[3]怀有钦佩之感，正如《人间天堂》中的埃默里·布莱恩，他就崇拜波尼王子查理、汉尼拔以及南部联邦。他充满浪漫幻想，把自己想象成虽然付出不懈努力，但注定会失败的人。任何实际发生或者想象出来的挫败，都能

①斯科特·菲茨杰拉德：《笔记本》，第10页。

②《斯科特·菲茨杰拉德》：第14页。

③斯科特·菲茨杰拉德：《人间天堂》，纽约，斯克里布纳，1920年，第25页。

让他痛哭流泪，这是悲伤的眼泪，而非愤怒的眼泪。他相信，他注定就是要失败的。

菲茨杰拉德回顾自己青少年时期的生活，写下一段自我评价，其中他有很多中肯评价：

> ……从外形来说[①]——我认为自己很帅气；有优秀的运动能力，可以成为极好的舞者……社交方面……我相信我有自己的个性，有魅力、吸引人、有自信、有能力主导他人。而且我确定，我能够让女人产生微妙的幻想。在智力上，我天分极高，非常聪明，学习能力强。为达到平衡，我在其他方面就有些不足：在道德观上，我比其他男孩的道德意识都差，因为我潜意识地狂妄自大，渴望在某些方面影响他人，甚至是在不好的方面……所以我缺乏荣誉感，极端自私。心理上……我绝对不是“我命运的掌舵人”……我把自己的自信心一扫而空，变作愚蠢的蹑手蹑脚。我知道自己是“愣头青”，比我年长的男孩都不喜欢我……总体说来——我骨子里还是缺少那些最重要的东西。在上一次危机中，我感到自己缺失真正的勇气、毅力或者说自尊。

菲茨杰拉德在《人间天堂》的初稿中写下这段话，列举出一连串可怕的特质，他认为自己有一定的天赋，但不具备重要的美德。正如埃默里·布莱恩，他“鄙视自己的人格”：勇气不足、自私自利、软弱无力。

在纽曼进行的一场橄榄球赛上，后备球员菲茨杰拉德躲开对方

①《天堂彼岸》：第23页。

球员的擒抱摔倒，躲闪动作太过明显，遭到队友讥讽为“胆小鬼”。他永远都未忘记这件事，所以，对于一个成年人来说，他有时表现出的勇气，有点极端了，虽然如此，他还仍然认为自己是个懦夫。菲茨杰拉德在快40岁的那些年中害怕汽车怕得要死。①他害怕走路过马路，喜欢过马路时有女人挽着他的胳膊，好像是他需要保护一样。他坐车的时候也特别害怕，汽车加速的时候，他会“像女人一样”紧张地叫起来。可若是他开车，他有时候速度就特别快，而且开得毫无顾忌。他往往逞酒后之勇疯狂开车。“菲茨杰拉德先生真是个很糟糕的司机，”②他的黑人司机亚居拉·基廷言简意赅地评价说，基廷于20世纪30年代上旬为他服务。

菲茨杰拉德认为自己太过自我放纵。他1935年跟劳拉·格斯里说，如果他继承了足够的财富，很多年前就因为过度放纵而死了。③他渴望强大与“冷酷”的外表。“如果不是为了泽尔达，”他1921年写信给马克斯韦尔·珀金斯，他就想隐退3年，做“像船员一样航海④之类的事情，让自己的样子变得坚韧”。那将需要遵守纪律——那将是对常规的藐视——他不具备这一点特质。在泽尔达治病的过程中，他学到了很多精神病理学的知识，此后他对自己的缺陷不像以前感觉那么懊恼了。“主要的性格特点，”⑤他在1932年4月致《普林斯顿校友周刊》的一封信里说，“在12岁之前就养成了。”在大学里年轻人可能受到更加广博或者更加精细的影响，“但深层次的性格，如他是懦弱还是坚强，对自己严格还是宽松，勇敢还是胆小——这些都

①《劳拉·格斯里·赫恩杂志》：第12、61、146页；《异教徒》，第235页。

②约翰·舍伍德：《〈美好时光，宝贝〉，巴尔的摩阳光报》，1960年9月18日，A版第3页。

③《劳拉·格斯里·赫恩杂志》：第99页。

④斯科特·菲茨杰拉德写给马克斯韦尔·珀金斯的信，1921年8月25日，《书信集》，第148页。

⑤斯科特·菲茨杰拉德：《令人困惑的浪漫主义》，未标明页码，写给《普林斯顿校友周刊》的信，1932年4月22日，第647 648页。

是在家里便养成的，几乎就是在婴儿房里养成的。”他的父母，特别是母亲培育出这样的他。

父母赋予他的外表也不完全让他满意。尤其不喜欢自己的脚（他的脚非常正常，只是对于上身来说，他的双腿有点短）。6岁时，邻居家一个男孩“光着脚在他家院子削李子皮”，他在日记里写，“斯科特内心因为他的脚感到潜意识和[①]性相关联的羞耻，没有出去跟那男孩玩。”为了同样的原因，他经常拒绝游泳，不仅仅是小时候。“自我认识他以来，”希拉·格雷厄姆说，“他总是拒绝在沙滩上脱鞋和袜子。”[②]虽然他病态性地不喜欢自己的脚，但他觉得女人的脚特别性感。[③]当他在脑袋里回顾他认识的女人，给她们分级的时候，脚也是其中一项指标，其他的指标还有相貌、年龄、职业、社会地位以及乳房形状。

至于他外表的其他方面，菲茨杰拉德为自己英俊的外表感到得意[④]——轮廓分明、金发碧眼、皮肤白皙——但还是认为自己不够完美。“完美的相貌[⑤]——黑头发、橄榄色的皮肤，还有洪亮的声音”：他在日记里列出了自己所不具有的一切外貌特征，并且用下划线强调，“我的假男高音。”在《流动的盛宴》里，海明威笔触尖锐激烈，专门描写了菲茨杰拉德声音方面的不足。[⑥]菲茨杰拉德也赞同他的观点，并保留意见。在《一次国外旅行》中，自传性人物内尔逊·凯利的脸“如此怯懦，如此自我放纵，近乎尖刻——这人需要喝下半打

①斯科特·菲茨杰拉德：《记事本》，第157页；《天堂彼岸》：第12页。

②希拉·格雷厄姆（Sheilah Graham）：《逝去三十五年之后真实的F.斯科特·菲茨杰拉德》（*The Real F.Scott Fitzgerald Thirty-Five Years Later*），纽约，格罗塞特和邓洛普，1976年，第33页。

③斯科特·唐纳森采访希拉·格雷厄姆，1983年2月7日。

④《斯科特·菲茨杰拉德》：第40页。

⑤斯科特·菲茨杰拉德：《记事本》，第169页。

⑥欧内斯特·海明威：《流动的盛宴》，纽约，斯克里布纳，1964年，第149页。

酒，这张脸才能像正常人那样真正睁开眼睛，合上嘴巴”。

菲茨杰拉德经常这样说起自己的缺陷，他不但已经接受了这些缺点，而且似乎非常热衷于谈论它们。不稳定的社会地位更加让他烦恼。莫莉·菲茨杰拉德自身的社会地位相对较低，于是对她的孩子所抱希望甚大。菲茨杰拉德因为她的抱负而鄙视她，也因为自己怀有同样的抱负而自我鄙视。

他心中怀有这样的雄心壮志，不自觉地因其思考以及行事，甚至因此而参军。“关于参军的问题，[1]既不要感到悲伤，也不要抱着英雄主义的情结，”接到服役通知之后，他给家里写信，“我参军的原因纯粹是冷血地出于社会地位需要。”温文尔雅的费伊神父，菲茨杰拉德在纽曼认识的导师，确实为了自己的爱徒在国外社会地位的提升订下了计划。[2]“尊敬的吉尼斯太太和玛格丽特·奥尔·尤因夫人会在伦敦照应你。罗纳德·吉尼斯会安排你住在我的俱乐部，那也是他所拥有的俱乐部中的一个。”这样的前景让这位来自中西部的小伙子感到眼花缭乱，20岁的他还没有跨过大西洋就更觉得自己出身贫寒了。他只有一部作品跟战争相关，就是1936年出版的《我并未痊愈》，这部小说讲述的是关于社会上的势利小人的故事。希宾上尉几乎是以菲茨杰拉德为原型塑造的人物，导致同事兼大学同班同学亚伯·丹策尔为了集训营的一件事故而担责任。丹策尔最终被关了禁闭，且自杀身亡。希宾做出如此卑鄙的事情，是因为当他刚刚加入连队的时候，老同学丹策尔“表现得就好像没看见我一样”。

虽然菲茨杰拉德渴望得到一张通行证，进入那个在财富和社会

---

①斯科特·菲茨杰拉德写给爱德华·菲茨杰拉德夫人的信，1917年11月14日，《书信集》，第451页。

②费伊神父写给斯科特·菲茨杰拉德的信，1910年6月6日，费尔斯通。

地位上都稳固不变的世界，但他也十分清楚那个世界中的人所带有的缺陷。在文章和日记里，菲茨杰拉德经常讽刺富人群体。他自身毕业于一所鲜为人知的天主教预科学校，他选择那些有钱孩子上的学校作为特别的抨击目标。“通过餐桌礼仪，你就可以看出某个孩子毕业于圣马可，”他写道，“你可以看到他和仆人们一起吃饭，但父母已经离婚且各自再婚。”还有“在格罗顿，[①]他们在金色的小单间里睡觉，用老白金做的泵抽水洗脸。这样可以锻炼他们坚强的意志，便狠得下心来拒绝帮助穷人”。在1923年6月的文章中，菲茨杰拉德想象一群生活浮华的富孀们参加一项慈善活动，她们建议一个贫困不堪的意大利人晚上在家里玩猜词游戏[②]：“某天晚上，假设你妻子和女儿被冠上‘索尔兹伯里子爵夫人的爵位’，或者想出‘主动权和公投’这样的词语，让他们用动作表现这些爵位和词语——你和男孩子们猜她们表演的是什么。这可比参加沙龙更有实际乐趣呢。”

虽然他总是这样讽刺和攻击富人阶级，但还是梦想着成为真正的贵族。他对于穷人的态度并不矛盾。特别是在早期的作品中，把穷人塑造成粗野的、肮脏的、又穷又笨的形象。“是的，”批评家约翰·屈尔已经指出了，“他曾经说过，如果不能和富人们住在一起，他的下一个选择就是成为穷人。任何情况都比不稳定的中产阶级强。[③]从中产阶级之中的上层起跳，他还是无法完成向上的最后一跳。”

“一个永远自我矛盾的人，”伊丽莎白·贝克威斯·麦凯评价他说，“处于断裂的社会阶层。特别害羞和特别勇敢，成功或者失败，从不走中庸之路。”圣保罗的珊德拉·卡尔曼意识到了他的自卑情

①斯科特·菲茨杰拉德：《笔记本》，第204、302页。

②斯科特·菲茨杰拉德：《想象力——还有几位母亲》，未标明页码，《女士家庭杂志》，1923年6月，第21、80—81页。

③约翰·屈尔：《早期》，第46—57页。

结。诺拉·弗林也意识到了他的自卑，并且发现他的自卑情结可以归结到“他自身所隐含的一些奇怪的现象——华而不实、放肆炫耀、近乎粗俗不堪”。[①]读完艾米丽·波斯特的《礼仪》之后，他想写一部“戏剧，[②]整部剧的动机和矛盾都因男主角试图行正确之举而起”。他没忘记自己所做的并不符合社会观念的事情，比如说给乐队送去次等的香槟酒，[③]而且像受虐狂一样把这些事情都记了下来。对于别人的冷落以及奚落，他非常敏感。1924年在意大利的一个晚上，他预订的桌位被取消，因为要给一位罗马贵族用，这是他一生中最愤怒的一次。[④]普林斯顿所收藏的他的文稿中，至少有3个冷落过他的人名单，[⑤]最长的名单包含了1925—1929年怠慢他的66个人。在如此短期内被如此多人怠慢，说明他遭遇到的冷落很多都是想象而非真实的，虽然那些年他和泽尔达因为酗酒和争吵成了不受欢迎的人。或者基于自虐和自我憎恨的原因，实际上他在追求别人的不认可。

当他装腔作势时，举止看起来总是假模假样的。他在巴黎给《芝加哥每日论坛报》的记者亨利·威尔士留下令人半信半疑的信息，即在普林斯顿期间，就已经推掉了无数邀请他到纽约参加介绍性的舞会。[⑥]他贬低那些重要场合，以此来掩饰在伦敦和贵族们交往对于他来说有多么重要。他曾经和蒙巴顿一家参加过许多高层次的聚会“以及类似的场合”，他1925年给珀金斯写信说，“让我印象深刻，但也不

①伊丽莎白·贝克威斯·麦凯:《菲茨杰拉德笔记》，未标明页码，费尔斯通；劳埃德·哈克尔采访珊德拉·卡尔曼，明尼苏达历史协会；派珀采访诺拉·弗林，1947年2月10日。

②埃德蒙德·威尔逊:《古典和广告》，纽约，法勒、斯特劳斯，1950年，第374页。

③斯科特·菲茨杰拉德:《崩溃》，第216页。

④《天堂彼岸》:第181—182页。

⑤斯科特·菲茨杰拉德:《笔记本》，未标明页码，费尔斯通；大部分在斯科特·菲茨杰拉德的《笔记本》里记录，第103、259页。

⑥亨利·威尔士:《N.Y.“400”模仿芝加哥礼仪；失败；如此无聊》，未标明页码，《芝加哥每日论坛报》，1925年12月7日，第12页。

是非常印象深刻，因为我大多数时候是自娱自乐。”[①]1927年和1928年在埃勒斯利时，他曾经扮演成庄园乡绅，昂首挺胸地踱来踱去，让附近的居民进来喝酒。带着不自觉的讽刺，[②]他1932年写出一部小说，故事的焦点在于女主角所犯的错误，下嫁给社会级别低于她的人。“她被吓得目瞪口呆，卡洛琳[③]意识到（见到她公婆之后）自己的社会地位下了好几个台阶。这些人没有任何地位。”美国文学史上任何怀有相同想法的故事人物都得到了应得的报应，但菲茨杰拉德的女主角却没有。故事的结局皆大欢喜，但很不真实，她从不幸的婚姻中解放出来，和一个社会地位比自己还高的有钱人走到了一起。

那几乎是菲茨杰拉德心目中自己女儿的未来，他先是把她送到埃塞尔·沃克在康涅狄格州的学校，后来又送她去瓦萨尔大学。送斯科蒂上瓦萨尔大学颇费了一番周折，因为她在离开沃克小姐的学校之前有一些违规行为。但是菲茨杰拉德写了很多信，说服了很多熟人帮忙，在幕后做了很多牵线搭桥的工作。“他一生中最大的愿望，”[④]玛格丽特·卡尔金·班宁相信，就是送他女儿去瓦萨尔读书。他希望斯科蒂能够拥有一切最好的，对于他来说，那就是和最上层的家庭建立联系，然而他却将他们视为一个整体加以否定。所以，他把斯科蒂置于和富豪们的女儿和儿子们最亲密的关系中——在瓦萨尔以及常青藤学校的校友关系，之后他便开始猛烈抨击他们，警告斯科蒂不要和公园大道上住的那些奢华阶级的孩子混在一起，并且攻击华尔街上的剥削者们。在这方面，如同他对于富裕阶

① 斯科特·菲茨杰拉德写给马克斯韦尔·珀金斯的信，大约是1925年12月27日，《书信集》，第195页。

② 派珀采访迈克尔·费舍，1950年5月24日。

③ 斯科特·菲茨杰拉德：《飞行和追赶》，未标明页码，《价格》，第309页。

④ 派珀采访玛格丽特·卡尔金·班宁，1947年4月7日。

层的态度一样，他本人也处于分裂的状态。[①]

这种分裂——这种两面性导致了生活复杂化，也使得他的故事富于独特的味道——毫无疑问，很大一部分是来自爱尔兰血统。在埃德蒙德·威尔逊1922年所撰写的关于菲茨杰拉德的文章中，他强调了菲茨杰拉德的爱尔兰背景，还有中西部的出身背景，这对于理解这个人以及作品有最重要的作用。埃德蒙德说，跟爱尔兰人一样，“菲茨杰拉德非常浪漫，但是对于浪漫又抱着怀疑的态度；他愤愤不平又欣喜若狂；内敛含蓄又热情奔放。[②]他为自己设定了花花公子的角色，而且不断地模仿花花公子。他很自负，又有一点心怀恶意，反应灵敏，脑子灵活，拥有爱尔兰人的天赋，能将语言变幻做色彩斑斓、令人惊奇的事物。”这篇文章在发表之前被寄给菲茨杰拉德，要求他给予评价，菲茨杰拉德很快便指出，他是爱尔兰后裔，但只是普通的爱尔兰人，只是来自母亲那边的血缘。[③]这非常不准确：他父亲的祖父也是爱尔兰人，但他选择忽略这个事实。很明显，他对于自己的爱尔兰血统非常敏感。因为这个原因，他读詹姆斯·乔伊斯的书，很难感到愉悦。《尤利西斯》中爱尔兰的中产阶级给他造成“一种空洞、沉闷的痛苦”，[④]威尔逊的文章发表后一个月，他写信跟威尔逊说，“我祖先中有一半都是来自爱尔兰的中产阶级，或者更低的阶层。那本书让我感到毛骨悚然，就好像自己被扒光了一样。”并非所有爱尔兰人都受到“强烈的社会自我意识”[⑤]的折磨，菲茨杰拉德意识到。而他绝对备受折磨，这对于了解他的很多方面都有帮

---

①斯科特·唐纳森采访斯科蒂·菲茨杰拉德，1978年5月21日。

②埃德蒙德·威尔逊：《F.斯科特·菲茨杰拉德》，未标明页码，《灯光海岸》(*The Shores of Light*)，纽约，法勒、斯特劳斯，1952年，第31页。

③斯科特·菲茨杰拉德写给埃德蒙德·威尔逊的信，1922年1月，《书信集》，第331页。

④同上，1922年6月25日，《书信集》，第337页。

⑤斯科特·菲茨杰拉德写给约翰·奥哈拉的信，1933年7月18日，《书信集》，第503页。

助，不仅仅是他的趋炎附势。

向社会更高层移动是中产阶级令人难以释怀的目标，在这个阶级范围内出现了最可怕的趋炎附势的形式。已经地位稳固的上层阶级有资本玩民主，而这种抱负却被其他人鄙视。因此，菲茨杰拉德早期的小说里充满种族侮辱，这并不令人惊奇。从他的小说中对于犹太人和黑人的处理方式来看，他年纪越大越流露出这种有敌意的、毫不留情的势利态度。

他在一开始就把犹太人描写成贪婪吝啬、斤斤计较的形象。《美丽与毁灭》中充满贬损犹太人的插曲；其中主要的一个人物是遭人讨厌、好挑衅的舞台剧制作人约瑟夫·布莱克（生于贝克曼）。接着在《了不起的盖茨比》中，他创造了作品中最令人难忘的犹太人角色，迈耶·沃尔夫斯海姆。沃尔夫斯海姆本身就令人厌恶。旺盛的鼻毛从他那“富于表现力”的鼻子里长出来，他只对赚钱感兴趣，随心所欲挑战法律和道德标准。他就是“操纵世界系列赛的人”。他拒绝参加所谓的最亲密的朋友盖茨比的葬礼，因为承认他们之间的“关系”可能会给生意带来不良影响。

在私下里，菲茨杰拉德也会透露出他对犹太人的厌恶。[①]他们毁了最棒的度假胜地。所有“绝佳”的地方，像马略卡岛。他1923年3月写信跟汤姆·博伊德说，“都有个巨大的缺点——臭虫、麻风病人、犹太人、肺病患者或者俗人。”只要能赚钱他们什么都做。“你一开始装出友好的样子（礼貌）。这让你得到很好的待遇，于是友好成为你的第二自然属性。有些人，连假装友好的第一步都做不到。”

① 斯科特·菲茨杰拉德写给托马斯·博伊德的信，1923年3月，《通信集》，第126—127页；斯科特·菲茨杰拉德：《笔记本》，未标明页码，费尔斯通；斯科特·菲茨杰拉德写给哈罗德·奥博的信，1936年2月8日，《书信集》，第402页。

做生意的时候不能信任他们。“你知道的，犹太人之间讨论（故事）想法，也就意味着这些想法成了公共财产。”他1936年2月在给哈罗德·奥博的信里这么写道。

他在好莱坞的最后3年半中，这种态度发生了转变。最初他对于在好莱坞经营工作室的人报以蔑视态度。他1920年2月给詹姆斯·布兰奇·卡贝尔写信，“我脑子里已经想好了一个关于坏血病的情节，非常适合他病态的口味和患了麻风病的大脑。”1927年、1931年以及1937—1940年，他曾经多次再访好莱坞，菲茨杰拉德才了解到，要制作出成功的电影需要相当的能力。特别是他越来越崇拜艾尔文·萨尔伯格，他也许是好莱坞最伟大的制作人了。正是萨尔伯格激起了他的灵感，创造出充满魅力的最后的大亨形象，门罗·施塔尔是他塑造的最令人喜爱的犹太人物形象。

菲茨杰拉德在个人层面成功摆脱了自己从小所接受的刻板印象。在整体层面上说，就是另一回事儿了。“见鬼，我在好莱坞最好的朋友是个犹太人（艾迪·迈耶）——”[①]他的一则日记如此开头，

> 我还有几个最好的朋友都是犹太人。我最崇拜的几个美国人中，有两个是犹太人；我最崇拜的几个历史人物里，有两个也是犹太人。可他们为什么这么自大。少数人群的那种自大——就像是神仙的自大。他们对自己的错误避而不见——放大他们的美德，任何人都愿意把这些美德摆在第一位。他们指着班尼·伦纳德（职业拳击冠军）或者这位战争英雄，说我们很勇敢。当医院的护士承认说，一个犹太病人看到针时发出呻吟。

①斯科特·菲茨杰拉德：《笔记本》，第333页。

等等。同时，他也逐渐尊重他们的成绩与能力。“攻击犹太人”——他一辈子就这么做的——是“傻子的游戏”，[①]他提醒女儿说。

在对于黑人的看法上，我们更容易发现菲茨杰拉德的观点是如何逐渐成熟起来的。他的作品中有非常多关于黑人的描写，那是他一开始对于黑人的态度。他5岁的时候和一个“有颜色的男孩”交了朋友，“名字忘了——叫安布罗斯。”6岁时，[②]他在马里兰州西西莉亚表姐的婚礼上做戒童，完成任务之后，他“对两个黑人小朋友罗斯科和福里斯特发起攻击，还得到了一位大男孩的帮助，那个大男孩试图用绳子把他们捆起来”。30年后，他还是经常在黑人身上玩恶作剧。他在巴尔的摩的房子，一个黑人牧师[③]来为当地的孤儿院征集捐款，他向别人介绍说牧师是来自非洲的重要客人，他把牧师搞得不知所措，只得痛苦地逃走。

发生在亚居拉身上的事情更是让人捉摸不清，他是菲茨杰拉德在“和平”居住时期的司机。亚居拉有些发音障碍，他发th的音和s音是一样的，菲茨杰拉德写出一个句子，句子里全是th的发音，他让自己的司机一遍一遍反复循环地练习。批评家罗伯特·福里总结说，这也许是在亚居拉身上所开的一个长期玩笑。然而玛格丽特·特恩布尔认为这种练习中反映出菲茨杰拉德帮助别人的愿望。“亚居拉……口齿不清，[④]菲茨杰拉德每天都跟他练习，帮助他改正。”

---

①米尔顿·R.斯特恩（Milton R.Stern）：《黄金时刻：F.斯科特·菲茨杰拉德的小说》（*The Golden Moment: The Novels of F.Scott Fitzgerald*），厄巴纳，伊利诺伊大学出版社，第20页。

②斯科特·菲茨杰拉德：《记事本》，第156—157页。

③《斯科特·菲茨杰拉德》：第232页。

④《斯科特·菲茨杰拉德》：第236页；罗伯特·福里（Robert Forrey）：《F.斯科特·菲茨杰拉德小说中的黑人》（*Negroes in the Fiction of F.Scott Fitzgerald*），第2页；《家族谱系》，1967年秋，第293—298页；西尔玛·内森：《一位作家的午后（傍晚）》，未标明页码，《约翰·霍普金斯杂志》，1970年2月，第5页。

无论大家如何解读发生在亚居拉身上的事情（也许两种解读都有其真实性），但是很明显，年轻的菲茨杰拉德接受了传统的，南方人对于黑人的刻板印象。他们浑身充满韵律。他们特别有天赋，教太太们弹吉他，教了“两节课之后，你才意识到他们是有色人种”。他们偷鸡。他们的性道德观点随意。他们往往在周六晚上喝醉，然后互相残害。

简单说来，黑人是快乐的、不辨是非的孩子，他们身上又有一种特质。弗吉尼亚的一个小镇“的名字似乎不太吉祥”，小镇里燃气耗尽，菲茨杰拉德一开始无法从执拗的黑人那里买到其他燃料。这件事的详情在《老爷车历险记》里有记载：

他们摇着头。[①]他们闷闷不乐地嘀嘀咕咕，做着徒劳的反抗。我越来越激动，他们不但不让步，反而越来越愚蠢，让人弄不清楚状况——一个老头消失在黑暗中，回来的时候拎着一个用了很久的桶。然后又是一阵争论，最终一个小孩绷着脸去找了个桶。当他回来的时候，另一个小男孩拎着那个桶跟着他回来了，15分钟之后，又有一个男孩带着3夸脱汽油来了。

与此同时，我进商店买烟，却发现自己被一阵毒气包围，这气味给我留下难以忘怀的清晰的印象。我至今也说不清楚店里到底在干什么——一个月光下的狂欢节、一个发薪日的赌局，比这些更加见不得人的事，或者是根本无害的活动。我也说不清卖我烟的是白人还是黑人。但是确定的是，店里挤满了黑人，他们散发出来的身体以及精神上的气味污秽，让我反感。

①斯科特·菲茨杰拉德：《老爷车历险记》，未标明页码，《摩托》，1924年3月，第68页。

这种气味很可能有未被注意到的性别来源（汽车在黑鬼脚城熄火的时候，泽尔达当时正跟着丈夫旅行），在这一部不成熟的小说中被提及，这本小说是《世界之集市》，它是《夜色温柔》的雏形。在这段未完成的故事里，男主角弗兰西斯·米拉奇就生长于南方。在巴黎的一个夜总会里，米拉奇看到"一个身材高大的美国黑人，他怀里搂着一个法国小妞"，正在"给她唱歌，声音醇厚优美，突然间米拉奇的田纳西本能被唤醒"。米拉奇开始"厌恶地、粗暴地"看着每一个人，某个"有色人"不幸碰巧从他身边蹭过，就被他狠揍了一顿。把那个无辜的黑人打败之后，米拉奇立刻就悔悟了："上帝啊，我真是混蛋。他看起来是个不错的人。"然而他无力阻止自己内心涌起的气愤和反感。[①]

20世纪30年代期间，菲茨杰拉德逐渐尊敬起黑人来，并且把他们作为坚忍克己的榜样来学习。在1933年的文章《一百个失败的开端》中，他向"鲍勃大叔"，一位亚拉巴马的黑人老人询问建议。"情况相当糟糕，没有办法摆脱，"[②]他问（想到近期自己遇到的文学创作和个人生活方面的问题），"你会怎么办？"他带着一半冷嘲热讽的心情期待"一番陈词滥调的回答，《雷默斯大叔》大叔中的感想。"回答跟菲茨杰拉德所预想的不一样，但是他很开心。"菲茨杰拉德的先生，"鲍勃大叔说，"事情到了那个境地，我继续向前走。"这是非常棒的回答，他在好莱坞的最后几年时间里，努力工作用来还债，当他精神紧张发作的时候，就会向雇用的黑人盖伊·劳埃德·史密斯求援。史密斯跟他聊天——跟他一起把高尔夫球装进麻袋里——以

①《天堂彼岸》：第198—199、206页。

②斯科特·菲茨杰拉德：《一百个失败的开端》，未标明页码，《午后》，第135页。

此度过失眠的夜晚。[①]

鲍勃大叔和盖伊这两位黑人可以安全地被划分为仆人，就像他1936年在给海伦·海斯的信中所写的，他总结出来的规律是“美国一流的保姆必然把家里变成地狱”，但“南方最佳黑人保姆”[②]证明他们是格外优秀的。此外，他继续用贬低的口吻在小说里描述黑人。W.威尔金斯伯爵写信给菲茨杰拉德，谈论1934年7月《星期六晚邮报》上刊登的故事《致辞花圈》，在信中稍有抗议。“您所写的故事和小说里为什么所有的男性黑人都必须叫‘雄鹿’呢？[③]为什么他就不能像刘易斯·辛克莱在《阿罗史密斯》里，对黑人待以尊敬呢？”也许是被这封信影响，在之后所写的两个故事里，菲茨杰拉德前进了一步，把黑人角色描写成值得同情和尊敬的。在《最后一个大亨》中，施塔尔在海滩上遇到一个正在散步的黑人知识分子。他是一位严肃的人，读爱默生的书，有自己的思想见解，这个黑人告诉制片人，说自己从来不去看电影，而且也从来不让他的孩子去看，因为看电影是浪费时间。随后，这个黑人就走开了，但他并不知道自己“撼动了一个产业”。这个黑人不是“可怜的老桑布”，而他种族中的任何人也不能用这样的绰号来称呼：“我们并不会特别地把他们称作什么，”施塔尔说。

第二个故事就是1969年首次出版的《最亲爱的人》。[④]这是一部微缩的传记体裁，《最亲爱的人》用3页的篇幅讲述了漂亮男孩和莉莉玛丽这对芝加哥黑人的生活。就像上一个故事里海滩上的黑人，漂亮男孩是一位知识分子，他的阅读范围涵盖柏拉图到梭罗。他还是芝加哥

①《斯科特·菲茨杰拉德》：第304页。

②斯科特·菲茨杰拉德写给海伦·海斯的信，1957年9月16日，《书信集》，第554—555页。

③W.威尔金斯伯爵写给斯科特·菲茨杰拉德的信，1934年7月23日，费尔斯通。

④斯科特·菲茨杰拉德：《最亲爱的人》，未标明页码，《海明威/菲茨杰拉德年鉴，1969》，第1—3页。

的高尔夫大赛有色人种冠军，而他的工作则很卑微，在火车的娱乐车厢上做乘务员。在他那等待很久的儿子降生之后的某天晚上，他被火车这个钢铁恶魔轧断了一条腿，一切都变得不一样了。漂亮男孩最终和莉莉玛丽都死于流感，死后他们升入天堂，在那里，他的腿恢复健全，“并且成为整个天堂的高尔夫冠军，白人和黑人中的冠军，他有力地击球，高尔夫球飞过蓝色的平坦球道，从一朵云飞到另一朵云。莉莉玛丽的胸部变得年轻坚挺，她受到其他天使的尊敬，也恢复了往日因为漂亮男孩而感到骄傲的心境。”然而有些东西却丢失不见了，他们没有弄清楚丢掉的是什么。“就这样，”菲茨杰拉德预示了库尔特·冯内古特的风格，“一切仍然继续。”

很显然，他们在天堂所缺少的就是做梦的能力，那种随时准备迎接浪漫的状态，正是这种状态为他们的青春带来光明，也为菲茨杰拉德和泽尔达的青春带来光明。失去幻想的能力，这是菲茨杰拉德小说中持久的主题，他把这个主题用于一对黑人夫妇身上，认识到黑人和白人一样拥有同样的希望和幻灭，这是他思想成熟的标志。

忧伤的是，对于自己是什么样的人，菲茨杰拉德鲜有错觉。他是什么样的人呢？很显然，要强行在心理学上进行严格分类是非常复杂的。他在行为上和心理学家艾沃达·K.奥菲特所描述的“戏剧化人格”非常吻合。[1]奥菲特指出，戏剧事件是这些人生活的精髓。他们贪求别人的关注，像演员一样表演以求得关注。他们“最基本的技巧”就是引诱，但是有些人能够抵制住诱惑，戏剧化的人则“采用技巧要求更低、更直接的伎俩获取他们关注”，比如说哀叹残酷的命运。戏剧化的人所扮演的角色常常是塞缪尔·约翰逊的词典里所定

---

① 艾沃达·K.奥菲特（Avodah K.Offit）：《性自我》（*The Sexual Self*），费城，利平科特，1977年，第57—64页。

义的“寻求悲伤”，他确认没有任何人经历过这样的不幸，而且认定其他人应该可以认识到这一点。无论多少同情、关注或者爱护都不足以满足这样一个人。

根据奥菲特的观点，戏剧化的人格更容易出现在女人身上。然而，无论呈现于哪种性别之上，模式都是相同的：用自己的可爱之处公开博取他人欢心，若此举失败，则坚持“位于聚光灯下，为（自己）驱散黑暗的迷雾。”但是这样的人——有诱惑力、苛求、工于心计、肤浅或者感情过于丰富、浪费别人时间，这些对旁人并无好处——怎么能让自己有魅力呢？奥菲特相信答案就在于他们“拥有一种神秘的能力，能够敏感地、有洞察力地观察别人”，他们“有一种直觉上的洞察力，知道如何和别人建立联系”。

菲茨杰拉德吸引女人的冲动符合这种描述，还有他常常试图用生活对他的（公认的、残酷的）打击来赢得同情也很符合这种情况。这是《崩溃》的文章安排主线。其中所有文章之间最紧密的关系在于表现的艺术。菲茨杰拉德终其一生都认为自己是一位剧作家。他在10岁时就开始创作戏剧，[①]并且给自己安排一些角色，以便可以佩戴自己的红腰带和三角帽。十几岁的时候，就为圣保罗市的一个业余剧团编写、制作了4部戏剧，并且在这4部剧中演出。在普林斯顿时，他为三角剧社写书和/或者歌词。《蔬菜》是他1922年创作的戏剧，第一次和最后的演出都在亚特兰大市，他仍然相信自己在戏剧方面具有特殊的天分。“如果我还清了债，”他1935年给奥博写信说，“我还想写第二部戏剧。如果我释放出我天赋中粗野的一面，一定会让他们晕过去的。”[②]1939年2月他和希拉·格雷厄姆签订了一项五五

①斯科特·菲茨杰拉德：《记事本》，第161页。

②斯科特·菲茨杰拉德写给哈罗德·奥博的信，1935年7月2日前，《书信集》，第399页。

分成的合同，[①]决定写一部戏剧，但这部戏剧始终没能完成。

除此之外，他还特别喜欢炫耀。在小时候就学会了马克·安东尼的讲话，对着母亲召集来的任何面露崇拜之色的中年妇女，他随时可以开始长篇大论"朋友们、罗马人、同胞们"。有时候并没有人要求，自己就背诵起来。泽尔达也有这种喜欢出风头的特点，就是这一点吸引了他。他们一起——至少是在婚后一年——他们展示出真正的"充满想象力的即兴表演的天赋"，[②]他们的客人们都非常开心。当然这种欢乐也并非永远都是发自内心的。他发现自己内心存在的那个演员，就像罗斯玛丽发现迪克·戴弗心中的演员一样。"我是个演员，"他说，或者说"我有两面性：实干和卖弄，我喜欢炫耀"。[③]

当他不扮演情人或者演员的时候，便堕入公开的闷闷不乐的状态。泽尔达在普朗沙漫长的疗养快要结束时，给丈夫写信，想逗他开心。"我们都还活着，你能否开心一点呢？[④]未来的一年咱们可以待在一起，工作、相爱，为了我们付出了那么多，用学到的东西获得安宁。不要再寻找慰藉：这世上并没有慰藉，如果有的话，生活就成为婴儿的世界了。"然而，他并没有改变。阿诺德·金里奇发现菲茨杰拉德"非常伤感，情绪总是处于悲剧之中"。必须承认，他在生活中遭受了很多打击，但若没遭受这些打击，金里奇说，那他会主动寻找这些打击。他"有一种奇特的凯尔特人的气质，喜欢坏运气，就像有些人喜欢身体不健康。他喜欢把自己之前和以后遇到的失意

---

①文档，1939年2月28日，费尔斯通。

②埃德蒙德·威尔逊写给麦兹纳的信，1950年3月3日，《有关文学和政治的书信1912—1972》，爱莲娜·威尔逊，纽约，法勒、斯特劳斯和吉鲁，1977年，第478页。

③《劳拉·格斯里·赫恩杂志》：第6、130页。

④《泽尔达》：第191页。

不可避免地戏剧化”。[①]

可以理解，他想要的——他需要的——就是别人的关注。他还常告诉劳拉·格斯里如何表现：这么做、坐这里、不要说话。有一次他命令她“把项链摘下来”，[②]把她吓坏了。她立刻照做了；他话音还没落地，她就想着要按照他说的做了。他要求劳拉和很多保姆为他做的一件事就是头部按摩。菲茨杰拉德特别喜欢这种按摩。他喜欢坐在理发椅上，“非常高兴，头皮经受手指的强烈按摩，让他感到身心愉悦。”这种按摩让他得到放松。有一次，劳拉正给他做头部按摩，他就在按摩中睡着了。他要是喝起酒来，仅仅靠按摩就起不到作用了。这时他的头皮非常痒，以至于他求她抓他的头。“让我尽力用手抓，”她说，“他从来没说我的力度够大。”[③]这种服务越多越好。

菲茨杰拉德具有戏剧性人格，他的目标就是吸引别人崇拜他。在他一生大部分时间里，成功的衡量标准都是受欢迎程度和赞许，而非成绩。虽然他不喜欢甚至鄙视精英社会阶层，但他仍然想得到这个阶层的接受，这个阶层一直对他紧闭大门。年轻时，他梦想着作为伟大的运动员和战争英雄进入这个阶层，但是身体水平和状态限制了他。这扇大门为作为作家的他打开了一点点缝隙，但当他的名声减弱时，这扇门又立刻关上了。他基本上扮演着一个演员，一个永远魅力四射的演员，他才能控制想要得到的认同和崇拜。几乎认识他的所有人都被他明显的——明显且痛苦的——为取悦他人的

①派珀采访阿诺德·金里奇，1944年3月29日；阿诺德·金里奇：《社论：欢迎和告别F.斯科特·菲茨杰拉德》，未标明页码，《汇编》，第479页。

②《劳拉·格斯里·赫恩杂志》：第12页。

③威廉姆·卡特约翰（William Katterjohn）：《采访西奥多拉·盖杰：菲茨杰拉德的私人保姆》（*An Interview with Theodora Gager: Fitzgerald's Private Nurse*），未标明页码，《海明威/菲茨杰拉德年鉴，1974》，第79、84页；斯科特·菲茨杰拉德：《一位作家的午后》，未标明页码，《午后》，第181页；《劳拉·格斯里·赫恩杂志》，第18、106页。

愿望所震惊。

菲茨杰拉德在部队时最多算是个中立的军官。战友德弗卢·C.约瑟夫斯回忆说，他身上最为突出的特点，就是他“特别热衷于被人喜爱，[①]但总是得不到赞许”。20年之后，他给玛格丽特·卡尔金·班宁留下了同样的印象。“他想让所有人都喜欢他，”[②]她说，“而且害怕别人不喜欢他。”所有人包括孩子，也包括大人：讨好孩子通常更容易些。有一天，在安提比斯，罗伯特·本齐利记得菲茨杰拉德背朝上趴在地上，一下午到处爬来爬去，和很多小朋友一起玩锡兵。[③]可以这么做的人一定是快乐的人，他读完《夜色温柔》之后，在给菲茨杰拉德的信里这样写道。当菲茨杰拉德在诺福克拜访表姐西西莉亚·泰勒时，他会给3个女儿每人带一小束胸花。“很自然地，她们以为他是从月亮上下来的。”[④]她们的一位朋友说。他甚至求得仆人对他的好评。“我必须被爱，”[⑤]1935年他曾对劳拉·格斯里说，“我真心地付小费，希望他们爱我。我犯下了那么多错，我一定要在别的方面得到认可。”

正如最后一句话所言之意，基于自身的不安全感，他无止境地追求自己的受欢迎程度。和朋友们在一起的时候，他“不断地努力，[⑥]展现出才华横溢、风趣幽默和富于创造力的一面，”以掩饰他内心的不安全感。这样的努力几乎总是可以成功地迷住周遭的人，却也不是永远都能达到目的。也许当谈话的主体是女人时，他的表现

①德弗卢·C.约瑟夫斯写给派珀的信，1947年5月1日。
②派珀采访玛格丽特·卡尔金·班宁，1947年4月7日。
③罗伯特·本齐利写给斯科特·菲茨杰拉德的信，1934年4月29日，《通信集》，第358页。
④弗兰西斯·M.马丁写给斯科特·唐纳森的信，1978年2月7日。
⑤《斯科特·菲茨杰拉德》：第261页。
⑥布莱恩·韦（Brian Way）：《F.斯科特·菲茨杰拉德和社会小说的艺术》（*F.Scott Fitzgerald and the Art of Social Fiction*），纽约，圣马丁，1980年，第20页。

是最有魅力的——正如玛格丽特·特恩布尔所说——他“有一种独特的能力，即将自己的注意力完全投入在你身上”[①]。在他们的恋情初期，希拉·格雷厄姆写道，菲茨杰拉德让她感觉到仅仅是和她跳舞都是“最重要的特权”[②]。他的话听起来就是说给她一个人听的，“你可以用文字爱抚人，”他在日记里写道，而且她说什么他都全神贯注地倾听。和盖茨比一样，菲茨杰拉德有办法“带着一种不可抗拒的于你有利的成见，全身心地专注于你”。“据我所知，”玛格丽特·埃格洛夫说，“所有见识过他真实一面的人都非常爱他。如果人们不爱他的话，他根本受不了。”[③]诺拉·弗林虽然特别清楚他是一个以自我为中心的人，可她崇拜他，被他独特的魅力所吸引。“有些人跳华尔兹好像是穿着胶鞋跳，而有些人就好像是飘在云朵上跳，”[④]她说，“这就是跟斯科特聊天的感觉，跟他在一起最好的感觉。”

菲茨杰拉德努力呈现自己最好的状态，为此他耗尽了自己的精力，感到疲累万分。人们将发现他所做出的努力，正如《鹿苑长春》的玛乔里·金南·罗林斯在他们1936年的会面中所发现的，“他对于我这个作家或者女人感兴趣，他就像水龙头一样，可以开始展现他的魅力，很明显，他还乐在其中。好笑的地方也在于此，他好像是在说，‘这是我的小把戏，这是我发出的挑战，我挑战人们批评我、排除我。’”[⑤]他过多地使用了他的魅力配额，最终陷入“情感破产”，他在《崩落》中这么说。他自己内心也生出一种意识，这种意识近似于自我憎恶。他在《崩溃》以及其他文章里也写到这种感觉。

---

①内森：《约翰·霍普金斯杂志》，第7页。

②《异教徒》，第177—178页；斯科特·菲茨杰拉德：《崩溃》，第207页。

③玛格丽特·C.L.吉尔迪亚写给特恩布尔的信，1958年12月16日。

④派珀采访诺拉·弗林，1947年2月10日。

⑤《天堂彼岸》：第291页。

在理智上他完全明白追求受欢迎度的做法所固有的风险。好莱坞的艾尔莎·马克斯韦尔，他在日记里评论道，“是个社交印象派，[①]她能力非凡，但是野心过大，这导致她费尽心机却讨好着很多不值得讨好的人，也就是说，她成为所有客户共同的最低等级的分母。”同样的事情，他很担心会发生在自己身上。他成功做到[②]没有到处“说我喜欢，我是说，我特别习惯别人对我的个人魅力做出积极响应，如果没有这些，我就活不下去了。内心感到越来越空虚，越来越空虚”。曾几何时，他1940年写信给珀金斯说，他觉得他可以“让别人开心，[③]这比任何事都有意思。可现在就连这看起来都像是杂耍演员廉价的天堂之梦，一场巨大的黑脸歌舞秀，秀里面的人看上去永远都像是伯恩斯家的人”。从某种程度上说，菲茨杰拉德成功地把这封信中所写的自卑心理移植到了他的小说中。

正如对菲茨杰拉德最有洞察力的批评家亨利·丹·派珀所说，他虚构的主角“都垮掉了，[④]因为他们都是通过社会关系来实现自身价值。他们无法分清社会价值观，如受欢迎程度、魅力以及成功，和更加长久的道德价值之间的差别”。然而这些角色的创造者确实对这些价值观做出了区别，而且经常在他的角色身边笼罩以崇拜的迷雾，再将这迷雾吹散。在《人间天堂》中，埃默里·布莱恩试图把自己从“名流”变作“名人”。名流，书中的定义是以自身形象依赖于别人对他的认可。从另一方面说，名人“永远都和他所取得的成绩联系在一起”。这就是善于施展魅力的人和真正有所成绩的人之间的区别，在小说的结尾，菲茨杰拉德声称埃默里最终成了名人，但这个

①斯科特·菲茨杰拉德:《崩溃》，第171页；艾尔莎·马克斯韦尔的名字在这卷里被删除。
②斯科特·菲茨杰拉德:《笔记本》，第17页。
③斯科特·菲茨杰拉德写给马克斯韦尔·珀金斯的信，1940年5月20日，《书信集》，第288页。
④《F.斯科特·菲茨杰拉德，一个重要人物》：第297页。

结局很没有说服力。

可以推测，菲茨杰拉德所写的巴兹尔·杜克·李这个人物层次更深，这也是一个自传性质的人物，对于他的描写只贯穿了高中时期。在《完美生活》中，巴兹尔一开始认为自己是一位领袖人物，可以在好的或者坏的方面影响更小的孩子，进而流入更多的想入非非之中，想象自己爬到社会的最顶层，所到之处掌声雷动。在他的白日梦中，他成为被骷髅会吸收的最后一位成员，可他拒绝了，并指定另一个更想入会的人进入社团，"集结的人群中会传出啜泣声。"在他作为社团首领宣誓就职仪式上(25岁!)，"他的社团成员围绕着他，仰着脸，眼中充满崇敬与爱戴。"接着，菲茨杰拉德把巴兹尔拉回现实之中，以突出他的白日梦是多么的荒谬，现实中，他只能从学校的食品储藏室里偷薄脆饼干和牛奶果腹。但在《夜色温柔》中，男主角的境况更加辛酸，因为他虽然已经意识到了自己不惜一切代价也要讨他人欢心的卑劣目的，但是自己无法摆脱这种想法。巴兹尔让人觉得好笑，埃默里的故事不真实，迪克·戴弗的生活痛苦。

《夜色温柔》是一部关于魅力的小说。《了不起的盖茨比》刚一出版，菲茨杰拉德就开始考虑写一部这个主题的故事。1925年4月来自维拉·卡瑟的一封信成为写这部小说的催化剂。她说，任何为个人魅力所倾倒的人[①]都会惊奇地发现，效果比原因更加显而易见，在写作中描写魅力所导致的结果比描写具有魅力的那个人要更加容易。菲茨杰拉德在描写戴弗的时候，心中反复揣摩这个观点："他凭借细腻的关心和快速展现的礼貌，很快便赢得所有人的心……这只

①维拉·卡瑟写给斯科特·菲茨杰拉德的信，1925年4月28日，费尔斯通，这个观点见于斯科特·菲茨杰拉德的《夜色温柔》，纽约，斯克里布纳，1934年，第35页。

能从最终的效果上来考量。”这种效果，或者说这些效果正是他准备在小说中发掘的，虽然他很担心——他的担心是对的，他担心的情况也出现了——他的书得不到正确的理解或者欣赏。“大概在5年前，[1]我开始非常不幸地对于个人魅力这个无解的问题感兴趣，并且花费阶段性的时间来撰写一部以此为主题的小说，这部小说可能不被任何人喜爱，甚至可能导致剩下那一半有足够耐心欣赏作品的读者远离我，”他评论道。

《夜色温柔》的前100页，正如派珀所指出的可以被视作“关于魅力的最佳理论和实践指导之一。”[2]戴弗向罗斯玛丽展示自己的时候，带着一种奉承般的风趣机智。“这个时间不赖，”他在第一次见面的时候说，“这不是今天最差的时间。”他们第二次聊天的时候，他邀请她和他以及朋友们一起吃午餐，声音听起来让人感到一切都很好，“他会照顾她的，很快他就要为她开启一扇新世界的大门。”他向人介绍她时很精明，对于她在电影方面取得的成绩只字不提。他非常贴心，移动太阳伞，为她晒伤的肩膀“挡去一块阳光”。他有一头红色的头发，脸色红润，眼睛明亮湛蓝，鼻子有点尖，“他对于和他对视或者聊天的人从没有任何迟疑——这是一种令人愉悦的关注，看看是谁在看着我们？……他的声音中贯穿着微微的爱尔兰音乐的曼妙调子，向着全世界表达爱意，而她（罗斯玛丽）却感受到他心中坚定的自控和自律，这也都是她自己的美德。”在巴黎，她跟在他身后欣赏和崇拜他：

他的步伐活泼，就好像他刚刚完成一件伟大的事，现在着

---

①斯科特·菲茨杰拉德写给贝蒂·马克尔的信，1929年9月16日，《书信集》，第495页。
②《F.斯科特·菲茨杰拉德，一个重要人物》：第214页。

急赶去做其他的大事。发起内心的快乐，管理厚实的欢乐。他的帽子很完美，他掌着一根沉沉的拐棍，还戴着一双黄色手套。她想着今晚跟他在一起一定能够非常开心。

最重要的是迪克·戴弗具有这种天赋讨得别人欢心，而且他有冲动实施这种天赋。在他医生生涯的初始阶段，曾经和弗朗兹·格雷格罗维乌斯以及他的新娘用餐，戴弗却越界诱惑柯洁，虽然她身上闻起来一股菜花味儿，他恨自己给自己招来麻烦。“他身上有一种需要取悦他人的特质，这种特质一定要被发挥出来，”一种他无法自控要散发出来的魅力。

考虑到个人魅力时，菲茨杰拉德最关心的是戴弗医生自己的结局。最终要取悦他人的执迷需求带领他走向了毁灭。贝碧·沃伦一开始认为迪克“很帅气”，基于她崇尚英国的情结，她认为“他太费力展现自己，并非真的拥有那么多内涵”。随着时间的推移，甚至那些爱他的人们也产生了相似的观点。故事发展接近尾声时，当他开始“和罗斯玛丽厮混，耍弄他待人的老手段，仅仅把别人当作实施他伎俩的受损的客体”时，妮可冷静地评判她的丈夫。罗斯玛丽自己也看出他们之间的爱情游戏是伪装的。“噢，我们都是演员——你和我，”在他们最亲密的时刻她说，“当一个人有太多东西展示给外人的话，”她好奇地问，“是不是暴露出他内心缺少深沉的感情呢？”

对于迪克·戴弗来说，比失去女人的爱更大的损失是失去自身的生命力。从这个角度来说，《夜色温柔》可以被视作一本心理学小说，最有意思的案例分析并不是妮可，或者以泽尔达为原型塑造的受到湿疹困扰的可怜的艺术家，而是迪克·戴弗他本人。他把自己的精力和健康不但转移给了妮可，而且转移到了其他人身上，在这里留下他的一片活力，在那里留下一点生命力，直至他自己身上再也没有什么可以发挥魔力的特质。“我想我就是黑死病，”他在罗马对罗斯玛丽说，“我似乎无法再给人们带来欢乐了。”他是个被掏空的人，在纽约上州的小镇里辗转消逝，甚至失去了自尊。

戴弗年轻的时候，经历过“一段英雄岁月”，那时“他并不知道自己充满魅力，他所给予以及激发出来的爱意对于健康人来说是多么与众不同”。这样的无知状态持续的时间并不长；最终，戴弗机械地，甚至是肆无忌惮地散发他的魅力。小说最后一个场景中，戴弗总结旧时自己想要取悦玛丽·明格蒂的想法，那个想法非常致命。还没到中午时间，他就开始在沙滩上喝起茴香酒了，而且

> 他的情绪已经进入到一个男人吃过一顿精美晚餐之后的状态，他只对玛丽显示出细腻、慎重和克制的兴趣。在那一刻，他的眼睛如男孩子的眼睛一样清亮，他的眼神正向她索要同情，一阵旧日的感觉慢慢袭来，他觉得有必要说服她相信，他是世界上最后一个男人，而她是世界上最后一个女人。
>
> ……
>
> 他的目光遇上她的目光时，就变得温柔起来，暗示着心中内在的情感；他们的目光瞬间进入婚姻、发生关系、紧紧抱在一起。接着，他内心的笑声过于响亮，似乎玛丽都听到了，迪克切断自己眼中的光亮，他们又回到里维埃拉的阳光之中。

那笑声并非单单或者完全是嘲笑玛丽的。迪克把大多数笑声指向肤浅的自己。

在塑造迪克的过程中，菲茨杰拉德近距离地面对自身中最让自

己反感的一面。最初，他打算以杰拉尔德·墨菲为原型塑造戴弗的形象，但不久之后就把人物形象塑造为约翰·奥哈拉所说的“一个身材高大的菲茨杰拉德”。[①]角色和作者之间如此相似，是这部出色小说的致命缺点。这本书刚出版的时候，有很多评论家认为，戴弗的堕落以及他迅速接受自己的堕落，都很缺乏说服力。这还不能准确地反映出重要问题：最重要的问题是大家不知如何回应戴弗。一方面，他出场时是一个令人同情的角色，本意善良、慷慨大方，受到富人的剥削；另一方面，在他堕落的过程中，他变得越来越不招人喜欢。

许多人尝试将这部小说改编成成功的戏剧或者电影，改编的基础就是基于这一点。《夜色温柔》一经出版。泽尔达立刻就建议菲茨杰拉德着手写一部戏剧版，这样他可以“从一开始就把这个人塑造成软弱、有魅力的形象，[②]一直被牵引到事件的中心：当他在医院的时候，牵引着他见到妮可，之后牵引着他遇到罗斯玛丽。”可那根本就不是菲茨杰拉德所想的。他的想法是，比如说埃德温·贾勒特夫人改编的剧本中塑造的戴弗魅力不足。在战场中的那个场景，罗斯玛丽不应该表达出她的厌恶之情，他1938年2月指导贾勒特夫人说，[③]“她度过了一段愉快的时光，而且这样会削弱迪克让一切变得快乐起来的能力……迪克对于别人的兴趣是真实的——他并不是盯着人看——他扫视一眼，用心感受他们。”他坚称戴弗“可以说是一个超人，近似于过度文明意义上的英雄——品位不是活力的替代

①约翰·奥哈拉写给杰拉尔德·墨菲的信，1962年7月30日，《约翰·奥哈拉书信选集》，马修·J.布鲁科利，纽约，兰登书屋，1978年，第402页。

②泽尔达写给斯科特·菲茨杰拉德的信，日期不详，贵尔斯通。

③斯科特·菲茨杰拉德写给埃德温·贾勒特夫人的信，1938年2月17日，《书信集》，第566—567页。

品，但在这本书中，品位有责任替代活力。”菲茨杰拉德通过戴弗这个角色来自我剖析他身上的弱点，另一方面，他也让其他人这样做。他希望屏幕上或者舞台上出现的是一个医术精湛、善良仁慈、闪耀着无限魅力的医生形象。

第十二章
“仅仅做一位作者”

菲茨杰拉德于1937年6月到达好莱坞，口袋里装着和米高梅签订的报酬不菲的合同，他决定重新获取财富，理顺自己的生活。这个城市闪闪发光，充满骗局，而他40多岁要追求自我成熟，对他来说，这地方不像是能帮他实现这个目标，然而，他在生命剩下的3年半时间里做到了。如果不是因为一个独特的女人，他无法完成这个目标。

菲茨杰拉德来到好莱坞不到两周时间，就在她和多尼戈尔侯爵的订婚派对上结识了希拉·格雷厄姆。一周之后，他再次和她相见，在编剧协会的舞会上。7月24日他们第一次共进晚餐。不到一个月就发展到恋人关系了。[①]她取消了婚约，虽然他们为了妥当得体没有住在一起，但他们每晚都是一起度过的。这样的情况持续到菲茨杰拉德离世。

希拉金发碧眼，和泽尔达非常像——就是因为这样，菲茨杰拉德第一眼便被吸引了——但是她却来自一个完全不同的世界。不但如此，她还伪造自己的社会地位。据她所说，她生在一个英国上层社会的家庭里，但是她觉得这个社会非常无聊、烦闷，便做了歌舞

---

①《异教徒》，第172—182页。

女郎和记者。菲茨杰拉德不相信她所说的一切，不断地寻求着真实的细节。最终她告诉了他真相。她的真名是莉莉·希尔，生于伦敦东区的贫民窟，在孤儿院长大。她以前结过婚，前夫比她大很多岁，他催促她上台演出，而且并不反对有钱男人带她出去，因为这样能够给他们俩都提供进入上流社会的入口。希拉美丽、聪明，很快就在这些圈子里混开了，甚至曾经被带进宫廷。她的婚姻逐渐瓦解，她就来到了美国，并且找到了一份为北美报业联盟[①]撰写联合报业专栏文章的工作，她撰写的专栏文章主要是关于好莱坞的。她28岁，写专栏文章的工作每周收入160美金，至于她将成为菲茨杰拉德的伴侣，将要经历什么，她只是隐隐约约有一点点感觉。

在他所爱的女人中，唯有希拉出身卑微。有时候斯科特·菲茨杰拉德是温柔的爱人，他给爱人送去鲜花和写满情话的短信。[②]他还能扮演大侠的角色，保护她的女人免受现实以及想象中敌人的侵害。一个狂妄自负的英国制作人在10月份时给希拉写了一封下流卑鄙的信，指控"墨索里尼·格雷厄姆小姐"行为不端，缺乏公平、公正的精神，没有遵守晚餐约会，还不接他的电话。"我见不见你并不重要，"他还说，但她至少应该跟他进行沟通交流。菲茨杰拉德很高兴利用这次机会回复他的信。[③]当"你打了十多个电话，这个姑娘都不理你，"可以肯定地说，她对你根本就不感兴趣。也许这个制片人应该试试拨打其他电话号码。无论如何他都可以"一直以那非凡的、宏大的冷漠作为掩护"。

菲茨杰拉德还有两次试图以强硬的手段在事业上支持希拉，这

---

①《异教徒》，第185—186、190—195页。

②同上，第188、221页。

③希拉·格雷厄姆（Sheilah Graham）：《其余的故事》（*The Rest of Story*），纽约，考沃德—麦卡恩，1964年，第240—241页。

让希拉有些不悦。1927年下半年，她签下一个合约，在好莱坞每周做一次广播节目。第一次广播节目播出之后效果不好，赞助商认为应该请一个女演员来读文稿。希拉不赞成赞助商的想法，飞到芝加哥，试着自己来做一期节目。菲茨杰拉德跟她一起去了，在酒精的作用下，他威胁要揍那个跟踪希拉的执行制片人，节目制作期间他引起了工作人员的反感，不得不被请出制作间。[①]两年后《好莱坞记者报》的一位编辑指控希拉在巡回演讲中说了一些不忠于影视行业的话，菲茨杰拉德再次挺身捍卫她。虽然约翰·奥哈拉坚持认为袭击一位报业人员是很糟糕的想法，并且拒绝跟他一起去，可菲茨杰拉德还是在那家报社现身，要求见报纸的出版人。出版人非常明智，并没有在办公室出现。当菲茨杰拉德的怒气——或许是酒精引起的狂人——冷却下来，他离开报社，不再要求正面的对抗。[②]

对于他认识和爱慕过的绝大部分女人来说——吉妮芙拉、泽尔达、诺拉·弗林、莎拉·墨菲——菲茨杰拉德都感到自己的社会地位比她们卑微。但是和希拉在一起情况就不同，然而她却完全不是一个需要伴侣的“可怜的希拉”，而是一个讲求实际并且——在好莱坞——很有能力的女人，她自己把自己照顾得非常好。她的独立性就像她的背景一样，让菲茨杰拉德万分着迷。当她第一次告诉他自己的故事时，他问她有过几段恋情。希拉不知道该怎么说。她那时28岁，一直在舞台上工作。最终她决定“8是一个不错的概数”。[③]8段恋情，她告诉他，她回忆说他“真的有些震惊”，然后他感到更加好奇，之后便非常忌妒。在她的工作过程中，她有规律地跟好莱坞

①《异教徒》，第203—205页。
②同上，第293—294页。
③斯科特·唐纳森采访希拉·格雷厄姆，1983年3月7日。

的重要男演员、导演和制作人见面以及谈话。他们其中一些人觉得她很迷人，和她调情或者给予暗示。当这种情况发生时——当约翰·博尔斯、伦道夫·斯科特或者艾罗尔·弗林对她表达爱意时——菲茨杰拉德便怒气冲冲，并且用他的老办法惩罚她。他喝醉酒。

一般来说，这种惩罚有固定的模式。首先，菲茨杰拉德在语言上虐待希拉。接着他们就闹分手，随后菲茨杰拉德不吝言辞地道歉。说这全都是他的错。他表现得非常糟糕，她把他撵走是对的。要是他死了就好了，也许他可以想办法死去。面对他如此费尽心思发出的信号（她知道他在屋子里藏了一支手枪），希拉会让他回来。她不知道还能做些什么；她以前没有和酗酒者相处过。此外，她爱他，无论他酒醉发怒后说了什么，做了什么。

他针对她的侮辱一般集中在性的方面。在他的诗歌《亲爱的异教徒》中，希拉那让他半信半疑的过往被作为诗歌的背景，菲茨杰拉德在诗歌中赞扬了她的美丽。“房间另一边突然间展现的微笑/决然不是从我身上习得，”诗歌的一开头是这样写的。诗歌共有七节，每一节的结尾都同样地以“其他男人”这个词收尾，比如说“双唇曾为其他男人酥软”，“你从其他男人那里所学”以及“你给其他男人所讲的故事”。这是一首奇怪的、暧昧的爱情诗歌。对于那些成就了现在的希拉的所有人和所有事，菲茨杰拉德都报以感恩的心——“我怎么能恨他？/他也有功劳于塑造如今的你”，他写道——然而还是被她的过去深深困扰。在这首诗中，用更加直白一些的方式碰触自己的妒忌之伤，[1]同时也提醒她那些她想抛诸脑后的历史。

①《异教徒》，引用了这首诗的全诗，第194—195页。

在菲茨杰拉德和希拉办的一场周日舞会派对结尾，他特意醉醺醺地命令所有人回家，还对最后的客人说——剧作家农纳丽·约翰逊和妻子——他知道他们再也不会来了，因为他和自己的“姘头”住在一起。[①]这个词特别生硬而且很过时；他有一张装裱好的她的肖像照，在照片后面他更加露骨地写着：“一个妓女的肖像”。这些可怕的指控反映出菲茨杰拉德清教徒般偏执的一面，另一方面他十分在意他们之间关系的正当性。他有时候会跟希拉说起他要跟泽尔达离婚，跟她结婚。他有一次甚至向诺拉·弗林讲到这个计划，寻求她的肯定。就这么做吧，她建议他说。[②]诺拉很肯定他想做的是正确的。是时候让他为自己而活了，而且她有一种“奇怪的感觉”，她感到希拉就是适合他的那个人。如果他可以开心起来，“可以这么说，再次真正地生活，”那么他对斯科蒂就更有益处了。更多的时候，负罪感和合宜感又令他反对和那个曾经对他意味着一切的女人离婚。

与此同时，泽尔达还被蒙在鼓里。一年一次或者两次，菲茨杰拉德都要飞回东部，他们会一起度假。这些团聚最终都以不欢而散收场。1939年4月他们一起去了古巴，菲茨杰拉德喝醉了，他去阻止斗鸡，却被打了。回到纽约他继续酗酒，直至被送进贝列弗医院，之后被送进达克塔斯医院。泽尔达独自返回阿什维尔的疗养院，帮他找了些理由搪塞那边的医生。“你是我所认识的最精致、最可爱、最温柔、最美丽的人儿。”[③]他5月份给她写信。他的所作所为会让任何人都“忍无可忍”的。然而他们再也没有见过面，从每周一次的通信里，泽尔达似乎意识到有什么事情瞒着她。“你实际的地址是什么？”[④]她问，

①《异教徒》，引用了这首诗的全诗，第275页。
②诺拉·弗林写给斯科特·菲茨杰拉德的信，日期不详，费尔斯通。
③斯科特·菲茨杰拉德写给泽尔达的信，1939年5月6日，《书信集》，第105页。
④泽尔达写给斯科特·菲茨杰拉德的信，1939年，费尔斯通。

“万一我想给你打电话——或者给你一点惊喜什么的？”

1939年11月底，他和希拉的关系经历了最严重的危机。《柯立尔》杂志决定不再连载他刚刚开始写的一部关于好莱坞的小说。他愤怒至极、沮丧万分，陡然间又开始酗酒。接下来他攻击希拉，在房间里跳来跳去，叫喊着“莉莉·希尔！莉莉·希尔！”[①]她试图永久终止他们之间的关系，但菲茨杰拉德却不愿意就此罢手。相反的他给她发去威胁性的短信，“滚出这个城市，莉莉·希尔，要不然24小时之内你必死无疑”，还发电报骚扰她在北美报业联合会的老板，“希拉·格雷厄姆今天被所有制作室封杀。这个女孩正在毁掉好莱坞。建议你把她送回英格兰，她本来就应该待在那儿。你知道她的真名是莉莉·希尔吗？”最终她接到他的鲜花和道歉，并且原谅了他，她还收到下面这样的来信：

> 我真想死去，[②]希拉，以我自己的方式。我曾经拥有我的女儿和我可怜的迷失的泽尔达。这两年多来，处处皆是你的影子。让我记住你，直至最后那一刻，那一刻已经不远了。你是最好的。你非常独立。对于一个知道妒忌、为人尖刻执拗的结核性神经焦虑的人来说，你简直是太好了……现在写完的还不多。我希望能够把我更多的东西留给你。你可以拥有小说的第一章和写作计划。我没什么钱，但它们也许还值点什么……我全然地爱你。

他这是最后一次放纵，他向她保证。这次要彻底戒酒。这一次

①《斯科特·菲茨杰拉德》：第304—305页。
②斯科特·菲茨杰拉德写给希拉·格雷厄姆的信，1939年12月2日，《通信集》，第564页。

他是认真的。

希拉在这一年回到他身边，这也是留给他们的最后一年时间。在这段时光里，他们常常去看电影，从不去夜总会，也很少参加派对。希拉派助手参加好莱坞的聚会，以便自己留在家里。除了他喝酒的时候——她估算了一下，他们在一起的3年半时间里，他喝酒的时间大概占5个月——在一起时非常快乐。在乒乓球比赛里他击中球后，会单脚旋转再次击球。他们还扮演正撰写的电影剧本里的角色，有一次他扮演滑稽的瑞特·巴特勒，[①]她扮演郝思嘉。尤其在最后那一年里，开始了“一个人的大学”，[②]菲茨杰拉德是教授，给一位聪明伶俐、热情洋溢的班级上课，班上只有一个学生。早些年希拉在马里布和恩希诺为他找了很多房子，为了适应他经常搬家的习惯；为了给他提供一个安静的环境，他现在安居在好莱坞桂北大街1403号的一栋公寓里，这里离她的住处只隔一个街区，每月租金才110美金。他说这是他所住过的体面但最便宜的地方。[③]在那里他们根据他安排的专业课程学习：古典和现代图书以及诗歌的混合学习，其中附以艺术和音乐、政治和历史。她对读过的书做口头或者书面的读书报告，而且她并不永远都是一个恭顺的学生。举例来说，她对于《人间天堂》的反应是，[④]“噢，跟狄更斯风格不一样啊。”这让菲茨杰拉德很受伤，但她立刻就后悔了。她学东西一向很快，然而学习英国社会上流人士的口音举止是一回事儿，学习普鲁斯特和曼、陀思妥耶夫斯基和福楼拜、济慈和莎士比亚、贝多芬和李奥纳多却是另一回事儿。从来没有人这样尊重她的智力，她为此心存感激。为了让她的导师高兴，她记

---

①斯科特·唐纳森采访希拉·格雷厄姆，1983年3月。

②希拉·格雷厄姆:《一个人的大学》，纽约，维京，1967年。

③《豪华》，第486页。

④斯科特·唐纳森采访希拉·格雷厄姆，1983年3月7日。

住和背诵所有指定的诗歌，或者努力地听录音，晚上就唱这些乐曲给他听。

希拉对菲茨杰拉德的热爱毋庸置疑。无论结婚与否，她都想为他生一个孩子，但这个想法让他害怕，虽然他们没有采取任何措施，但也没有什么情况发生。多年之后，当希拉遇到丽贝卡·韦斯特[①]——她为情人H.G.韦尔斯生了一个孩子——希拉认为，她比我幸运。1939年10月她在遗嘱中加了一个附件，把自己在美国的一切财产留给他，他去世之后，她指定斯科蒂为继承人。菲茨杰拉德给在寄宿学校和瓦萨尔的女儿写信，有的信非常冷酷无情，希拉一次又一次地试图让他把信中的语气改得舒缓一些。[②]“你想干什么呢？”她问他，“帮助她还是让她远离你？”这或许也是她经常问自己的问题，当他醉酒后的行为似乎要毁了他们的关系时。“他为什么要折磨我？”[③]她想知道，同时也意识到，当他折磨他爱的人的时候，也是在折磨自己。

她70多岁时依然思维灵活，工作繁忙，很多传记把她描述成照顾菲茨杰拉德的人或者是他的情人，她仍然深受其扰。菲茨杰拉德在戒酒期间雇用了保姆，以便控制他戒酒，但希拉也不是他的保姆或者管家，甚至经常被认为的厨师。他们一般在外面吃饭，因为她一整天都要工作；有时候他做一些螃蟹汤或者准备一大把巧克力奶糖应对酒瘾。她所提供的只是常识。她自己出身贫寒，所以鼓励他减少轻率任意的花销。他送她礼物，但她一般都以自己的方式偿还了。“情妇”这个词营造出一种低廉的形象，即一个女人懒洋洋地躺

①斯科特·唐纳森采访希拉·格雷厄姆，1983年3月7日。
②同上。
③同上。

在公寓豪华的沙发上。显然，完全不是那么回事。“你不是斯科特的情妇，”埃德蒙德·威尔逊在菲茨杰拉德逝世时告诉她，“你是他的第二位夫人。”

但除了她美丽的外表，真正吸引他的是什么呢？“你是菲茨杰拉德的英雄，[①]不是菲茨杰拉德的女主角，”威尔逊对她说。事实上希拉在某些方面来说代表的是女性的盖茨比，一个踏上突出地位的局外人（菲茨杰拉德认识她时，她跟一位侯爵订了婚，她的专栏文章在好莱坞具有很强的权威性，摄影师们通常只给她照相，而忽略她的写作搭档）。他年轻的时候，在圣保罗市、湖林市、普林斯顿努力赢得有权有势人群的接纳，他完全能够理解她本能地抛弃莉莉·希尔的身份，采用一种更加闪光的身份。

但她比盖茨比更胜一筹，希拉还跟菲茨杰拉德母亲年轻的时候很像。跟麦奎伦一家一样，希拉的出身虽然贫寒，但也尚值得尊重，可用此背景在社会上赢得一席之地。和希拉一样，自身的地位对于莫莉·菲茨杰拉德来说并不够，她要通过天赋异禀的儿子消除卑微的出身，到达社会顶层。令人痛苦的是这个社会地位拒不承认他。菲茨杰拉德从母亲那里继承的活力足以让他成就自己的事业，但他也从她那里继承了那种微弱的社会自卑心理。最重要的是，希拉和莫莉在这一点上非常像，就是她们非常爱菲茨杰拉德，因此可以忽略他的缺点。据希拉说，“他鄙视母亲，”然而，他似乎终其一生都在寻找一个像母亲的女人，这个女人能够原谅他的一切，把他发火的原因归咎为一块“坏布朗尼”的暂时魔力。希拉坚持说并没有原谅他喝醉之后的所作所为，但她确实再次接纳了他。此外，她也不

①斯科特·唐纳森采访希拉·格雷厄姆，1983年3月7日。

像莫莉·菲茨杰拉德那样衣着俗气、性格阴暗，她又漂亮又有可塑性。不管怎样，菲茨杰拉德找到了一个爱他的漂亮女人。当他开始闯荡好莱坞的时候，他更是需要得到她的帮助。

他1937年到达好莱坞，身陷可怕的债务危机。收入从1929—1931年平均35 000美金，降到[①]1936年的10 000美金。多年以来《星期六晚邮报》是他重要的收入来源，但他们停止购买他的作品。同时，泽尔达的住院看护费以及斯科蒂上私立学校的费用都造成他的花费陡增。绝望之中菲茨杰拉德转让了许多自己的人寿保险权益给奥博和斯克里布纳出版社。他典当了银器，甚至考虑卖掉自己图书馆里的书，那些书只能给他带来300美金的收入，而他需要的则多得多。圣保罗市的C.O.卡尔曼帮他解了围，1936年10月，他借给菲茨杰拉德6 000美金，12月又借给他1 500美金。1937年6月，菲茨杰拉德用从母亲那里继承的20 000美金偿还了他，但菲茨杰拉德远远没有能完全解决债务问题。他去好莱坞为米高梅工作的时候还欠着斯克里布纳、奥博、珀金斯以及高地医院共计20 000多美金的债务。

直到1937年年底，奥博谈下来的合同中规定每周的报酬是1 000美金，到期可以选择续约，续约期间每周薪酬1 250美金。菲茨杰拉德把每周1 000美金收入中的400美金留下，其余的用于偿还代理、出版商和税务的费用。留下的400美金中，他要付泽尔达在高地医院的账单和斯科蒂在沃克小姐学校的学费，同时还有他的人寿保险费用。1938年年底，米高梅选择不再续约，他也几乎把债还完了。但他刚开始在好莱坞工作的一年半中，他只得了一个电影方面的奖项，所以当电影公司决定不再与他合作，大家也并不感到惊奇。

---

①斯科特·菲茨杰拉德：《记事本》，第65—77页。

1927年和1931年，菲茨杰拉德曾经到好莱坞短暂探访，他认为自己可以轻而易举地进入好莱坞，并依靠自己夸张的修辞手法令这个电影之都着魔。当时他并没有做到，但这并不重要。到了1937年他非常需要钱，开始学习在这里的工作之道。巴德·舒尔贝格是一位电影制片人的儿子，他被菲茨杰拉德的敬业精神所打动。[①]他也见过其他的著名作者，比如约翰·奥哈拉和多罗茜·帕克拿到大额的周薪支票之后就跑路了。可菲茨杰拉德却非常努力工作，记下自己看到和听到的一切，并且在试播室里长时间工作。有一天工作结束，他几乎难以把下巴从前胸抬起来。一开始他确实感到非常兴奋，1937年7月，他写信给他的代理人的妻子安妮·奥博，从信中内容便可看出他感到激动：

> 我见识过好莱坞[②]——和泰勒聊天，和玛奇一起吃晚餐，和金杰·罗杰斯跳舞（这会让斯科蒂大为光火的，但这可是真的），我进过罗莎琳德·罗素的化妆间，和蒙哥马利开玩笑，和朱克还有拉斯基喝酒（姜汁酒），和莫林·奥沙利文一起吃午饭，看克劳福德演出，而且醉心于一个亚欧混血的不知名的中国姑娘。到目前为止，交往中我都自己承担自己的费用。

如今这耀人眼目的部分已经过去，他还要继续工作。“从现在开始我哪儿也不去，谁也不见，因工作难度大得不得了，至少对于我来说是的，我已经掉了10磅肉。”他知道好莱坞是他在业界重新赢得尊敬的机会，有段时间他对于工作的进度抱着乐观的态度。“我非常

---

①斯科特·唐纳森采访巴德·舒尔贝格，1978年12月27日。

②斯科特·菲茨杰拉德与给安妮·奥博的信，1937年7月20日，《书信集》，第552—553页。

喜欢工作中的一部分是……很多时候就像是拼一块非常有意思的拼图，”[①]他1937年10月说。“我想我能做得很好。”

然而，不久之后他就跟好莱坞的多重创作体制起了冲突。一个作者——或者经常发生的情况是一个作家团队——写出一部剧本，另一个作者或者团队进行修改，第三个或者第四个作者或团队再增加或者减少内容。《三个伙伴》这部剧本为菲茨杰拉德赢得了电影业方面唯一的奖项，电影的制作人乔·曼凯维奇不顾菲茨杰拉德激烈的反对，对剧本做了最后的修订。曼凯维奇删去了“所有的暗示和节律”，他觉得菲茨杰拉德总结好莱坞对于作家的政策如下：“因为你的独特个性，我们把你带进好莱坞，[②]但你在这里工作期间，要用尽一切办法隐藏你的个性。”接下来在米高梅的工作也并没有改变他的观点，他被分配撰写两个剧本，但这两部剧并没有被拍成电影，而他也成功完成了其他的电影剧本，最著名的就是《那女人》。电影公司在1938年12月决定不再跟菲茨杰拉德续约，当时他正在写一部关于居里夫人的剧本。“米高梅不再续约我非常开心，但要在那儿完成居里还接受了很多其他的工作。但请不要告诉珀金斯和斯科蒂他们不明缘由。”他给奥博发了个电报。“亲爱的，不再跟他们合作我太高兴了！”他在一封信里说，“自从曼凯维奇改写了《三个伙伴》之后，我就特别讨厌那地方！”[③]

菲茨杰拉德的兴奋中有很多至少是虚张声势的部分，作为一个自由职业者，他不能光指望着定期支付的薪水。1939年上半年，沃

①斯科特·菲茨杰拉德写给艾岚·欧文斯的信，1937年8月8日，《书信集》，第557页。

②斯科特·菲茨杰拉德写给马克斯韦尔·珀金斯的信，1935年2月25日，《书信集》，第284页。

③斯科特·菲茨杰拉德发给哈罗德·奥博的信，1938年12月26日以及斯科特·菲茨杰拉德写给哈罗德·奥博的信，1938年12月29日收到，这封信收在《恒久如常，斯科特·菲茨杰拉德——》，马修·J.布鲁科利和詹妮弗·M.阿特金森，费城，利平科特，1972年，第379—380页。

尔特·万格雇用他和巴德·舒尔贝格写《冬日狂欢》。当年下半年，他用了一个月时间写出《空袭》，一周时间写出《拉弗尔斯》，这一年他的收入是21 000美金。然而他还是入不敷出，他在7月份时向奥博申请预支一些费用，从他今后的收入里扣除。这一次他的代理人拒绝了他。菲茨杰拉德确实真的还清了以前的债务，但奥博自己的居家费用也日益增加，他不能冒险。他做出这番决定，无疑是受到2月份和4月份斯科特公开高调的纵情享乐的影响。菲茨杰拉德既受到伤害又受到蔑视，他把自己面临的困境归结为1939年和1929年之间美国的不同情况。“贷款似乎很不流行，这让我感到惊讶[①]——基于过去个人的赚钱能力和过往收入经历，居然借不到钱。”他辞退了奥博，试图自己跟杂志社协商，但基本没有成功。他在几个月之间用了两名好莱坞的经纪人。从他的通信里可见他的经济窘境。他向医生和护士抱怨他们开出的账单。他为了位于恩西诺房子的房租而讨价还价。他拖延保险公司的费用，告诉收税官要等等他。然而，他在泽尔达的看护和斯科蒂的上学问题上却毫不让步。斯科蒂本可以上公立学校。泽尔达本可以住进州立医院。但他想尽可能让斯科蒂上最好的学校；把自己精神不稳定的妻子安置在公立医院，这种做法非常不体面，他拒绝这样做。

他未能把自己将要完成的系列小说卖给《柯立尔》，这使得他的这场经济危机陷入最低——基于在好莱坞的经历，他对这里的期待完全幻灭——他发展出一种全新的、有效的工作方式。“在我的余生里打算在这个大世界里出入，”[②]1939年冬天，他写信给斯科蒂，虽然“只是些适合孩子读的书，而且有趣程度有限”。他从电影方面赚

---

①斯科特·菲茨杰拉德写给伯克·苏特医生的信，1939年8月16日，《通信集》，第542页。
②斯科特·菲茨杰拉德写给斯科蒂·菲茨杰拉德的信，1939年冬，《书信集》，第48页。

的钱可以供养他的严肃写作。虽然好莱坞这个地方本身就是一个垃圾场，“一个丑陋至极的地方[①]……充满了人性丑恶，丑恶之程度创下新低，”但它为他严肃写作的作品带来了第一手的材料。“我对于这个地方的伟大梦想破碎了，”[②]他1940年春写信给墨菲夫妇，“我已经写了关于这里的半部小说和20篇讽刺文章，都刊载在最近的《时尚先生》上。”那些讽刺文章的关注焦点在于帕特·霍比，二流编剧；小说则关于制片人和最后的大亨门罗·施塔尔。

3年的观察和思考都被写进《最后一个大亨》，他过世的时候这部小说写完了一半。菲茨杰拉德不断地追问舒尔贝格，向他打听关于好莱坞的各种信息，舒尔贝格生于好莱坞，生来就了解好莱坞内幕。每天希拉都会带回家一些她写专栏文章时搜寻到的信息、传言和八卦。他在写作中了解到这里的体系，也了解到一些电影制片人。关于背景、人物设计、对话片段和描写段落，他做了两百多页的笔记。[③]从他写作生涯开始，菲茨杰拉德就坚持做笔记；随着他年纪越来越大，笔记变得越来越充分，而且越来越必要。“写下来，”他坚持要求希拉，“做笔记，永远都要做笔记。”[④]之后笔记就被改成写作计划；他做出了至少5个提纲来引导《最后一个大亨》的写作。他决定把这部小说写成“像《了不起的盖茨比》一样结构合理的小说，[⑤]其中穿插配合情节的诗文，但是没有《夜色温柔》中的那种反思和穿插故事。所有内容都应该对剧情发展起到推进作用”。

他给自己制定了一个不同的目标，1940年春天改编了《重返巴

①斯科特·菲茨杰拉德写给爱丽丝·里查德森的信，未标明页码，《书信集》，第603页。
②斯科特·菲茨杰拉德写给杰拉尔德和莎拉·墨菲的信，1940年春，《书信集》，第429页。
③马修·J.布鲁科利：《最后的小说家：F.斯科特·菲茨杰拉德和〈最后一个大亨〉》，卡本代尔，南伊利诺伊大学出版社，1977年，第129页。
④《异教徒》，第315页。
⑤斯科特·菲茨杰拉德写给泽尔达的信，1940年10月23日，《书信集》，第128页。

比伦》，并且于当年早秋为21世纪福克斯写了一部剧本，他用这两笔收入来支持自己实现这个目标。这两笔巨大收入，加上在《时尚先生》上发表的关于帕特·霍比的文章而得的250美金，为他赢得了时间，可以专心写这部小说。这部小说能否比过《了不起的盖茨比》已经不得而知，因为他连自己计划写的一半内容还没写完，而且连写完的这一半都还没完全处理好。出版的《最后一个大亨》包含埃德蒙德·威尔逊整合的部分内容：近乎完成的很多章节以及剩下那部分的写作计划。有许多章节，特别是关于制片商的日常生活的部分，是他写出的最棒的作品。关于施塔尔的章节，甚至连海明威都承认是一流水平。“你能认出艾尔文·萨尔伯格的样子，他的魅力和技巧、对生意的控制力以及命运对他的死刑判决。”

海明威觉得其中的爱情故事听起来不真实：“至于男女之间的事情，古老的魔力消失了。”[①]问题在于菲茨杰拉德逐渐衰弱的感知力。他一直都写的是自己的情感经历，虽然有些内容并非真实发生于他身上。菲茨杰拉德在信件里强调综合地塑造人物的价值，[②]然而他自己便是这个综合体的一部分。“我写的所有人物角色都是菲茨杰拉德，”他1935年说。“即使是女性角色，那也是女性的菲茨杰拉德”[③]——如果不是自我形象塑造的话，那也是近亲的形象塑造。“书就像是兄弟，”[④]他在日记里写道，“我是独生子，盖茨比是我想象中的兄长，埃默里是弟弟，安东尼是让我担心的兄弟，迪克是我相对较善良的兄弟，但是他们全都离家很远。但我有勇气让那道白色强

①欧内斯特·海明威写给马克斯韦尔·珀金斯的信，1941年11月15日，《信件选集1917—1961》，卡洛斯·贝克尔编辑，纽约，斯克里布纳，1981年，第527—528页。

②斯科特·菲茨杰拉德写给欧内斯特·海明威的信，1934年6月1日，《书信集》，第308—309页。

③《劳拉·格斯里·赫恩杂志》：第93页。

④斯科特·菲茨杰拉德：《崩溃》，第176页。

光照亮我的心，那么——”

那么，就是他最擅长的写作内容了。他借取了泽尔达想到的一些故事，在20世纪30年代期间，他发出4份简明的合同[①]——答应从他所赚取的收入里拿出10%或者7.5%，或者75美金——给任何可以给他提供故事的人，只要这个故事能被他写成小说。但故事必须满足他的情感范围。人们讲的某些故事他并不感兴趣，比如“在安第斯山脉里仍然喷火的火山口旁边，有一间摇摇欲坠的茅草屋，有人在茅草屋里被野蛮的海盗抢劫，他的未婚妻被绑在屋顶上，嘴被封起来。”他不能理解这种故事。“我必须从一种情感出发[②]——一种我很接近内心的情感，我可以理解的情感。”

这种方式要求丰富的个人情感投入，菲茨杰拉德反复地用经济方面的比喻来描述这种艺术创作过程。“做专业工作的代价，是非常之高的。”1938年11月他在写给一位雄心勃勃的作者的信里坚称。“你要出卖你的内心，你强烈的反应，”[③]不是那种在晚餐桌上所谈论的感情，这对于初学者来说是一条真理。对于成熟的作者来说，菲茨杰拉德害怕自己已经用掉太多情感资本，他账户里的财富正在枯竭。撰写《最后一个大亨》“艰难得像拔牙，”[④]他对泽尔达抱怨说，“我不像以前能够那么强烈地感知他人了。”在他去世前完成的那部分稿件里可以看出来。黄金女孩消失了，随她而去的还有《了不起的盖茨比》和《夜色温柔》里那强烈的情感。

---

①《斯科特·菲茨杰拉德》：第115页；朱利安·斯特里特写给斯科特·菲茨杰拉德的信，日期不详，费尔斯通；朱利安·范·科特兰写给斯科特·菲茨杰拉德的信，1932年4月25日，费尔斯通；合同签订人是迪克·约克和斯科特·菲茨杰拉德，1936年4月28日，费尔斯通；斯科特·菲茨杰拉德写给玛格丽特·肯尼迪的信，1939年7月29日，费尔斯通。

②斯科特·菲茨杰拉德：《一百个失败的开端》，未标明页码，《午后》，第132页。

③斯科特·菲茨杰拉德写给特恩布尔的信，1938年11月9日，《书信集》，第577—578页。

④斯科特·菲茨杰拉德写给泽尔达的信，1940年11月2日，《书信集》，第129页。

从非常重要的一方面看，《最后一个大亨》代表着他的写作真正地进步了。他把焦点放在一个反映美国文化的全产业链。在密切关注电影产业的同时，他也在发掘国家历史发展的某个侧面。《了不起的盖茨比》和《夜色温柔》两部小说都把现今的故事情节和美国的过去联系起来。在《最后一个大亨》里，对历史——小说中不断提及亚伯拉罕·林肯和安德鲁·杰克逊便是证明——更加重视。不但如此，这本还未完成的小说肯定是菲茨杰拉德政治含义最丰富的作品。[①]

最重要的是《最后一个大亨》展示出作家南希·黑尔所说的菲茨杰拉德“令人吃惊的改变和发展能力”。[②]他的最后一部小说，他在去世前1个月写信给泽尔达，和他写过的“任何作品都完全不一样”。写作方面所作出的改变，就如黑尔所评论的“都向着真实的方面，而远离幻想”。菲茨杰拉德在青年时代把梦想的能力看得高过任何一切。而人到中年，作家意识到仍然沉浸在对于世界虚幻的观点里是非常危险的，他放弃了梦想，为了毫无隔离地面对现实。这一做法对于他的工作来说是正确的，对于他本人来说也是对的。“为了同时作为知识分子和正直的人，我制定了两条规则[③]——”他在日记里吐露，“我不撒谎，即使那些谎言对我有价值；第二，我不对自己撒谎。”

此外，在《最后一个大亨》里，菲茨杰拉德建立了约翰·多斯·帕索斯所称的“不可动摇的道德态度……这是任何有震撼力的虚构类作品应该具备的基本要素”。[④]菲茨杰拉德终其一生都被强烈

---

①关于斯科特·菲茨杰拉德的政治信仰的完整讨论，可见斯科特·唐纳森的《F.斯科特·菲茨杰拉德的政治发展》，未标明页码，《展望VI》，纽约，博特·富兰克林，1981年，第313—355页。

②南希·黑尔（Nancy Hale）：《虚幻作品的现实》（*The Realities of Fiction*），波士顿，小布朗，1962年，第203—209页。

③斯科特·菲茨杰拉德：《崩溃》，第197页。

④约翰·多斯·帕索斯：《关于F.斯科特·菲茨杰拉德的记录》，未标明页码，《崩溃》，第339页。

的对错意识所驱使。凯瑟琳·泰依盖尔是他在圣保罗的老友之一，她一直认为他“从本质和内心深处来说，都是个好人”。[①]当他和她所说的“背离规范”的事情扯上关系时，他总是因此而自责。评论家和编辑欧内斯特·博伊德1924年撰写了一份菲茨杰拉德简介，其中写到他的“忏悔，如果他曾经写下过忏悔的话，将被他确实犯下的罪而浸透，但和通往乌托邦之路铺满通奸的情况相比，那要幸福得多得多”。[②]他早期的小说作品里充满了对于邪恶的恐惧。在《人间天堂》里，恶魔困扰埃默里，埃默里随着故事的发展发生了婚外情。在更早的一部作品《伤感——胭脂的作用》里，一位英国年轻人从第一次世界大战战场回到故乡，发现道德标准已经危在旦夕。“无比混乱——”他困惑地思考着，

> 一切都是一片混乱，所有人都越了位，裁判也被赶走了——每个人都试图说，如果裁判在的话，他一定会站在他们那一边。他准备去找老裁判——

菲茨杰拉德攻击老一代人的虚伪和愚蠢，但他并不攻击他们的价值观。《重返巴比伦》里改过自新的花花公子查理·韦尔斯希望他可以“往回跳整整一代人的时光，可以再次把人的品德作为永远有价值的因素而信任”。菲茨杰拉德跟他的想法一样，因为在他的身边看到的尽是“没有原则”的人，[③]他们“从来都不像父辈或者祖父辈那样可靠”。

---

①凯瑟琳·泰伊·费森登写给派珀的信，1947年4月30日。

②欧内斯特·博依德（Ernest Boyd）：《F.斯科特·菲茨杰拉德》，未标明页码，《画像：真实的和想象的》（*Portraits: Real and Imagibary*），伦敦，乔纳森·凯普，1924年，第221页。

③斯科特·菲茨杰拉德：《笔记本》，第259页。

他在大学时代就在音乐剧创作方面展示出相当的才华。他本可以“和那帮人混得很好”（罗杰斯、哈特和科尔·波特），他1939年11月在给他女儿的信里写道：“但我想我的内心道德主义者的成分太大，总想通过可以接受的方式教育人们，而不是为他们提供娱乐。”[①]听他布道的人群中有一位——会众中最专心的——就是他自己。“在我的书里我一次又一次，”[②]1936年7月他给奥哈拉写信说，“试图想象，我做得不如自己希望的那么好时，我是怎样地后悔。”他的小说起到的作用就是替代他年少时遗忘的天主教义和忏悔室。然而在他坚信不疑的准则中，最重要的美德来自新教伦理：工作的必要性。

菲茨杰拉德笔下唯一敢挑战工作的首位重要性的角色只有《美丽与毁灭》中懒散成性、拖延耽搁的安东尼·帕奇，他是菲茨杰拉德创作的最没有魅力的人物。“我想知道为什么美国人就不可能优雅地闲散发呆，”他评论道，接着他就闲散地走向酗酒和衰老。在和这部小说同年问世的一篇报纸新闻采访上，菲茨杰拉德清楚地表明，安东尼的观点并不代表他自己的。富有的年轻人“被抚养长大，绝对地无援无助”，[③]只有通过工作以学习如何生存，他说。“工作拯救我们所有人，——即使我们要通过工作来忘却，其实并没有什么原因值得我们工作，即使工作的结果——比如说书——并不让我们感到满意。年轻人必须工作。他的妻子必须工作——”他最欣赏希拉的一方面就是她有自己的工作，而且收入颇丰。她是一位八卦专栏记者，这并非特别体面的工作，但这是她的工作，就像洛依斯·莫兰做演员，泽尔

①斯科特·菲茨杰拉德写给斯科蒂·菲茨杰拉德的信，1939年11月4日，《书信集》，第63页。
②斯科特·菲茨杰拉德写给约翰·奥哈拉的信，1936年7月25日，《书信集》，第539页。
③玛格丽特·莫尔斯·马歇尔采访斯科特·菲茨杰拉德，日期不详，《汇编》，第257页。

达——部分原因是为了应对丈夫对洛依斯·莫兰的赞赏——尝试做舞蹈演员、作者和艺术家。

当然，菲茨杰拉德并非总是遵照自己的建议。在他职业生涯的早期，喜欢一段时间集中迸发式地写作，剩下的时间用来玩乐。接着便严厉地批判自己缺少作品，1924年4月，他给珀金斯写了一封信：

> 就在过去的4个月里我意识到，自从《美丽与毁灭》完成之后，3年以来，我——啊，变得多么糟糕。过去的4个月里，我当然是在工作，但是有两年的时间——两年多的时间——在这最近的4个月之前，精确说来我撰写了1部戏剧、6部短篇小说和三四篇文章——平均1天写100个字。如果我把这些时间用作读书、旅行或者任何事情——甚至是保持健康——情况将会非常不同，但是我却荒度了时光，既没有在书房工作又没有思考，主要是在喝酒和大吵大闹。[①]

10年之后，在度过一阵更加清闲的时光之后，他为《夜色温柔》写了一篇序言草稿（未出版）。[②]“这是作者9年中出版的第一部小说，”他开头这样写道，接着说在这些年中，他几乎没有一个星期不被人问起小说写作的进展以及小说何时出版。起初他告诉大家自己认为小说能够出版的时间：“这个秋天，”“明年春天，”“明年。”然而时光流逝，菲茨杰拉德承认，“我接连撒谎，还宣称我已经放弃写这部小说，或者说已经写了100万字了，而且将以5册的篇幅出版。”说到这个话题他的良心发现，正如《夜色温柔》所印证的：这部小说讲

① 斯科特·菲茨杰拉德写给马克斯韦尔·珀金斯的信，大约是1924年4月10日。
② 斯科特·菲茨杰拉德：《一篇序言》，1935年，未标明页码，费尔斯通。

述主人公因为放弃了取悦他人的事业，从而整个人被毁了。在他生命的最后一年跟斯科蒂的通信里，他警告她不要走向同样的命运。

在普林斯顿时他告诉她，他犯下了错误，即把工作等同于“让人不愉快的事情、应该避免的事情、应该拖延的事情”。解决方法是从最棘手的事情入手。“请工作——”他恳请说，“在你状态最好的时候一定要工作。”这是她妈妈付出惨痛代价换来的教训。“她意识到工作的尊严时已经太晚了，她努力工作以此来赎罪，但太晚了，她已经被毁了，永远地被毁了。”他还敦促斯科蒂避免犯下泽尔达的另一个错误，即拒绝对自己的行为负责。“我对于生活的信仰，”他还在信里对斯科蒂说，“是对于德行的回报（尽你所拥有的才华）以及对于不承担责任的惩罚，而且这种惩罚是加倍的。”①

那些被赋予天赋的人有义务最大程度、最高频率地施展这些天赋。菲茨杰拉德不写作，或者写出他自己称为“垃圾”的作品时，他期待得到惩罚——甚至施以自罚。1936年秋，他两次企图自杀，这是有记载的，自杀之前他长期放任自己酗酒，酗酒期间他的天赋和自我形象逐渐降低消逝。“即使我杀死自己，我仍然是个失败者，”②他告诉巴尔的摩的记者路易斯·阿兹拉尔。他得到了不务正业的作者的名声，他因此而哀叹。“我是美国的W.J.洛克。”③他写信给作者赫伯特·阿加说，他需要阿加告诉他这一说法不对，作品远远超过洛克20世纪早期的那些花哨的浪漫小说。他在好莱坞经历的最低谷期间，希拉回忆说，他甚至需要得到陌生人的认可。“我是F.斯科

①斯科特·菲茨杰拉德写给斯科蒂·菲茨杰拉德的信，1938年4月18日、1938年5月和1938年7月，《书信集》，第28—29、31、32页。

②《辉煌标注》（*Marked for Glory*），未标明页码，《新闻信》，第148页。

③斯科特·菲茨杰拉德，《回忆录》，收予纽伯利图书馆。

特·菲茨杰拉德，著名作家。”[①]他强硬地说，希望得到一丝承认。他最后一次尽情寻欢作乐之后，这种荒唐的行为才结束。

1939年2月之后，希拉再没见过他喝过一滴酒。一点一点的他个人的心魔随着酒精被驱除了。那年春天泽尔达被暂时允许从高地医院出院，去蒙特利尔和她妈妈住在一起。斯科蒂在瓦萨尔的学习成绩也越来越好了。最重要的是他对自己的看法也好了起来。如果他在好莱坞不成功，那是因为好莱坞需要的是他所不具有的天分，或者他已经不再拥有的才华。他知道，并不是因为他不够努力。此外，他在那里已经赚够钱还债，可以毫不犹豫地重新开始写小说了。如果旧时的、无法控制的狂热从他和希拉的爱情中驱散了的话，控制女人对他的崇拜热爱的冲动也随之散去。

“他非常有女人缘，”[②]他的秘书弗兰西斯·克罗尔回忆说，但当他和希拉在一起的时候，他没有太多绯闻。或许有一次，那是1939年和一个保姆。希拉回忆当时在菲茨杰拉德在恩西诺的房子停留，发现一个保姆带着主人的架势，让人顿生疑心。希拉并不太在意。“他喝醉的时候，”她说，“他甚至能爱上一棵树。”[③]酒醒之后便不再沉迷女色。他生命的最后几个月中和希拉过着简朴的生活，用可乐代替杜松子酒，潜心追求修炼写作能力。成长是“一件特别艰难的事情，”[④]他在日记里写道，“跳过成长的步骤，直接从一个童年跳转到另一个童年要更简单一点。”最终他迅速地成长起来。

为了引导这个成长的过程，他采用了一个方法，这个方法在他1940年10月写给斯科蒂的信中被称作“生活中睿智和悲剧的场面……

---

①《异教徒》，第202页。
②斯科特·唐纳森电话访问弗兰西斯·克罗尔·润，1983年3月13日。
③斯科特·唐纳森采访希拉·格雷厄姆，1983年3月7日。
④斯科特·菲茨杰拉德：《笔记本》，未标明页码，费尔斯通。

在这场景中，[①]生活本质就是一场骗局，生活中遭遇的状况均是挫败，所得的补偿并非是‘幸福和快乐’，而是经过奋斗挣扎之后由内心深处生出的满足感”。这封信如同过去两年间他给女儿写去的所有信件一样，包含着他发给自己的信息。不要玩乐，要工作。不要提供娱乐，给予启迪。重中之重，不要悦人，而要悦己。“我的上帝啊！安德鲁！”[②]他怒喝年轻的特恩布尔，“名气根本分文不值，尊敬才值得你付出一切，你在乎幸福有什么意义？——世界上只有永远长不大的孩子才在乎这个。”

这些信息被他牢记在心，并且依据它们指导自己的生活。他对未来的打算充满雄心壮志。在一张手写页上他计划写一部17册[③]的《菲茨杰拉德作品集》，其中包括3部新的小说（其中1部以他的《黑暗的罪状》系列故事为基础，用两册篇幅完成），还有3册小说集、1册戏剧和诗歌集，还有1册是散文。之后——模仿亨利·詹姆斯以及他的作品的纽约版本——他计划在1955—1960年这5年完成12册的修订版。他将目光投射到未来，制定出自己的目标。“我想要写出可怕的、不可效仿的情节。我不想跟我同时代的作家一样明白易懂，比如说海明威，格特鲁德·斯坦说他的作品将会被保存在博物馆里。我肯定，只要我保持良好状态，我可以达到比这一点点不朽的名气更远的境地。”[④]

他决定“仅仅作一位作者”[⑤]：从5年前《崩溃》系列散文开始，他便决定开启这项事业。写作为他提供了一项职业，并且构成“唯一

①斯科特·菲茨杰拉德写给斯科蒂·菲茨杰拉德的信，1940年10月5日，《书信集》，第96页。

②《斯科特·菲茨杰拉德》：第219页；斯科特·菲茨杰拉德写给特恩布尔，1933年8月8日，《书信集》，第504—505页。

③斯科特·菲茨杰拉德：《笔记本》，未标明页码，费尔斯通。

④同上。

⑤斯科特·菲茨杰拉德：《崩溃》，第83页。

的尊严”，他是这样告诉斯科蒂的。别人的观点对他并不重要。一种积极的、有效的、持久的让人们高兴的——也是唯一让他自己开心的——方法就是发展他的才华，这种才华来自神秘的力量，使他能够把纸张变得有深度。即使是呈片段形式，《最后一个大亨》也证实了菲茨杰拉德的才华并没有遗弃他。如詹姆斯·特恩布尔1951年所说，菲茨杰拉德曾经认为：“他可能会失去他的才华，就像弄丢他的手表；或者可能把它放错地方，就像他的帽子；或者渐渐枯竭，就像他的银行账户；然而在他生命的最后几年里，他的才华还在，或者说比以前更加可靠、更加成熟。”[①]就如同他曾经生活在书里的体验，写《了不起的盖茨比》时的体验，他的创作高潮又回来了。

不幸的是，放浪形骸的日子留下了毁灭性的影响。慢性肺结核病症开始活跃显现。他难以入睡，于是服用司可巴比妥、戊巴比妥钠以及巴比妥来应对失眠症，早晨起来服用苯丙胺使自己活跃起来。他的精神状况处于边缘；邻居的狗在铁皮屋顶上弄出嘎吱嘎吱的声音，让他“越来越气愤”，他1940年7月抱怨道。两次心脏病发作，差点要了他的命，这两次发作之后他所剩的时间不多了，但他坚持写作《最后一个大亨》，在他“最好的状态”时写。最终，他心中抱有一种平静。他于12月21日去世，那时他对自己怀着前所未有的满意之情。

菲茨杰拉德早前的遗嘱中要求“和他的情况相符的”葬礼。快去世之前他把这项取消，转而写下“尽可能花费最少的葬礼”。[②]外表并不重要。而且他并不想尚在世的亲人承担不必要的费用。他在信封

---

①詹姆斯·瑟伯：《荆棘中的斯科特》，未标明页码，《信条和古玩》，纽约，哈珀和罗，1962年，第160页。

②李·里斯（Lee Reese）：《罗德尼广场上的房子》（*The House on Rodney Square*），威明顿，德尔，新闻杂志公司，1977年；采访约翰·比格斯，日期不详。

里留下600美金[①]作为下葬之用，把已经作为抵押的保险留给了泽尔达和斯科蒂。约翰·比格斯是他的财产执行人，他以为在一个秘密银行账户里还有更多的财产，或者在厨房的家具里藏钱，但是一番搜索之后，什么也没找到。[②]菲茨杰拉德仅存的真实遗产就是他的小说作品，足矣。

①斯科特·唐纳森采访希拉·格雷厄姆，1983年3月7日。
②李·里斯:《罗德尼广场上的房子》，第177页。

索引

人，贵在读正确的书

大师馆
DASHI GUAN

01 贝尼尼传: 他的人生 他的罗马
02 全新的但丁: 诗人·思想家·男人
03 不寻常的男人: 塞万提斯的时代和人生
04 魔戒的锻造者: 托尔金传
05 理查德·瓦格纳: 作品一生平一时代
06 阿尔贝·加缪: 自由人生
07 吸血鬼家族: 拜伦的激情、嫉妒与诅咒
08 威廉·福克纳: 成为一个现代主义者
09 马里奥·巴尔加斯·略萨: 他的文学人生
010 E.E.卡明斯: 诗人的一生
011 蒲宁与纳博科夫: 一生的较量
012 查理·卓别林自传: 喜剧梦想
013 父与子: 信仰与偏见
014 洪堡兄弟: 时代的双星
015 永恒: 埃德加·爱伦·坡与其世界之谜
016 爱丽丝梦游仙境的创造者: 刘易斯·卡罗尔传
017 爱因斯坦自述
018 发明世界的巫师: 托马斯·爱迪生传
019 里尔克和女性: 挚爱诗心
020 马基雅维里: 一个被误解的人
021 打造玛丽·居里: 信息时代的知识产权与名人文化
022 在骄阳和新月之下: 伊塔洛·卡尔维诺讲故事
023 用人生写作的J.M.库切: 与时间面对面
024 领悟年代: 卡夫卡的一生
025 一段未被记录的历史: E.M.福斯特的人生
026 爱默生传: 生为自由
027 意志力: 海明威传
028 斯陀夫人传
029 爱中痴儿: 菲茨杰拉德传

关于作者

斯科特·唐纳森是美国最著名的文学传记作家之一。曾出版过多位作家的传记，包括《美国的诗：温菲尔德·汤利·司各特》（*Poet in America: Winfield Townley Scott*）、《意志力：海明威传》（*By Force of Will: The Life and Art of Ernest Heming Way*）、《约翰·契弗传》（*John Cheever: A Biography*）、《阿齐博尔德·麦克利什：一个美国人的人生》（*Archibald MacLeish: An American Life*）。他曾凭借《海明威与菲茨杰拉德》（*Hemingway vs. Fitzgerald*）获得了1993年度的大使图书奖（Ambassador Book Award for Biography）传记类奖项。

关于译者

许若青，生于湖北，现居北京，专修英文，获中国传媒大学文学硕士学位，研究方向为跨文化传播。从事出版相关工作多年。最近译有《爱丽丝梦游仙境的创造者：刘易斯·卡罗尔传》等。

关于本书

菲茨杰拉德，美国作家，为好莱坞创作电影剧本，属“迷惘的一代”作家。作品反映美国“爵士时代”城市青年的厌战情绪、精神幻灭和放荡生活。在本书中，斯科特·唐纳森带领读者对菲茨杰拉德经典传世之作进行了幕后解读。通过对菲茨杰拉德生活和创作上的不同发展阶段进行对比、分析，我们发现菲茨杰拉德的作品中始终贯穿两个经典主题——爱情和阶级。代表作《了不起的盖茨比》《夜色温柔》《最后一个大亨》使他文学地位达到巅峰。对于热爱菲茨杰拉德作品的读者来说，本书是对作家的一部举足轻重的研究作品，对作品进行的探究以及对他生活的书写，让读者见证了那个时代最伟大的作家的人生。